わからないを わかるにかえる

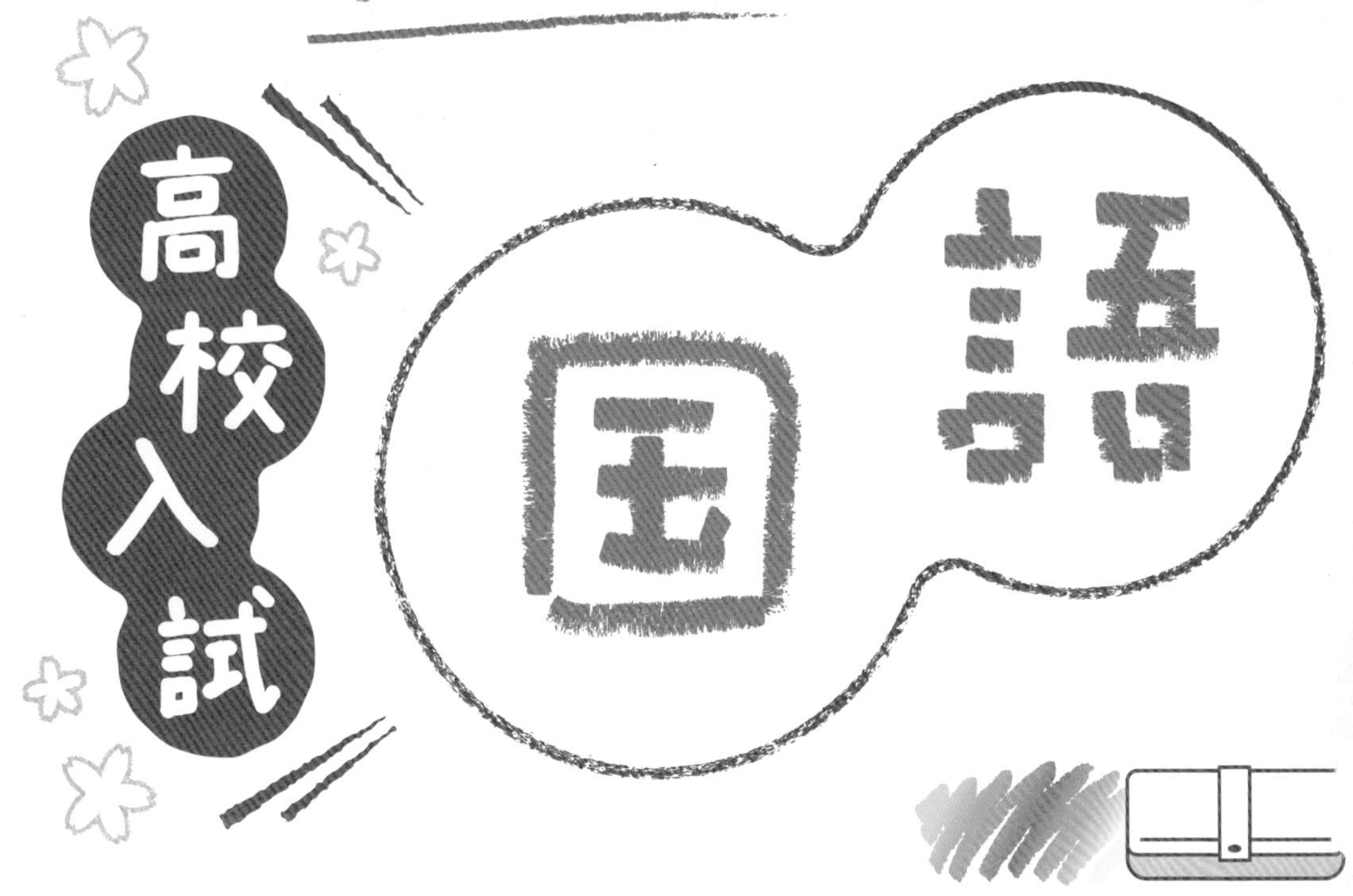

BUNRI

もくじ contents

1 漢字・語句

2 小説・随筆・詩・短歌・俳句

3 論説文

4 古文・漢文

5 文法

6 コミュニケーション・作文

得点力UP! 入試特集

イラスト：artbox，植木美江，さかがわ成美，蔦澤あや子
ビューン ヒロミ，ユニックス，吉田ユウスケ（敬称略・50音順）

この本の特色と使い方

1単元は，2ページ構成です。

問題を解きながら，要点を確認・整理しよう！

合格へのトビラ
いちばん重要なことを再確認！

タイせつ・ぜっタイ暗記
特に覚えておきたいこと

プラスワン
一歩進んだ内容をやさしく解説

練習問題
よく出る形式の問題を解いて確認！

必勝作戦
問題を解くための**考え方や知識**を押さえる！

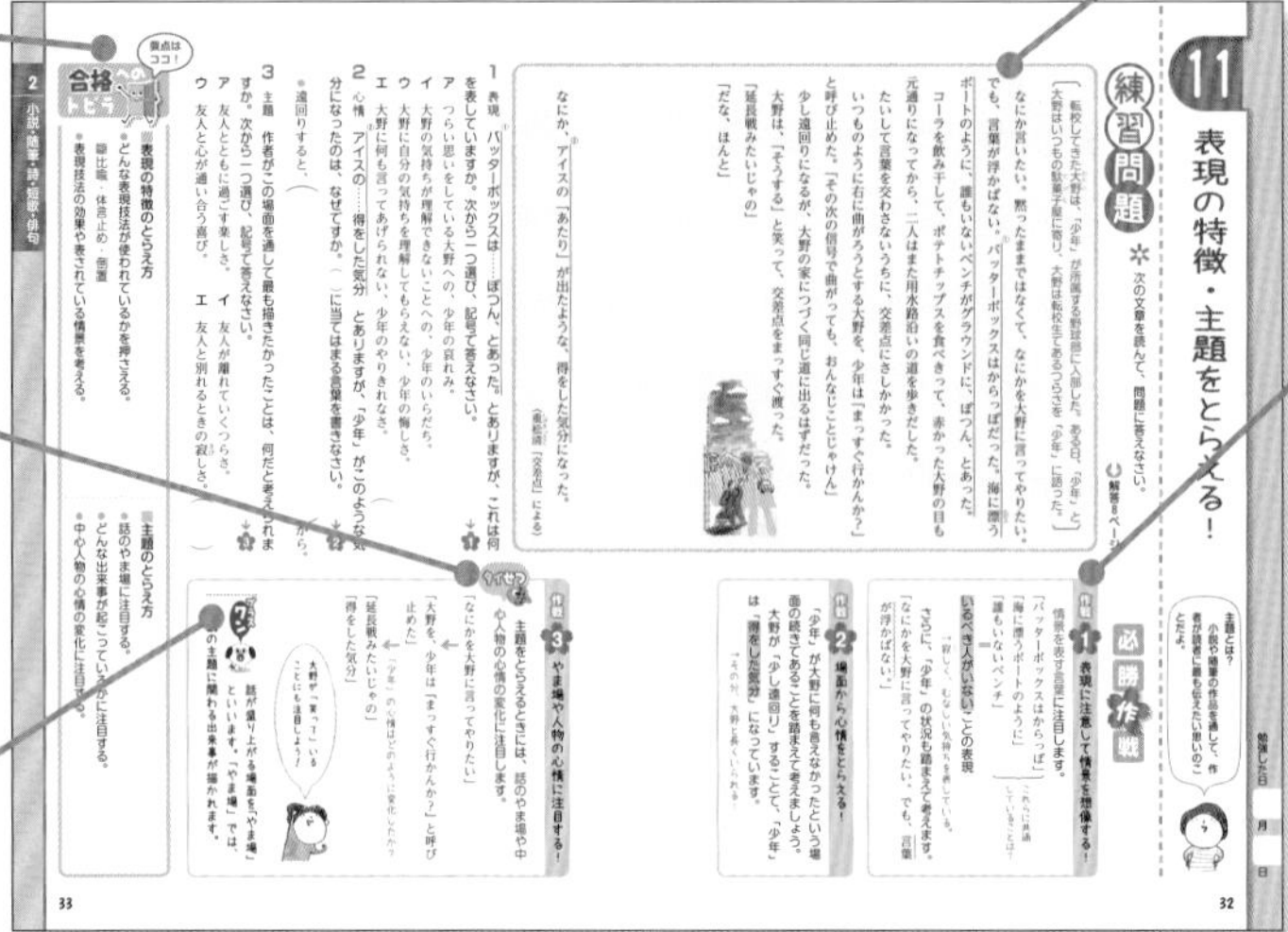

各章の最初には「ポイント整理」があります。

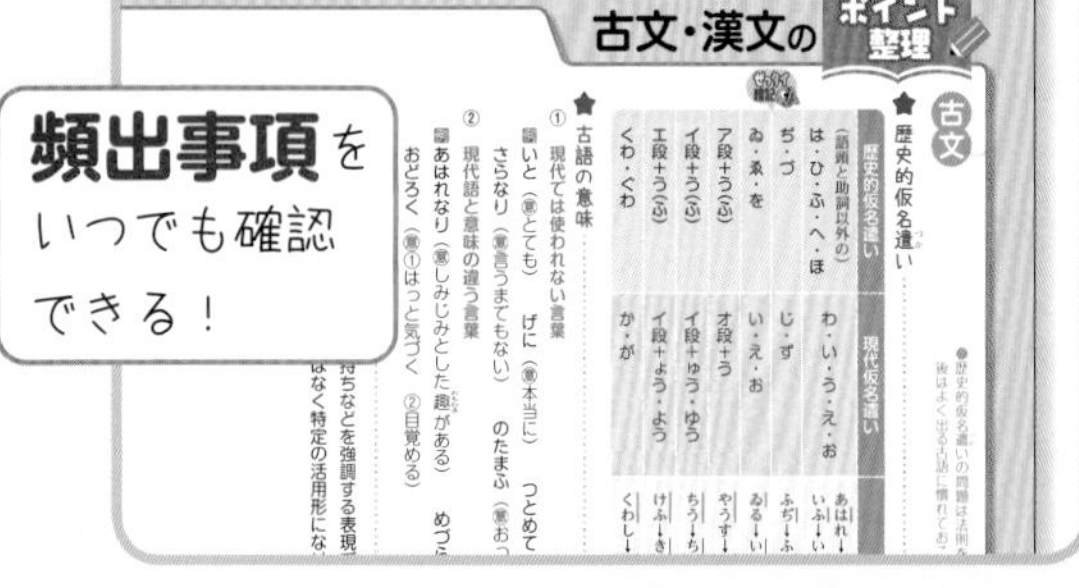

頻出事項をいつでも確認できる！

まとまりごとに「まとめのテスト」があります。

実戦的な問題で，実力アップ！

入試によく出る！「合格ミニBOOK」

持ち運べる！
入試直前まで使える！
便利な赤シートつき！

得点力UP!入試特集（巻末）

入試で差がつく問題にチャレンジ！

- 記述問題対策
- チャレンジテスト

解答と解説

「まとめのテスト」は問題も載っているので，答え合わせに便利！

デジタルに対応，**スマートフォン**で勉強できる！

1 漢字・語句

よく出るのは？

- 行書（ぎょうしょ）
- 二字熟語の構成
- 慣用句

漢字・語句のポイント整理

漢字

★部首

●漢字の読み書きは頻出。それ以外によく出るのが行書(ぎょうしょ)。部首や画数とからめて出題される。

へん	泳(さんずい)	植(きへん)	級(いとへん)
つくり	郡(おおざと)	判(りっとう)	頭(おおがい)
かんむり	草(くさかんむり)	室(うかんむり)	笛(たけかんむり)
あし	照(れんが(れっか))	悲(こころ)	盛(さら)

たれ	原(がんだれ)	広(まだれ)	痛(やまいだれ)
にょう	通(しんにょう(しんにゅう))	起(そうにょう)	延(えんにょう)
かまえ	囲(くにがまえ)	間(もんがまえ)	街(ぎょうがまえ(ゆきがまえ))

★行書(ぎょうしょ)の部首

ぜったい暗記

行書…点画を少し崩した書き方

楷書(かいしょ)…点画を崩さない書き方

- 扌(扌) てへん
- 禾(禾) のぎへん
- 灬(灬) れんが(れっか)
- 礻(ネ) しめすへん
- 衤(衤) ころもへん
- ⺾(艹) くさかんむり
- 糸(糸) いとへん

↑「しめすへん」と「ころもへん」は行書では同じ形になる。

↑「くさかんむり」と「いとへん」は楷書で書くときと筆順が変わる。

熟語

★同音異義語

・同音異義語…読みが同じで、意味の異なる熟語。

例 タイショウ
- 対照(違いが明らかなこと)
- 対象(働きかける相手)
- 対称(つり合っていること)

ホショウ
- 保証(確かだと請(う)け合うこと)
- 保障(危害のないように守ること)
- 補償(損害を償うこと)

●二字熟語の構成が頻出。どのような構成があるか覚えておくことが必要。四字熟語は意味が出題される。

サポート 漢字の成り立ち

▼象形(しょうけい)…物の形をかたどったもの。例 山

▼指事(しじ)…形に表せない事柄を線や記号で表したもの。例 上

▼会意(かいい)…二つ以上の字を組み合わせて、新しい意味を表したもの。例 明

▼形声(けいせい)…音を表す部分と意味を表す部分を組み合わせたもの。例 泳

サポート 誤りやすい筆順・画数

・収…丨 ㇄ 収 収 (四画)

・成…丿 厂 万 成 成 成 (六画)

・飛…⺄ ⺄ ⺄ 飞 飞 飛 飛 飛 飛 (九画)

入試攻略のカギ よく出る行書(ぎょうしょ)の出題形式

同じ部首の漢字を見分ける問題や、行書の漢字を楷書(かいしょ)で書いたときの画数を答えさせる問題が出ます。主な部首の行書の形を覚えておきましょう。

サポート 同訓異字とは

▼訓が同じで、意味の異なる漢字です。

例 おさめる…治める・修める・収める・納める

つとめる…勤める・努める・務める

二字熟語の構成

ぜったい暗記

- 似た意味の漢字を組み合わせる。 例 豊富・表現
- 反対の意味の漢字を組み合わせる。 例 善悪・往復
- 上の字が主語で下の字が述語の関係。 例 国立・日照
- 下の字が上の字の目的や対象を示す。 例 登山・乗車
- 上の字が下の字を修飾(しゅうしょく)する。 例 青空・公園
- 上の字が下の字を打ち消す。 例 不要・未定
- 同じ漢字を重ねる。 例 代々・続々

語句

類義語・対義語

- 類義語…似た意味の言葉。 例 著名＝有名　欠点＝短所　用意＝準備
- 対義語…反対の意味の言葉。 例 偶然(ぐうぜん)↕必然　拡大↕縮小　原因↕結果

●慣用句が頻出。意味といっしょに覚えよう。故事成語はよく出るものが決まっているので、確実に覚えよう。

慣用句

- 慣用句…二つ以上の言葉が結び付いて、特別な意味を表す言葉。

例 馬が合う［気が合う。］　気が置けない［気を遣(つか)わず付き合える。］

ことわざ・故事成語

- ことわざ…昔から言い伝えられてきた、知恵や教訓が込められた言葉。

例 情けは人のためならず［人に親切にしておけば、いつか自分に返ってくる。］

- 故事成語…中国に伝わる古い出来事や話（故事）から生まれた言葉。

例 矛盾［つじつまが合わないこと。］　五十歩百歩［大きな違いはないこと。］

モウひと押し!

三字熟語・四字熟語の構成

三字熟語の主な構成は次のとおりです。

一字＋二字	例 新学期・非常識
二字＋一字	例 芸術家・理論的
一字＋一字＋一字	例 大中小・衣食住

四字熟語の構成は、まず二字ずつに分けて考えます。

① 二字＋二字の組み合わせ

例 公明正大　公明＝正大（似た意味）

例 針小棒大　針小↕棒大（反対の意味）

例 大器晩成　大器は晩成する（上の二字が主語、下の二字が述語）

② 四字が対等　例 喜怒哀楽

サポート　体に関係のある慣用句

▼慣用句には、体に関する漢字を含むものが多くあります。

例 目を丸くする［びっくりする。］
歯が立たない［かなわない。］
首をかしげる［疑問に思う。］
肩を落とす［がっかりする。］
二の足を踏む［気が進まずためらう。］

1 漢字の知識を押さえる！

部首とは？
漢字を形で分類するときの基準のこと。部首の多くは、決まった意味をもっているよ。

勉強した日　月　日

必勝作戦

作戦1 漢字の成り立ちは四種類！

象形（しょうけい）	物の形をかたどったもの。 例 川
指事（しじ）	形に表せない事柄を線や記号で表したもの。 例 三
会意（かいい）	二つ以上の字を組み合わせて、新しい意味を表したもの。 例 林
形声（けいせい）	音を表す部分と意味を表す部分を組み合わせたもの。 例 銅

作戦2 主な部首を覚える！

ぜったい暗記

へん	体 にんべん・投 てへん
つくり	列 りっとう・雑 ふるとり
かんむり	家 うかんむり・芽 くさかんむり
あし	熱 れんが(れっか)・息 こころ
たれ	庭 まだれ・病 やまいだれ
にょう	道 しんにょう(しんにゅう)
かまえ	国 くにがまえ

練習問題

解答2ページ

1 漢字の成り立ち　次の漢字と同じ成り立ちの漢字を、後から一つずつ選び、記号で答えなさい。

→作戦1

①河（　　）　②馬（　　）
③鳴（　　）　④上（　　）

ア 二　イ 晴　ウ 休　エ 魚

2 部首　次の漢字の部首名を、後から一つずつ選び、記号で答えなさい。

→作戦2

①恩（　　）　②練（　　）
③近（　　）　④郡（　　）
⑤究（　　）　⑥聞（　　）

ア みみ　イ もんがまえ
ウ こころ　エ うかんむり
オ おおざと　カ いとへん
キ しんにょう　ク あなかんむり

3 筆順　次の漢字の黒塗り（くろぬ）のところは何画目に書きますか。漢数字で答えなさい。

① 希〈岡山〉（　　）画目　② 初〈岐阜〉（　　）画目

③ 必〈佐賀〉（　　）画目　④ 城〈熊本〉（　　）画目

→3

4 画数　次の漢字の総画数を、漢数字で答えなさい。

① 庭〈栃木改〉（　　）画　② 隊（　　）画

③ 吸〈山口〉（　　）画　④ 強（　　）画

→4

5 書写・部首　次の漢字と同じへんをもつものを、それぞれ下から一つずつ選び、記号で答えなさい。

① 私　ア 組　イ 租　ウ 粗　エ 祖〈長野〉（　　）

② 礼　ア 新　イ 折　ウ 析　エ 祈〈京都〉（　　）

→5

合格へのトビラ　要点はココ！

- 漢字の成り立ちは、象形（しょうけい）・指事（しじ）・会意（かいい）・形声（けいせい）の四種類。
- 部首は位置によって、へん・つくり・かんむり・あし・たれ・にょう・かまえの七種類に分類される。

例 降（こざとへん）[へん]　都（おおざと）[つくり]

- 横画と左払い（ひだりはら）は、短いほうを先に書く。

例 布（左払いが先）　在（横画が先）

- 行書（ぎょうしょ）の「しめすへん」と「ころもへん」は同じ形になる。

例 ネ→礻（しめすへん）　衤→礻（ころもへん）

作戦3　筆順は原則を覚える！

横画と左払い（ひだりはら）は、短いほうを先に書きます。

例 ノナイ右右（左払いが先）　一ナ左左左（横画が先）

作戦4　部首の画数を覚える！

画数を間違えやすい部首に注意しましょう。

例 廴（三画）　辶（三画）　糸（六画）

作戦5　行書（ぎょうしょ）で書かれた部首に注意！

ぜったイ暗記

てへん	扌
くさかんむり	艹
しめすへん	礻
ころもへん	礻

同じ形になる。

※行書＝点画を少し崩した書き方。

2 同じ読み方の漢字を使い分ける！

勉強した日　月　日

必勝作戦

作戦1 同音異字は部首に注意！

同音異字は、音が同じで、形も似ている場合があるので、注意しましょう。

フク	往復・複雑・空腹
テキ	適切・強敵・指摘(してき)・水滴(すいてき)
ソク	規則・側面・推測

作戦2 同訓異字は熟語にして意味を確認！

同訓異字は、その漢字の音を使った熟語を思い浮かべて、漢字の意味を確認しましょう。

ぜったい暗記

つとめる	病院に勤める。［勤務］ 完成に努める。［努力］ 司会を務める。［任務］
あつい	この部屋は暑い。［暑中］ 熱いお茶を飲む。［熱湯］ 厚い本を読む。［重厚］

練習問題

解答2ページ

1 同音異字　次の――線と同じ漢字を使うものを、それぞれ後から一つずつ選び、記号で答えなさい。 →1

① 危ケンを避けて遠回りをする。
ア 提案をケン討する。　イ 冒(ぼう)ケンの旅に出る。
ウ 真ケンに話を聞く。　エ 貴重な経ケンをする。
（　　）〈三重〉

② 動物の生態をカン察する。
ア 早寝早起きが習カンになる。　イ カン単には解決しない。
ウ 名所をカン光して回る。　エ 作品がカン成する。
（　　）

③ 世界標準というものをケイ視すべきではない。
ア ケイ快な足取りで歩く。　イ 厳重にケイ戒する。
ウ 穴の直ケイを測る。　エ 電車の模ケイを作る。
（　　）〈兵庫〉

2 同訓異字　次の――線の片仮名を漢字に直したものを、それぞれ後から一つずつ選び、記号で答えなさい。 →2

① 速(すみ)やかに解決をハカる。
ア 計　イ 図　ウ 測　エ 量
（　　）

② 大会が成功を<u>オサ</u>める。

ア 収　イ 納　ウ 修　エ 治　（　　）

③ 公園のベンチに腰を<u>カ</u>ける。

ア 架　イ 欠　ウ 掛　エ 懸　（　　）〈岡山〉

3 同音異義語 次の――線の片仮名を漢字に直したものを、それぞれ後から一つずつ選び、記号で答えなさい。→3

① 二人の意見は<u>タイショウ</u>的だ。

ア 大賞　イ 対称　ウ 対象　エ 対照　（　　）〈岡山〉

② <u>キセイ</u>事実として認める。

ア 規正　イ 規制　ウ 既製　エ 既成　（　　）〈青森〉

③ 校庭を人々に<u>カイホウ</u>する。

ア 快方　イ 介抱　ウ 開放　エ 解放　（　　）

④ 美術に<u>カンシン</u>がある。

ア 感心　イ 関心　ウ 歓心　エ 寒心　（　　）

作戦3 同音異義語は漢字の意味に注目！

同音異義語は、漢字を手がかりに意味を考えましょう。

例 ツイキュウ
- 「追求」→追い求める　訓読みにしてみる。
- 「追究」→研究　その字を使った別の熟語を考えてみる。

ぜったい暗記

ツイキュウ	利益を**追求**する。（追い求めること） 真理を**追究**する。（明らかにすること） 責任を**追及**する。（追いつめること）
タイショウ	観察の**対象**。（働きかける相手） **対照**的な色。（違いが明らかなこと） 左右**対称**。（つり合っていること）
ホショウ	品質を**保証**する。（請け合うこと） 安全を**保障**する。（支え守ること） 損失を**補償**する。（償うこと）

合格へのトビラ 要点はココ！

● 同音異字は、形が似ている場合があるので、注意する。

例 往復・複雑・空腹　右側の部分が同じ

● 同訓異字は、その漢字を使った熟語を思い浮かべてみる。

例 「治める」→政**治**　「修める」→**修**学旅行

● 同音異義語は、漢字を手がかりに意味を考える。

⬇合格ミニBOOK 8ページ

例 カイホウ
- 「開放」→開け放つ＝自由に出入りさせる。
- 「解放」→解き放つ＝解いて自由にする。

3 よく出る漢字を覚える！

よく出る漢字とは？

読みは、音訓が複数ある漢字が、書きは、形の似た漢字や送り仮名の紛(まぎ)らわしい漢字がよく出るよ。

必勝作戦

作戦1 音読みが多い漢字に注意！

漢字	読み	例
省	セイ ショウ	自分の発言を反**省**する。 手順を**省**略する。
重	ジュウ チョウ	**重**圧がかかる。 貴**重**な話を伺(うかが)う。
率	ソツ リツ	生徒を引**率**する。 雨が降る確**率**が高い。

作戦2 訓読みが多い漢字に注意！

冷	つめ(たい)・ひ(える)・さ(める)
危	あぶ(ない)・あや(うい)
優	やさ(しい)・すぐ(れる)
和	やわ(らぐ)・なご(む)
悔	く(いる)・くや(しい)
怠	おこた(る)・なま(ける)

練習問題

解答2ページ

1 よく出る漢字の読み　次の――線の漢字の読みを、平仮名で書きなさい。

① 大事な試合で勝利に貢献した。〈神奈川〉 1（　　） 2（　　）
② 神社の境内を散歩した。〈福井〉（　　）（　　）
③ まだ赤ちゃんの雰囲気を残している。〈長崎〉（　　）（　　）
④ 地域の行事が頻繁に行われる。〈千葉〉（　　）（　　）
⑤ 気温の変化が著しい。〈和歌山〉（　　）（　　）
⑥ 岩かげに魚が潜む。〈埼玉〉（　　）（　　）
⑦ 相手の言葉を遮る。〈群馬改〉（　　）（　　）
⑧ 年齢の偏りがない。〈宮崎〉（　　）（　　）

勉強した日　月　日

2 よく出る漢字の書き　次の――線の片仮名を、漢字で書きなさい。 ↓3 4

① 飛行機のソウジュウを学ぶ。〈高知〉（　　）
② 仲間の声援（せいえん）にフンキする。〈山形〉（　　）
③ カンケツな文章。〈栃木〉（　　）
④ 近くの野山をサンサクした。〈新潟〉（　　）
⑤ 鳥がムれをなして飛ぶ。〈鹿児島〉（　　）
⑥ テアみのセーター。〈長野〉（　　）
⑦ 太陽の光をアびる。〈大阪〉（　　）
⑧ 家族で手芸店をイトナむ。〈大分〉（　　）
⑨ イキオいよく旗を振る。〈岐阜〉（　　）
⑩ 初日の出をオガむ。〈宮城〉（　　）

作戦3 形の似ている漢字を覚える！

形の似ている漢字は、部首に注目します。

例
- 招待…「扌」は、手の動作に関係。
  手招きして人を呼ぶという意味。
- 紹介…「糸」は、糸やつながりに関係。
  中に立って人をつなぐという意味。

ぜったい暗記

ギ	義務・議論・儀式・犠牲（ぎせい）
カン	空間・簡単・機関
セキ	責任・体積・成績

「捨てる」と「拾う」など、部首が同じものは読みとあわせて覚えましょう。

作戦4 送り仮名に注意！

送り仮名が紛（まぎ）らわしい漢字に注意しましょう。

例 誤（あやま）る　幼（おさな）い　訪（おとず）れる
試（こころ）みる　難（むずか）しい　捕（つか）まえる

合格へのトビラ 要点はココ！

■よく出る漢字の読み書き　合格ミニBOOK 2ページ

- 音読みが多い漢字に注意する。　例 望…希望（きぼう）・所望（しょもう）
- 訓読みが多い漢字に注意する。　例 映…映（うつ）る・映（は）える　厳…厳（きび）しい・厳（おごそ）か
- 形の似ている漢字は、部首に注目して区別する。
  例 操作　手の動作　繰り返す　糸をたぐりよせる動作
- 送り仮名が紛（まぎ）らわしい漢字に注意する。
  例 誤（あやま）る←「ま」を送らない。　捕（つか）まえる←「ま」を送る。

4 熟語の知識を押さえる！

類義語と対義語とは？
類義語は、互いに意味が似ている言葉、対義語は、意味が反対になる言葉だよ。

勉強した日　月　日

必勝作戦

作戦1 二字熟語の構成を覚える！

ぜったい暗記

似た意味の漢字を組み合わせる。 例 思考…思う＝考える
反対の意味の漢字を組み合わせる。 例 強弱…強い↕弱い
上の字が主語で下の字が述語の関係。 例 国立…国が立てる
下の字が上の字の目的や対象を示す。 例 洗顔…顔を洗う
上の字が下の字を修飾(しゅうしょく)する。 例 親友…親しい友

作戦2 三字熟語の構成を覚える！

一字＋二字	例 大規模（大＋規模）
二字＋一字	例 想像力（想像＋力）
一字＋一字＋一字	例 上中下（上＋中＋下）

練習問題

解答3ページ

1 二字熟語の構成　次の熟語と同じ構成のものを、それぞれ後から一つずつ選び、記号で答えなさい。　→作戦1

① 大陸　ア 搭乗(とうじょう)　イ 水路　ウ 登山　エ 伸縮　（　　）〈長野〉

② 売買　ア 抑揚　イ 湿潤(しつじゅん)　ウ 豊富　エ 遮断(しゃだん)　（　　）〈愛媛改〉

③ 身体　ア 再会　イ 日没　ウ 着席　エ 増加　（　　）〈香川〉

④ 市立　ア 除雪　イ 高低　ウ 雷鳴　エ 河川　（　　）〈宮崎改〉

⑤ 読書　ア 直線　イ 人造　ウ 樹木　エ 開会　（　　）〈新潟改〉

2 三字熟語の構成　次の熟語と同じ構成のものを、後から一つ選び、記号で答えなさい。　→作戦2

●高齢者

ア 青少年　イ 天地人　ウ 不可能　エ 古本屋　（　　）〈佐賀〉

3 四字熟語の構成

次の熟語の構成を、後から一つずつ選び、記号で答えなさい。→3

① 東西南北（　　） ② 完全無欠（　　）

ア 似た意味の二字熟語を組み合わせたもの。
イ 反対の意味の二字熟語を組み合わせたもの。
ウ 上の二字熟語が下の二字熟語を修飾（しゅうしょく）するもの。
エ 上の二字熟語が主語、下の二字熟語が述語の関係のもの。
オ 四字がそれぞれ対等な関係のもの。

②は「完全」と「無欠」に分けて考えよう！

4 類義語・対義語

次の①～④の言葉の類義語を、□に漢字一字を書いて完成させなさい。また、⑤～⑧の言葉の対義語を、漢字二字で書きなさい。→4

① 経験 ＝ □験
② 方法 ＝ □段
③ 興味 ＝ □心
④ 突然 ＝ □意
⑤ 偶然（ぐうぜん）〈京都〉 ↕ □□
⑥ 拡大〈大阪〉 ↕ □□
⑦ 単純〈石川〉 ↕ □□
⑧ 理想 ↕ □□

作戦3 四字熟語は二字と二字に分解！

四字熟語は、二字と二字に分解して、それぞれがどのような関係にあるかを確かめます。

例 一進一退
↓一進（少し進む）↕一退（少し退く）
＝意味が反対になる。

例 意気投合
↓意気（気持ち）が投合する（ぴったり合う）
＝上の二字が主語、下の二字が述語。

作戦4 対義語のパターンを覚える！

二字熟語の対義語には、次のようなパターンがあります。

ぜったい暗記

一字が同じで一字が対立	例 開会↕閉会
一字ずつが対立	例 増加↕減少
全体で対立	例 義務↕権利
上に打ち消しの漢字が付く	例 安心↕不安

合格へのトビラ 要点はココ！

●二字熟語の構成を覚える。
二字が似た意味か（例 増加）、反対の意味か（例 増減）など。
●三字熟語の構成を覚える。
一字＋二字か、二字＋一字か、一字＋一字＋一字か。

●四字熟語は、二字と二字に分解して考える。
例 自画自賛↓自画（自分の絵）を自賛（自分で褒（ほ）めること）する
●対義語のパターンを覚える。
例 強大 ↕ 弱小（一字ずつが対立）

↓合格ミニBOOK 10ページ

5 語句の知識を押さえる！

慣用句とは？
二つ以上の言葉が結び付いて、もともとの言葉の意味とは別の、特別な意味を表す言葉だよ。

勉強した日　月　日

必勝作戦

作戦1 体に関係のある慣用句を覚える！

慣用句には、体に関する漢字を含むものが多くあります。

例 目が高い［見分ける能力が優れている。］
耳を疑う［聞き違いではないかと思う。］
手を焼く［取り扱いに困る。］
足が棒になる［足がひどく疲れる。］

ぜッタイ暗記

作戦2 ことわざ・故事成語は意味に注意！

ことわざには、似た意味のものがあるので、まとめて覚えましょう。

例 猿も木から落ちる
＝河童の川流れ・弘法にも筆の誤り

故事成語は、もとになった話を押さえておくと、意味が覚えやすいです。

例 蛍雪の功

故事 貧しい人が蛍の光や雪明かりで勉強し、出世した。
意味 苦労して勉強に励み、成果を上げること。

練習問題

解答3ページ

1 慣用句　次の――線が慣用句となるように、□に体の一部を表す漢字を書きなさい。〈兵庫〉 →1

① 彼女の華麗なピアノの演奏に、クラス全員が□を巻いた。

② 本校の卒業生からノーベル賞受賞者が出て、私は□が高い。

③ 練習後も黙々と素振りを続ける彼の姿には、□が下がる。

2 ことわざ・故事成語　次の□に当てはまる言葉を、それぞれ後から一つずつ選び、記号で答えなさい。 →2

① 彼にどんなに注意をしても、□で、直そうとしない。
ア 百聞は一見にしかず　イ ぬかに釘
ウ 弱り目にたたり目　エ 猫に小判
（　　）

② 彼の失敗を□として、気を引き締めよう。
ア 蛍雪の功　イ 背水の陣
ウ 塞翁が馬　エ 他山の石
（　　）

3 四字熟語の意味

次の四字熟語の意味を、後から一つずつ選び、記号で答えなさい。 3

① 一日千秋（　　）
② 五里霧中（　　）
③ 臨機応変（　　）
④ 馬耳東風（　　）

ア 何の手がかりもなく、方針や見込みが立たないこと。
イ 人の意見や忠告などを、気にかけずに聞き流すこと。
ウ 時と場合に応じて、適切に処理をすること。
エ 一日が千年に思えるほど、とても待ち遠しいこと。

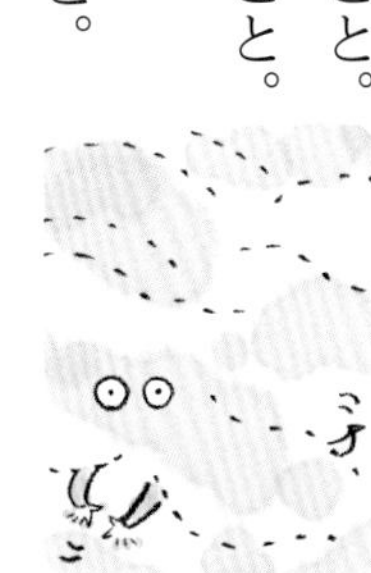

4 語句の意味

次の――線の意味を、後から一つずつ選び、記号で答えなさい。 4

① 寝不足は翌日の授業に響く。（　　）
② 恩師の言葉が胸に響く。（　　）
③ 彼の名声が世界中に響く。（　　）

ア 音が伝わって広がる。
イ 広く評判になる。
ウ 悪い影響を与える。
エ 心に伝わる。

作戦3 漢数字を含む四字熟語を覚える！

四字熟語には、漢数字を含むものが多くあります。

例
一朝一夕［とても短い時間。］
一石二鳥［一つのことで二つの得をすること。］
三寒四温［冬に寒い日が三日ほど続いた後、暖かい日が四日ほど続くこと。］
七転八倒［苦しくてのたうち回ること。］
千差万別［たくさんのものがそれぞれ違うこと。］

作戦4 多義語は文の中での意味に注意！

多義語とは、複数の意味をもつ言葉のことです。文の中での意味を考えましょう。

例
・室内が明るい。［光にあふれて、よく見える。］
・性格が明るい。［陽気で快活だ。］
・絵画に明るい。［よく知っている。］
・見通しが明るい。［期待がもてる。］

合格へのトビラ　要点はココ！

●体に関係のある慣用句を覚える。 合格ミニBOOK 11ページ
例 首を長くする［待ち遠しい。］　肩を並べる［対等の関係にある。］

●似た意味のことわざは組みにする。 合格ミニBOOK 16ページ
例 ぬかに釘＝のれんに腕押し＝豆腐にかすがい

●漢数字を含む四字熟語に注意する。 合格ミニBOOK 14ページ
例 一石二鳥　一日千秋　二束三文　四苦八苦

●多義語は、文の中での意味を考える。
例 うわさが立つ。［世に広まる。］　予定が立つ。［決まる。］

6 まとめのテスト

1 漢字の読み　次の――線の漢字の読みを、平仮名で書きなさい。　3点×5（15点）

① 話の輪郭をつかむ。〈愛媛〉（　　）
② 言葉に抑揚をつける。〈三重〉（　　）
③ 頂上から遠くを眺める。〈岐阜〉（　　）
④ 命の大切さを諭す。〈埼玉〉（　　）
⑤ 幼い頃を顧みる。〈宮城〉（　　）

2 よく出る　漢字の書き　次の――線の片仮名を、漢字で書きなさい。　4点×5（20点）

① ヤクソクどおり、友人を訪ねる。〈静岡改〉（　　）
② ボウエキが盛んになる。〈島根〉（　　）
③ 情報技術がイチジルしく進歩する。〈東京〉（　　）
④ 夕日がほおを赤くソめる。〈福井〉（　　）
⑤ 庭の畑を夕ガヤす。〈北海道〉（　　）

3 書写・部首　次の行書（ぎょうしょ）で書かれた部首を含む漢字を、下から一つ選び、記号で答えなさい。〈栃木〉（8点）

礻

ア 稲（いね）　イ 旅　ウ 福　エ 極　（　　）

4 書写・筆順　次の行書（ぎょうしょ）で書かれた漢字のうち、楷書（かいしょ）で書いたときと筆順が変化しているものを一つ選び、記号で答えなさい。〈千葉〉（5点）

ア 光　イ 球　ウ 花　エ 染　（　　）

5 よく出る　書写・画数　楷書（かいしょ）で書いたとき、次の漢字と同じ総画数になるものを、それぞれ後から一つずつ選び、記号で答えなさい。　5点×2（10点）

① 登〈福岡〉

ア 税　イ 郵　ウ 路　エ 救　（　　）

② 割〈徳島〉

ア 紙　イ 開　ウ 済　エ 照　（　　）

6 **同音異義語** 次の——線の片仮名を漢字に直したものを、それぞれ後から一つずつ選び、記号で答えなさい。〈青森〉 5点×2（10点）

① 彼は、謝礼をコジし、受け取らなかった。
ア 故事 **イ** 誇示 **ウ** 固持 **エ** 固辞 （　　）

② 二人は、コウシにわたって、親しい間柄だ。
ア 公私 **イ** 公使 **ウ** 行使 **エ** 講師 （　　）

よく出る

7 **熟語の構成** 次の熟語と同じ構成のものを、それぞれ後から一つずつ選び、記号で答えなさい。 5点×3（15点）

① 黙読 〈富山〉
ア 人造 **イ** 決心 **ウ** 博愛 **エ** 永遠 （　　）

② 把握 〈山口改〉
ア 思考 **イ** 強弱 **ウ** 机上（きじょう） **エ** 着席 （　　）

③ 注意 〈京都改〉
ア 温暖 **イ** 洗顔 **ウ** 熱心 **エ** 出納（すいとう） （　　）

8 **慣用句** 次の——線の慣用句のうち、使い方が適切なものを一つ選び、記号で答えなさい。〈福島〉 （5点）

ア 彼女とは馬が合うので、つい話し込んでしまう。
イ 発表会の準備を二の足を踏むように着実に進める。
ウ 新人俳優は不慣れなので、演技が板につく。
エ ラジオから偶然（ぐうぜん）流れてきた懐（なつ）かしい曲に耳を貸す。
オ すぐに反論はしないで、周りの様子を見てひとまず息をのむ。
（　　）

9 **四字熟語・ことわざ** 次の文章を読んで、後の問いに答えなさい。〈岡山〉 6点×2（12点）

私は早朝に自主練習をすることを決めた。早起きの習慣が身につき、技術も向上するので一□二□だ。

① 一□二□ が適切な四字熟語になるよう、□に当てはまる漢字を書きなさい。

一［　］二［　］

② 一□二□ に対して、「二つのものを同時に手に入れようとして、結局どちらも得られないこと」という意味をもつことわざを次から一つ選び、記号で答えなさい。

ア 果報は寝て待て
イ えびで鯛（たい）を釣（つ）る
ウ 逃がした魚は大きい
エ 虻蜂（あぶはち）取らず
（　　）

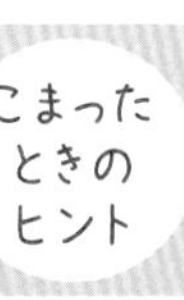

こまったときのヒント

9 **7** **4** 部首の筆順が変化しています。
7 ③ 「注意」は、「注ぐ←意を」という構成です。
9 ① 「自主練習」という一つの行為（こうい）で、二つの利益を得ています。

特集 かんたんチェック

書き間違えやすい四字熟語

◆次の四字熟語には、漢字の誤りが一字ずつあります。誤りの字を抜き出して、正しく書き直しなさい。

① 危機一発〈ききいっぱつ〉

誤［　］→正［　］

危険がかみの毛一本ほどのすぐそばにある、ということだよ。

② 五里夢中〈ごりむちゅう〉

誤［　］→正［　］

深いきりの中にいる＝どうしたらよいかわからない、という意味。

③ 異句同音〈いくどうおん〉

誤［　］→正［　］

異なる人々のくちから出る言葉が同じだ、という意味だよ。

答え ①発→髪 ②夢→霧 ③句→口

書き間違えやすい四字熟語

以心伝心〈いしんでんしん〉 ×意

意味 言葉に出さなくても、心が通じ合うこと。

「心を以て心を伝う」とも。元は仏教の言葉で、言葉や文字で表せない仏法の奥義を、師の心から弟子の心に伝えること。

意味深長〈いみしんちょう〉 ×慎重

意味 人の言動などに深い意味を含んでいること。

「深長」は、奥深いこと。

厚顔無恥〈こうがんむち〉 ×知

意味 厚かましくて、恥知らずな様子。

「厚顔」は、面の皮が厚いことから、厚かましいことを意味する。「無恥」は、恥を知らないこと。恥を恥とも思わないこと。

自画自賛〈じがじさん〉 ×我

意味 自分で自分を褒めること。

自分で描いた絵（＝画）に自分で「賛」（絵についての詩歌や文章）を書くことからできた言葉。

試行錯誤〈しこうさくご〉 ×思考

意味 失敗を重ね、成功に近づくこと。

「試行」は、試しに行うこと。「錯誤」は、間違えること。失敗すること。

心機一転〈しんきいってん〉 ×気

意味 あることをきっかけに、気持ちがすっかり変わること。

「心機」とは、心の動きのこと。「一転」は、がらっと変わること。

絶体絶命〈ぜったいぜつめい〉 ×対

意味 切羽詰まった状態。

体も命も極まるほど、逃れられない状態にあることからできた言葉。

単刀直入〈たんとうちょくにゅう〉 ×短

意味 いきなり話の本題に入ること。

たった一つの刀（＝単刀）で、敵陣に切り込むことからできた言葉。

付和雷同〈ふわらいどう〉 ×不

意味 自分の主張などがなく、他人の意見などにすぐ同調すること。

「和」（人に合わせること）に付くから「付和」。「雷同」は、雷が鳴ると揺れること。

小説・随筆・詩・短歌・俳句

よく出るのは？

- 登場人物の心情
- 主題
- 表現技法

登場人物の心情

初勝利おめでとう。あきらめずによくがんばったな。

会話

情景

達成感

→喜び

様子

↑いたわり

主題

友情と信頼の大切さ

走れメロス

表現技法

直喩
「花のような笑顔」

人の様子を花にたとえて表す。

擬人法（ぎじんほう）
「花が笑っている」

花の様子を人に見立てて表す。

小説・随筆・詩・短歌・俳句の ポイント整理

小説・随筆

●入試では、登場人物の心情とその変化をとらえる問題が出題される。

★小説の設定をつかむ

ポイント1 場面 ←これらをまとめて「場面」という。

小説を読むときは、「いつ・どこで・誰が・何をしている」のかを押さえます。

ポイント2 人物像 ↑登場人物がどんな人かということ。

次に、登場人物の人物像をとらえます。

- 外見…名前・年齢・立場・職業など
- 内面…性格や考え方など

★心情とその変化をとらえる

ポイント1 心情

登場人物の心情は、話した言葉（会話）や様子、行動などに表れるので、丁寧（ていねい）に読み取っていきます。

ポイント2 心情の変化

次のような場面の変化に注目して、登場人物の心情の変化をとらえます。

- 事件が起こったとき
- 登場人物が何か行動したとき

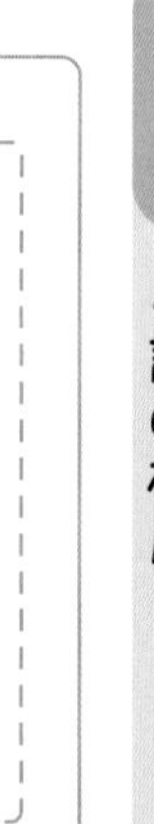

サポート 小説の構成

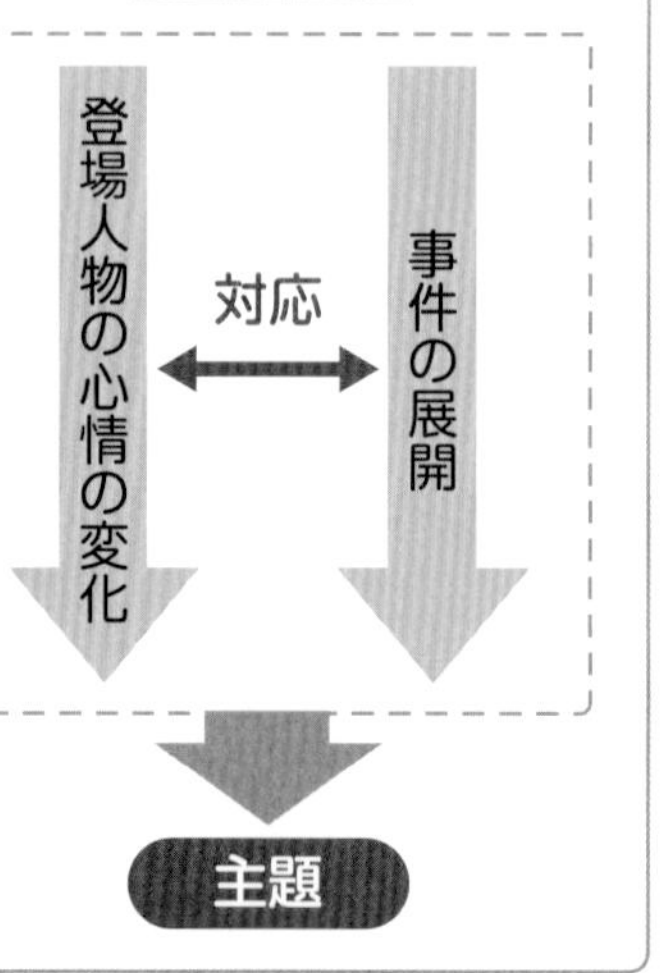

＊事件の展開に対応して、登場人物の心情が変化していきます。

サポート 心情を読み取るには

▼心情を直接表している言葉

例 私はうれしくなった。

▼登場人物の話した言葉（会話）

例 「あのとき、勇気を出せばよかった。」 →後悔

▼登場人物の様子・行動

例 彼は人々を鋭い目でにらんだ。 →怒り

▼情景 ←登場人物の心情が反映されている風景の描写

例 見上げると、木々の葉が陽光を受けて輝いていた。 →希望・期待

★主題をとらえる

小説の主題は、文章中に直接示されるわけではありません。次のようなところに注目して、全体から読み取りましょう。

- 話のやま場（話が盛り上がる場面）
- 中心人物の心情の変化
- 表現の特徴

●詩・短歌・俳句では、表現技法を見分ける問題が頻出。また、情景や主題も問われる。

★詩・短歌・俳句の表現技法

ぜったい暗記

比喩
- 直喩……「ような」などを使って直接たとえる。 例 鏡のような水面だ
- 隠喩……「ような」などを使わずにたとえる。 例 鉄の心
- 擬人法…人でないものを人のように表す。 例 風が語りかける

- 倒置……普通とは語順を入れ替える。 例 見上げてごらん、あの雲を
- 体言止め……行の終わりを体言（名詞）で止める。 例 あんなにも青い空
- 対句……組み立ての似た語句を並べる。 例 青い空 白い雲

★短歌・俳句の形式

ぜったい暗記

	短歌	俳句
音数	五・七・五・七・七	五・七・五
季語	特に決まりはなし。	原則として一句に一つ季語を入れる。
特色	意味の切れ目を句切れという。	「や・かな・けり」などの感動を表す言葉（切れ字）を入れることがある。

随筆の主題

随筆は、筆者の体験や見聞をもとに、感じたことや考えたことを自由に書き表した文章です。筆者の感想や考えが主題につながります。

入試攻略のカギ

よく出る表現技法

表現技法の名前を直接問われることは少なく、詩・短歌・俳句の中に次のような表現があるかどうかをきかれます。

- 比喩 ・体言止め
- 様子や音声を表した擬態語・擬声語

サポート

季語と季節

▼俳句の季節は、旧暦をもとにしているので、現代の季節感とは、ずれることがあります。

春（現在の二月～四月頃）・夏（現在の五月～七月頃）
秋（現在の八月～十月頃）・冬（現在の十一月～一月頃）

短歌・俳句の決まりの例外

●定型の音数より多いものを字余り、少ないものを字足らずという。

●季語のない俳句を無季、定型の音数にとらわれない俳句を自由律という。

7 場面・登場人物を読み取る！

場面とは？
その場の状況や様子のこと。時・場所・登場人物・出来事の四つの要素から成るよ。

勉強した日　月　日

必勝作戦

作戦1 場面を構成する要素を押さえる！

場面を構成する次の要素を押さえましょう。

▼いつの話か→時（年・季節・時間帯など）
▼どこで起こった話か→場所（地名・建物など）
▼誰が登場するか→登場人物
▼何をしているか→出来事

時や場所を表す言葉は、たいてい文章の初めのほうにあります。

タイセツ

作戦2 人物の関係を表す言葉に注目！

どんな人物が登場するかを押さえ、関係をとらえます。登場人物どうしの関係を表す言葉に注目しましょう。

例「兄・弟」「父・母」「友人」「先生・生徒」など。

練習問題

✲次の文章を読んで、問題に答えなさい。

↓解答6ページ

何だかその日は①志摩（しま）ちゃんと話したくなって、放課後、私は保健室に行ってみた。居なかったらちょっとがっかりだな、と思ったけれど、志摩ちゃんはちゃんと居てくれた。よく保健室で見かける女子二人と、三人で机を囲んでいた。志摩ちゃんの隣の椅子（いす）には、肩の上で髪（かみ）を切りそろえたふっくらした頰の二年生、向かいには三年の理系クラスの子――パーマの長い髪以外は印象の弱い人――が腰掛けている。

私に気が付くと、志摩ちゃんは「先輩！」と珍しく*1ハイテンションに手を振った。他の二人も、何だか妙ににこにこしている。

「え、何。②何かあったの？」

私が机にかばんを置くと、奥のデスクのほうから先生が出てきて言った。先生まで機嫌良さそうにコーヒーをすすっている。

「志摩さんの書いた文が、雑誌に載ったのよー」

えっ、と声を上げてしまう。雑誌に文章、ですぐに思い当たったのは、音

楽誌のレビューだった。

＊1　ハイテンション…気持ちが高ぶっている様子。

〈豊島ミホ「ラブソング」による〉

1 場面　いつ、どこで起こった出来事が書かれていますか。文章中からそれぞれ抜き出しなさい。→ 1

●いつ…ある日の（　　　）　●どこで…（　　　）

2 登場人物　「私」と「志摩ちゃん」①はどういう関係ですか。（　）に当てはまる言葉を、文章中から抜き出しなさい。→ 2

●学校の（　　　）と後輩の関係。

3 出来事　何かあったの？②と「私」はきいていますが、何があったのですか。□に当てはまる言葉を、文章中からそれぞれ抜き出しなさい。→ 3

□の書いた文章が、□。

プラスワン　登場人物がどんな人かということを、「人物像」といいます。人物像は、年齢や立場、職業、性格、考え方などからとらえることができます。

例　志摩ちゃんは「先輩！」と珍しくハイテンションに手を振った。

「珍しく」から、普段はおとなしい人物だとわかるね！

作戦3　人物の会話・行動に注目する！

どのような出来事が起こったかは、人物の会話や行動に注目して読み取ります。

例「志摩さんの書いた文が、雑誌に載ったのよー」

→どのようなことがあったかを、先生が「私」に話している。

合格へのトビラ　要点はココ！

場面のとらえ方

- 時や場所を表す言葉に注目する。
- 登場人物の名前や人数を押さえる。
- 人物の会話や行動から出来事をとらえる。

登場人物のとらえ方

- 登場人物の説明を読み取る。→年齢や職業など
- 登場人物どうしの関係をとらえる。
- 登場人物の性格や考え方をとらえる。

8 心情を読み取る！

勉強した日　　月　　日

心情とは？「うれしい」「悲しい」「楽しい」など、登場人物が抱いている気持ちのことだよ。

練習問題

＊次の文章を読んで、問題に答えなさい。 ➡解答6ページ

〔十四歳の「おれ」の父が、漁に出たまま、夕方になっても帰ってこなかった。大勢の人が港に集まって捜索（そうさく）の手配をする中で、「おれ」は港で父の帰りを待っていた。しかし、母に言われて、友人の孝俊（たかとし）、保生（やすお）とともに、家に帰ることにした。〕

孝俊と保生と一緒に歩き出して、①ふと、後ろを振り返った。騒がしく慌ただしい夜の港。まるで映画でも見ているかのような光景だった。おれは今、目に映るすべてのものを、ひとつ残さずしっかりと頭に焼き付けなければならないと思った。理由はわからないけれど、強く強くそう思った。

②「大丈夫やさ。あとは大人に任すさ」

保生が、おれの背中をしずかに押す。

「大丈夫やさ」

保生は港に来てから、何度大丈夫と言ってくれただろうか。

③真っ暗闇のなかを三人で歩いた。誰もなにも話さない。ざっざっ、という足音だけが耳に届く。不謹慎（きんしん）かもしれないけれど、今のこの時間がとてもきれいなものに感じられた。孝俊と保生が、今こうして一緒に歩いてくれていることが心強かった。隣にいる二人が、頼りがいのある、いっぱしの大人の

必勝作戦

作戦1 心情を直接表す言葉に注目する！

心情は、文章中にはっきり表されていることがあります。次のような言葉に注目しましょう。

- 「うれしい」「悲しい」などの、心情を直接表している言葉。
- 「〜気持ち」「〜と思った」「〜と感じた」などの言葉。

作戦2 会話や様子・行動に注目する！

心情は、登場人物の様子や行動などに表れます。登場人物の会話や様子・行動を手がかりに、心情をとらえましょう。

保生の会話…「大丈夫やさ」
↓不安そうな「おれ」にかけた言葉。

保生の行動…「おれの背中をしずかに押す」
↓港を振り返る「おれ」に、ともかく今は家に帰ろうと、優しく促（うなが）している。

ように思えた。

〈椰月美智子（やづきみちこ）「14歳の水平線」による〉

1 心情 ①ふと、後ろを振り返った とありますが、このとき、「おれ」はどう思いましたか。□に当てはまる言葉を、文章中から抜き出しなさい。→作戦1

目に映るすべてのものを、しっかりと［　　　　　］なければならないと思った。

2 心情 ②大丈夫やさ。あとは大人に任すさ という言葉から、保生のどのような気持ちが読み取れますか。（　）に当てはまる言葉を書きなさい。→作戦2

● 不安な「おれ」を（　　　　）という気持ち。

3 心情 ③真っ暗闇のなかを三人で歩いた。とありますが、このときの孝俊と保生に対する「おれ」の気持ちを、次から一つ選び、記号で答えなさい。→作戦3

ア 何も悩み（なや）がないことへの羨まし（うらや）さ。
イ 自分に何も言ってくれないことへの不満。
ウ 自分のことを理解してもらえない悲しさ。
エ 自分を支えてくれることへの感謝。

（　　）

作戦3 心情は状況を踏まえてとらえる！

心情は、登場人物が置かれている状況を踏まえて考えます。

状況…「おれ」は、漁から帰らない父を心配している。保生が何度も「大丈夫やさ」と言ってくれている。

心情が表れた言葉にも注目します。
「孝俊と保生が、今こうして一緒に歩いてくれていることが心強かった。」

プラスワン
情景描写には、登場人物の心情が反映されていることがあります。「ざっざっ、という足音だけが耳に届く。」には、「おれ」の不安な気持ちが表れています。

合格へのトビラ 要点はココ！

■登場人物の心情のとらえ方
● 心情を直接表している言葉に注目する。
● 登場人物の会話や様子・行動に注目する。
● 登場人物が置かれている状況を踏まえる。

■登場人物の心情を表す表現
● 心情を表す言葉…「うれしい」「〜と思った」など。
● 会話…「大丈夫だよ」「心配だな」など。
● 様子・行動を表す表現…「目を丸くした」（驚き）など。

勉強した日　月　日

得点　/100点

解答6ページ

次の文章を読んで、問題に答えなさい。

〔「私」は、いつもパンを買っている近所のパン屋で開かれたパン教室に参加し、初めてパンを焼いた。〕

楽しかったです、おいしかったです、お店のパンが自分でも焼けるなんて感動しました――①参加者たちが順々につるつるした感想を述べていき、いよいよ私は戸惑った。楽しいというなら、のんびり映画でも観ているほうが楽しい。おいしかったけれど、窯から出したばかりで、しかも贔屓目が入って三割増にはなっている。だいたい、手取り足取り教えられてなんとか焼き上がったのだ。余裕のある感想などまるで出てこなかった。

「私は自分では決して焼かないことにしました。この店でずっと買い続けます」

②凛とした声でそう宣言した人がいた。まったく同じ気持ちだったから、私はうつむいていた目を上げて発言者の顔を見た。髪の長い、可愛い女の子だ。それが陽子ちゃんだった。

帰り道で一緒になった。

「びっくりしたなあ。いくら挽きたてがおいしいからって毎朝その日の分だけ小麦を製粉するなんて」

前を向いたまま陽子ちゃんがいった。私は隣で小さくうなずいた。

「それをぜんぶ手で漉すんだもの。篩にかけて、混じってるかどうかもわからない外皮をくまなく探す」

毎日そこから始める人がいるのだ。私たちは言葉少なに商店街の中を歩いた。

上等だと思っていた世の中を、実はなめていたのかもしれない。適当にやっていれば、適当にやっていける。社会人生活十年目にしてそんなふうに思いかけていたところだった。適当にやってちゃ、あのパンは焼けない。いつどんなときに食べてもしみじみとおいしいものが、適当につくられるわけがなかった。

世の中にはいろんなすごい人がいて、ぱっと思いつくアイデアのすごい人もいれば、地道な作業を淡々とこなすパン屋の主人みたいな人もいる。あたりまえといえばあたりまえなのに、ぱっとするほうに目を奪われて、パン屋の主人に気づかない。少なくとも私はパン教室に参加しなければずっと見過ごしたままだったろう。

「今日は参加できてよかったよ」

陽子ちゃんが放心したようにつぶやいた。

「すごい人に会うと敬虔[*1]な気持ちになるね」
私たちはふたたびうなずきあった。③

〈宮下奈都「転がる小石」による〉

＊1 敬虔…かしこまって、深くうやまう様子。

1 **心情** 参加者たちが順々につるつるした感想を述べていき、いよいよ私は戸惑った①とありますが、このときの「私」はどのような気持ちでいたと考えられますか。次から一つ選び、記号で答えなさい。(20点)

ア 参加者たちのその場にそぐわない感想にあきれていた。
イ 参加者たちのつまらない感想にいらだちを感じていた。
ウ 参加者たちのありきたりな感想に違和感を覚えていた。
エ 参加者たちの理路整然とした感想に圧倒されていた。

(　　)

2 よく出る **人物像** 凜とした声でそう宣言した人がいた。②とありますが、この行動から、「陽子ちゃん」はどのような人物だと考えられますか。次から一つ選び、記号で答えなさい。(20点)

ア 人前で目立つことが嫌いな、おとなしい人。
イ 自分の考えを人に押しつける、わがままな人。
ウ 人から注目されるのが好きな、うぬぼれた人。
エ 自分の意見を人前ではっきりと言える率直な人。

(　　)

3 よく出る **心情** 私たちはふたたびうなずきあった。③とありますが、このときの「私」はどのような気持ちだったと考えられますか。［　］A・Bに当てはまる言葉を、Aは文章中から十二字で抜き出し、Bは八字以内で考えて書きなさい。20点×2(40点)

パン屋の主人が［A］様子に心を動かされて、自分がこれまで適当に生きてきたことを［B］気持ち。

A

B

4 **場面** この文章を二つのまとまりに分けるとすると、後半はどこからになりますか。後半の初めの五字を抜き出しなさい。(20点)

こまったときのヒント

2 他の参加者と異なる意見を述べる「陽子ちゃん」を見て、「私」がどう思ったのかを考えます。
3 B…文章中に「敬虔な気持ちになる」とあります。
4 後半の場面は、前半とは場所が変わっています。

10 心情の変化・理由をとらえる！

勉強した日　月　日

心情の変化とは？
物語が進み、場面が変わるにつれて、さまざまに変化していく、登場人物の心の動きのことだよ。

練習問題

✲ 次の文章を読んで、問題に答えなさい。

解答8ページ

「きみはマラソンに向いてる。というか、①マラソンランナーになるために生まれてきたようなものよ」

この前、不意に、コーチ五十嵐五月女（いがらしさつき）から告げられた。

「おれが？」

まさかと笑いそうになった。意外を通り越して、冗談（じょうだん）としか思えなかった。

「冗談じゃないわよ。あたしは走ることに関しては、いつも本気なの」

ぴしりと鞭打（むちう）つようにコーチ五十嵐五月女は言い切った。その真剣さもさることながら、芳樹（よしき）を驚かせたのは②健吾（けんご）と久喜（くき）が真顔で首肯（＊1しゅこう）したことだ。

「うん、芳樹ならでける。つーか芳樹やないとでけんこっちゃ」

健吾にさらりと言われ、

「そうやな、芳樹なら、世界と闘（たたか）えるかもな」

久喜にさらりと諾（＊2うべな）われ、芳樹は少なからず戸惑った。二人がそんな風に考えていたなんて、まるで気付かなかったのだ。③戸惑いの後、ゆっくりと満ちてくる感情があった。自分を誇らしいと感じる。親友二人に本心から信じて

必勝作戦

作戦1 会話や様子に注目する！

周囲の人物の会話や様子と、それに対する芳樹の気持ちを、一つ一つとらえましょう。

- コーチ「きみは……マラソンランナーになるために生まれてきたようなもの」
- 芳樹「**冗談としか思えなかった**」 →初めの気持ち

- コーチ「冗談じゃないわよ。……本気なの」「ぴしりと……言い切った」＝「**真剣さ**」
- 健吾と久喜「**真顔**で首肯した」

- 芳樹「芳樹を**驚かせた**のは……」 芳樹の気持ちが変化

登場人物の心情が変化した理由には、次のようなことが関係しています。

タイセツ

▼その人物に起こった出来事。
▼周囲の人物の言葉や態度。
▼置かれている状況の変化。

もらえる自分を誇りたいと思う。

〈あさのあつこ「チームFについて」による〉

＊1 首肯…賛成し、うなずくこと。 ＊2 諾う…同意する。

1 心情の変化 ①マラソンランナーになるために生まれてきたようなものよと言われてから、②健吾と久喜が真顔で首肯したまでに、芳樹の気持ちはどのように変化しましたか。次から一つ選び、記号で答えなさい。 ↓作戦1

ア 初めは驚いたが、やがてみんなの気持ちがわかってうれしくなった。

イ 初めは意外でおかしかったが、すぐにみんなに感謝した。

ウ 初めは冗談だと思ったが、すぐにみんなが本気だとわかり驚いた。

エ 初めはうれしかったが、やがてみんなの言葉を疑うようになった。（　）

2 心情の変化とその理由 ③戸惑いの後、ゆっくりと満ちてくる感情があった。とありますが、芳樹は、どういう理由で、どのような気持ちになりましたか。（　）に当てはまる言葉を、文章中の言葉を使って書きなさい。 ↓作戦2

親友の二人が、自分を（　　　　　）ことがわかったので、（　　　　　）気持ちになった。

作戦2 心情を表す言葉に注目する！

——線③より後から心情を表す言葉を探して、芳樹の気持ちをとらえましょう。

「自分を誇らしいと感じる」

← なぜ「誇らしい」と感じたのか？

「親友二人に本心から信じてもらえる自分を誇りたい」

→芳樹が「誇らしい」と感じた理由

芳樹は、健吾と久喜に、芳樹ならできると言われ、初めは「戸惑った」ものの、やがて二人の気持ちに気づいて、誇らしく感じたのです。

心情の変化のとらえ方

- 登場人物の心情を表す言葉に注目して、初めの気持ちをとらえる。
- その後、どのような気持ちになったかをとらえる。

心情が変化した理由のとらえ方

- どんな出来事が起こったかを押さえる。
- 周囲の人物の会話や様子を押さえる。
- 状況がどのように変化したかを押さえる。

11 表現の特徴・主題をとらえる！

主題とは？
小説や随筆の作品を通して、作者が読者に最も伝えたい思いのことだよ。

勉強した日　月　日

練習問題

✲ 次の文章を読んで、問題に答えなさい。

➡ 解答8ページ

〔転校してきた大野は、「少年」が所属する野球部に入部した。ある日、「少年」と大野はいつもの駄菓子屋に寄り、大野は転校生であるつらさを「少年」に語った。〕

なにか言いたい。黙ったままではなくて、なにかを大野に言ってやりたい。でも、言葉が浮かばない。①バッターボックスはからっぽだった。海に漂うボートのように、誰もいないベンチがグラウンドに、ぽつん、とあった。

コーラを飲み干して、ポテトチップスを食べきって、赤かった大野の目も元通りになってから、二人はまた用水路沿いの道を歩きだした。

たいして言葉を交わさないうちに、交差点にさしかかった。

いつものように右に曲がろうとする大野を、少年は「まっすぐ行かんか？」と呼び止めた。「その次の信号で曲がっても、おんなじことじゃけん」

少し遠回りになるが、大野の家につづく同じ道に出るはずだった。

大野は、「そうする」と笑って、交差点をまっすぐ渡った。

「延長戦みたいじゃの」

「だな、ほんと」

必勝作戦

作戦1 表現に注意して情景を想像する！

情景を表す言葉に注目します。

「バッターボックスはからっぽ」
「海に漂うボートのように」
「誰もいないベンチ」

これらに共通していることは？

＝いるべき人がいないことの表現

→寂しく、むなしい気持ちを表している。

さらに、「少年」の状況も踏まえて考えます。

「なにかを大野に言ってやりたい。でも、言葉が浮かばない。」

作戦2 場面から心情をとらえる！

「少年」が大野に何も言えなかったという場面の続きであることを踏まえて考えましょう。

大野が「少し遠回り」することで、「少年」は「得をした気分」になっています。

→その分、大野と長くいられる！

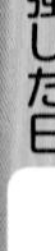

なにか、アイスの「あたり」が出たような、②得をした気分になった。

〈重松清（しげまつきよし）「交差点」による〉

1 表現 ①バッターボックスは……ぽつん、とあった。とありますが、これは何を表していますか。次から一つ選び、記号で答えなさい。（　　）→1

ア　つらい思いをしている大野への、少年の哀れみ。

イ　大野の気持ちが理解できないことへの、少年のいらだち。

ウ　大野に自分の気持ちを理解してもらえない、少年の悔しさ。

エ　大野に何も言ってあげられない、少年のやりきれなさ。

2 心情 ②アイスの……得をした気分 とありますが、「少年」がこのような気分になったのは、なぜですか。（　）に当てはまる言葉を書きなさい。→2

●遠回りすると、（　　　　　　）から。

3 主題 作者がこの場面を通して最も描きたかったことは、何だと考えられますか。次から一つ選び、記号で答えなさい。（　　）→3

ア　友人とともに過ごす楽しさ。

イ　友人が離れていくつらさ。

ウ　友人と心が通い合う喜び。

エ　友人と別れるときの寂（さび）しさ。

作戦3 やま場や人物の心情に注目する！

主題をとらえるときには、話のやま場や中心人物の心情の変化に注目します。

タイせつ

「なにかを大野に言ってやりたい」
←
「大野を、少年は『まっすぐ行かんか？』と呼び止めた」
←
「延長戦みたいじゃの」
「得をした気分」

「少年」の心情はどのように変化したか？

大野が「笑って」いることにも注目しよう！

プラスワン

話が盛り上がる場面を「やま場」といいます。「やま場」では、小説の主題に関わる出来事が描かれます。

合格へのトビラ 要点はココ！

表現の特徴のとらえ方

- どんな表現技法が使われているかを押さえる。
  例 比喩・体言止め・倒置
- 表現技法の効果や表されている情景を考える。

主題のとらえ方

- 話のやま場に注目する。
- どんな出来事が起こっているかに注目する。
- 中心人物の心情の変化に注目する。

12 まとめのテスト2

2 小説・随筆・詩・短歌・俳句

勉強した日　月　日

解答8ページ

得点　/100点

次の文章を読んで、問題に答えなさい。〈佐賀改〉

〔マユの祖母は、認知症で家族の記憶をなくしている。マユは、以前に家族でいっしょに食べたかき氷を、祖母のために買ってきた。〕

ママの声が湿っている。二度、三度と、バーバ[*1]はスプーンの上のかき氷を吸い込んだ。①そのたびに、目を閉じてうっとりとした表情を浮かべる。

「おいしいでしょう?」

私は確信する。バーバは今、数年前の夏の日、家族で行ったかき氷店のあの庭に帰っている。ごくり、と喉が鳴って、富士山[*2]の一部が、バーバの体の奥に染み込んでいく。私は窓辺に移動して、カーテンをかきわけ外を見た。富士山が、オレンジ色に光っている。すると、マユ、とママが呼ぶ。

振り向くと、ほら、バーバがマユにも食べさせたいって、と、私を手招いている。驚いたことに、バーバは自分で木のスプーンを持っている。

近づくと、私の口にかき氷を含ませてくれた。同じように、ママの口にもかき氷を含ませてくれる。ママは明らかに、私よりも年下の少女の顔に戻っていた。

「おいしいねぇ」

舌の上のかき氷は、まるで冷たい綿のようだ。さーっと溶けて、消えてなくなる。体のすみずみにまで、爽やかな風が吹き抜ける。

「眠くなってきちゃった」

そのままバーバのそばにいたら、泣いてしまいそうだったのだ。簡易ソファへ移動した。ママの前で泣くなんて、かっこ悪い。

「軽い熱中症かもしれないから、そこで少し休みなさい」

ママが、威厳たっぷりに命令する。バーバとママ、二人の世界を邪魔しないよう、横になってそっとまぶたを閉じる。

再び目を開けた時、部屋の中があまりに静かで、②胸がどきゅんと真っ二つに折れそうになった。天井が、虹色に輝いている。もしかして……。私は起き上がって一歩ずつベッドに近づいた。バーバの隣に、目をつぶったママがいる。私は、バーバの鼻先に手のひらを翳した。よかった。バーバは、生きている。

くちびるの端が光っていたので、私はそこに自分の右手の人差し指を当てた。③そのまま口に含むと、甘い味がする。でも、さっきのかき氷のシロップの甘さじゃない。もっともっと、複雑に絡み合うような味だ。やっぱり、バーバは今この瞬間も、甘く発酵し続けているのだ。

〈小川糸著「バーバのかき氷」(『あつあつを召し上がれ』所収)新潮文庫刊　による〉

*1 バーバ…マユの祖母のこと。　*2 富士山…かき氷のこと。

1 心情　①そのたびに、目を閉じてうっとりとした表情を浮かべる。とありますが、このときの祖母の様子を見たマユは、どのような気持ちになりましたか。次から一つ選び、記号で答えなさい。（25点）

ア　うれしそうな祖母の様子から、悪化の一途をたどっていた祖母の病状もこれから快復に向かうはずだと思っている。

イ　ぼんやりとした祖母の表情から、祖母は過去の思い出の世界にとらわれたまま生きていくのだろうと落胆（らくたん）している。

ウ　記憶を取り戻したような祖母の様子から、退院後にはかつて家族で行ったかき氷店へ皆で行こうと心を決めている。

エ　満ち足りた祖母の表情から、家族そろってかき氷を食べた幸福な場面を祖母が思い出していると固く信じている。

（　　）

2 表現　マユがかき氷の爽やかな舌触りを味わっている様子を、直喩を用いて表現している部分を、文章中から一文で抜き出し、初めの五字を書きなさい。（20点）

よく出る **3** 心情　②胸がどきゅんと真っ二つに折れそうになった　とありますが、このときのマユの気持ちを三十字以内で書きなさい。（30点）

よく出る **4** 主題　③そのまま口に含むと、甘い味がする。とありますが、この甘い味からマユはどのようなことを感じ取っていますか。次から一つ選び、記号で答えなさい。（25点）

ア　祖母の失われた記憶は一時的に回復したが、身体の衰えは進んでおり、祖母の死期も間近に迫っているということ。

イ　かき氷を食べたことによって、祖母の心に幸せな家族の思い出と家族に対する愛情がよみがえったということ。

ウ　記憶を失い体が衰えている祖母は、今も確かに生きていて、生命の輝きを失っていないのだということ。

エ　人は周囲の人々の支えがあってこそ生きられるように、祖母も身近な家族の愛情によって快復しているということ。

（　　）

こまったときのヒント

1　「私は確信する。」の後の部分に注目します。

3　――線②の後のマユの行動と、「よかった。バーバは、生きている。」という部分から考えます。

4　「バーバは……甘く発酵し続けている」に注目します。

13 随筆を読み取る！

練習問題

次の文章を読んで、問題に答えなさい。

解答10ページ

桜は花の量が圧倒的に多いから、近くても遠くてもきれいな桜色に見える。梅は桜ほど花の量が多くないから、離れて見ると、黒っぽい幹や枝とクリームがかった花がちぐはぐなないまぜになって、全体としては地味で薄汚れた感じになってしまう。

ところが梅を近寄って見ると、一つひとつの花が整った輪郭とともに目に入って、＊1清楚(せいそ)な美しさを見せてくれる。それに幹や太い枝から直角に分かれた細い枝々が、あたりに突きささるように鋭く真っ直(す)ぐに伸びて、存在感を顕(あら)わにしている。花と枝はそれぞれが対等に自己主張して、明確に＊2コントラストする。それでいて＊3渾然(こんぜん)と一体となって、しっとりとしたバランスを醸(かも)し出しているのには感じ入る。

開いた花には、頂上に登りつめたときの晴れやかな表情がある。開花寸前の蕾(つぼみ)は、もう咲(さ)いた隣の花を横目に、懸命に開花を急いでいるかのようである。まだ固い蕾は、おれの番はまだ先さ、と妙にすましているようなところがある。一つひとつの

随筆とは？
筆者が体験したことや見聞きしたことをもとに、筆者の感想や考えを自由に書き表した文章だよ。

勉強した日　月　日

必勝作戦

作戦1 話題は文章の初めに注目！

話題とは、「何について書かれた文章か」ということ。たいていは、文章の初めのほうで示されます。

・第一段落「桜は……。」「梅は……。」
↓桜と梅が対比されている。

・第二段落「ところが梅を近寄って見ると、……美しさを見せてくれる。」
↓ここから、内容が梅に絞(しぼ)られている。

作戦2 表現の特徴をとらえる！

「花や蕾にそれぞれの表情があって面白い」の直前の文に、筆者の感じた表情が印象的に表現されています。

「開いた花には、……」
「開花寸前の蕾は、……」
「まだ固い蕾は、……」 ↑問われているのはここ。

花や蕾にそれぞれの表情があって面白い。

＊1 清楚…清らかな様子。　＊2 コントラスト…対照。　＊3 渾然…異なったものが溶け合っている様子。

〈池上晴夫「木の時間」による〉

1 話題　この文章は、何について書かれていますか。□に当てはまる言葉を、文章中から一字で抜き出しなさい。

□について。

2 表現　花や蕾にそれぞれの表情があって面白い　とありますが、固い蕾の表情をどのように表現していますか。「……表情。」につながるように、文章中から八字で抜き出しなさい。

□□□□□□□□表情。

3 主題　筆者がこの文章を通して最も言いたかったことは何ですか。次から一つ選び、記号で答えなさい。

ア　桜の花のほうが、梅の花より美しく見えるということ。
イ　花は、見る距離によって見え方が変わるということ。
ウ　梅の美しさは、花と枝のコントラストにあるということ。
エ　梅は、離れて見るより近くで見るほうが趣があるということ。

（　　　）

作戦3 感想や考えが表れた言葉に注目！

「筆者が最も伝えたいこと＝主題」を読み取ります。

随筆の主題は、筆者の感想や考えが書かれている部分に注目します。また、筆者が題材をどのような言葉で表現しているかにも筆者の感想や考えが表れるので、注目します。

タイセツ

筆者は、第二段落以降で、近寄って梅を見たときに感じたことを述べています。

「渾然と一体となって、……バランスを醸し出しているのには感じ入る」

「花や蕾にそれぞれの表情があって面白い」

→筆者は、梅の花や枝、蕾の美しさにひかれている。

合格へのトビラ　要点はココ！

■随筆の話題のとらえ方

- 文章の初めのほうに注目する。
- 繰り返し出てくる言葉（＝キーワード）に注目する。
- 文章全体からとらえる。

■随筆の主題のとらえ方

- 筆者が体験したことや見聞きしたことを押さえる。
- 題材をどのような言葉で表現しているかに注目する。
- 筆者の感想や考えが書かれている部分に注目する。

14 詩・短歌・俳句の知識を押さえる！

短歌・俳句とは？

短歌は五・七・五・七・七、俳句は五・七・五という決まった音数から成る定型詩だよ。

勉強した日　　月　　日

練習問題

↓解答10ページ

1 次の詩を読んで、問題に答えなさい。

鉄棒①　　村野四郎（むらのしろう）

僕は地平線に飛びつく
僅（わづか）に指さきが引つかかつた
僕は世界にぶら下（さが）つた
筋肉だけが僕の頼みだ
僕は赤くなる　僕は収縮する
足が上（あが）つてゆく
おお　僕は何処（どこ）へ行く
大きく世界が一回転して
僕が上になる
②高くからの俯瞰（ふかん）*1
ああ　両肩に柔軟な雲

*1 俯瞰…高い所から見下ろすこと。

1 表現　鉄棒①　をたとえた言葉を、詩から抜き出しなさい。 ↓作戦1

（　　　　）

2 情景　「僕」は何をしていますか。□に当てはまる言葉を、詩から抜き出しなさい。 ↓作戦2

鉄棒で［　　　］している。

3 主題　高くからの俯瞰／ああ両肩に柔軟な雲②　に表れている「僕」の心情を、次から一つ選び、記号で答えなさい。 ↓作戦3

ア　疲労感　　イ　達成感
ウ　不安感　　エ　優越感

（　　　）

必勝作戦

作戦1　表現技法を覚える！

タイセツ

表現技法		説明
比喩	直喩	「ようだ」「みたいだ」などの言葉を使って直接たとえる。
	隠喩	「ようだ」「みたいだ」などの言葉を使わずにたとえる。
	擬人（ぎじん）法	人でないものを人のように表す。
倒置		普通とは語順を入れ替える。
体言止め		行の終わりを体言(名詞)で止める。
擬態語 擬声語		ものの動きや様子、音声をそれらしく表す。

作戦2　題名も手がかりに情景をとらえる！

「鉄棒」←題名

鉄棒にぶら下がる→筋肉に力を込めて足を上げる→僕が上になる　→鉄棒での運動の様子。

2 次の短歌と俳句を読んで、問題に答えなさい。

A みづからの光のごとき明るさをささげて咲けりくれなゐの薔薇（ばら）　佐藤佐太郎（さとうさたろう）
B 丈たかく繁（しげ）り咲くなるこすもすの花はふれたりわが耳たぶに　岡本かの子（おかもとかのこ）
C 自転車のカゴからわんとはみ出してなにか嬉（うれ）しいセロリの葉っぱ　俵万智（たわらまち）
D 草の戸も住み替はる代ぞひなの家　松尾芭蕉（まつおばしょう）
E 海の音一日遠き小春（こはる）かな　加藤暁台（かとうきょうたい）

1 表現技法　A〜Cの短歌に用いられている表現技法を、AとCは次から二つずつ、Bは一つ選び、記号で答えなさい。（同じ記号を二度使ってもかまいません。）

ア 直喩　イ 体言止め　ウ 擬態語（ぎたいご）　エ 倒置

A（　）・（　）　B（　）　C（　）・（　）　→1

2 季語と季節　D・Eの俳句の季語と季節を書きなさい。〈兵庫〉　→4

D 季語（　）季節（　）
E 季語（　）季節（　）

作戦3 詩の主題はやま場に注目！

「高くからの俯瞰」→高い位置にいる
「両肩に柔軟な雲」→空が近い
→最後の二行がこの詩のやま場。

作戦4 季語が表す季節に注目する！

俳句には、原則として、季節を表す言葉である季語が一つ詠（よ）み込まれます。

俳句では、「や・かな・けり」などの「切れ字」がよく用いられます。切れ字は、意味や調子の切れ目を示し、作者の感動を表します。

例 海の音一日遠き小春かな

合格へのトビラ　要点はココ！

詩の内容のとらえ方
- 表現技法が用いられている部分に注目する。
- 題名も手がかりにして、描かれている情景を押さえる。
- やま場に注目して、主題を読み取る。

短歌・俳句の知識
- 短歌の音数は五・七・五・七・七、俳句の音数は五・七・五である。
- 俳句には季語が入り、切れ字が用いられることがある。

勉強した日 月 日
得点 /100点
解答10ページ

1 次の文章を読んで、問題に答えなさい。〈青森改〉

宇宙船のハッチ[*1]を開けて、初めて宇宙空間へ泳ぎ出た瞬間。僕を包んだのはそれまで感じたことのない静けさでした。

宇宙には空気がありません。空気がなければ、音もしません。音は空気の振動で伝わるものだからです。①そういうことは知識として知っているけれど、実際に宇宙に行き、本物の無音を経験してみると、想像以上の驚きが走りました。

「ここは命が存在しない場所だ」。そんなふうに、僕の体は感じました。本能が危険を察知し、シグナル[*2]を発しているのがわかります。宇宙服を着ているから大丈夫だとはわかっていても、本能は反応するんです。

「音がない」ということ、ただそれだけのことが、これほど鮮やかに感じられるとは！

予測したり想像したりすることと、体感することとの間には、じつに大きな開きがあるものなのだと思い知らされました。

②知っているつもりでいたけれど、本当には知らないこと。世の中にはそういうことが山ほどあります。

僕は宇宙飛行士として長い間訓練を積んできました。宇宙で撮影された地球の写真も、もちろん何枚も見てきました。ですから地球が美しいということは、写真を通してよく知っていたはずでした。けれども宇宙に出て気がつきました。僕は知っている「つもり」だったのだと。

広い宇宙にぽつんと浮かんでいる、宇宙服を着た僕。その僕に向き合うように、地球はありました。

大きくて、丸い地球。ゆっくりと回転し、青く、白く、輝いている。ここに生命があるんだ！　と主張しているような、力強さ。命の気配がしない宇宙空間のなかで、地球だけが大きく光り輝き、生きているよと訴え（うった）ているのです。

＊1 ハッチ…航空機などの出入り口。
＊2 シグナル…信号。合図。

〈野口聡一（のぐちそういち）「15歳の寺子屋　宇宙少年」による〉

1 指示語 ①そういうこと は、どのようなことを指していますか。［　］に当てはまる言葉を、十五字以内で書きなさい。（20点）

● 音は空気の振動で伝わるので、［　　］こと。

2 内容理解 ②知っているつもりでいたけれど、本当には知らないこと。とは、どういうことですか。［　］に当てはまる言葉を、文章中から十字で抜き出しなさい。（20点）

物事について、[　　]だけで、わかったつもりでいても、実際に経験しなければ、本当のことはわからないこと。

[　　　　　　　　　　]

よく出る

3 主題 宇宙に出た筆者は、どのようなことに気がつきましたか。次から一つ選び、記号で答えなさい。（20点）

ア 宇宙で撮影された地球の写真の美しさは、予想どおり本物だったこと。

イ 宇宙では、危険を察知する本能が働き、感情的になること。

ウ 地球に比べると、人間の想像や経験は価値がないこと。

エ 宇宙空間のなかで、地球だけが生命を主張し、輝いていること。

（　　）

2 次の短歌のうち、人間を詠（よ）み込んだ歌はどれとどれですか。後から一つ選び、記号で答えなさい。〈岩手改〉（20点）

A 森深く鳥鳴きやみてたそがるる木の間の水のほの明かりかも　島木赤彦（しまきあかひこ）

B 枯（か）れ野踏みて帰り来たれる子を抱き何かわからぬものも抱きよす　今井恵子（いまいけいこ）

C 開け放つ虫かごよりぞ十方にいきもののがれしたたるみどり　玉井清弘（たまいきよひろ）

D さくらさくあつき谷まに雨降りてしづかにのぼれわたくしのこゑ　大谷雅彦（おおたにまさひこ）

〈「鑑賞　日本の名歌」による〉

ア AとC　**イ** AとD　**ウ** BとC　**エ** BとD

（　　）

よく出る

3 次の俳句の説明として適切なものを、後から一つ選び、記号で答えなさい。〈神奈川〉（20点）

胡桃（くるみ）割るこきんと故郷鍵あいて　林翔（はやししょう）

ア 故郷への思いをあえて捨て去ろうとする強い決意が、「胡桃」「こきん」「故郷」「鍵」という固い語感のあるカ行の音を多用することによって印象的に描かれている。

イ 胡桃が割れてしまった音とともに作者の心の中の大切な思い出が壊れてしまったことが、「故郷」というなつかしい響きのある語によって感傷的に描かれている。

ウ 胡桃の固い殻（から）が割れたことをきっかけに、心の中にしまわれていた故郷への思いが湧き上がってくる様子が、「こきん」という音によって効果的に描かれている。

エ 胡桃の固い殻が割れたときに、忘れてしまいたい故郷の記憶が呼び起こされた様子が、鍵を開ける音のもつ印象と重ねることによって象徴的に描かれている。

（　　）

こまったときのヒント

1 **3** 宇宙に出て気づいたことは後半に書かれています。

2 人間を表す言葉に注目します。

3 〝故郷の鍵があく〟から、故郷への思いが閉じられていたことがわかります。

特集 かんたんチェック

覚えておきたい季語

◆ 次の俳句から季語を抜き出し、その季節を書きなさい。

① 荒海や佐渡に横たふ天河　松尾芭蕉

季語（　　　）　季節（　　　）

② 五月雨や大河を前に家二軒　与謝蕪村

季語（　　　）　季節（　　　）

「五月雨」は、今の暦で六月に降る雨、つまり梅雨のことだよ。

③ 流れ行く大根の葉の早さかな　高浜虚子

季語（　　　）　季節（　　　）

大根は今では年中食べられるけれど、旬の季節はいつかな？

答え　①天河・秋　②五月雨・夏　③大根・冬

	新年	春（旧暦1～3月 新暦2～4月）	夏（旧暦4～6月 新暦5～7月）	秋（旧暦7～9月 新暦8～10月）	冬（旧暦10～12月 新暦11～1月）
時候	新年　元旦　去年今年	立春　春寒　啓蟄　彼岸　花冷え　八十八夜	麦の秋　皐月　入梅　梅雨寒　土用　涼し	残暑　仲秋　秋めく　夜長　夜寒　肌寒　行秋　秋深し	小春　師走　年の暮　行年　大寒　春近し
天文・地理	初日　初空　初凪　初富士	朧月　東風　雪解　春一番　菜種梅雨　山笑う　水温む　霞　花曇　陽炎	南風　涼風　薫風　梅雨　五月雨　夕立　虹　雷　夕焼　日陰　青田　清水　滝　五月晴	鰯雲　月　名月　天の川　野分　台風　稲妻　霧　露	凩（木枯）　北風　時雨　霜　霙　雪　風花　山眠る　枯野　氷
動物	初鶏　初雀	鶯　雲雀　燕　囀　雀の子　蛙　若鮎　蝶　蜂	雨蛙　時鳥　鮎　金魚　目高　初鰹　鰻　毛虫　蛍　甲虫　蝉　蟻　蚊	鹿　啄木鳥　雁　秋刀魚　鮭　鰯　蜻蛉　虫の音　松虫　蓑虫　燕帰る　渡り鳥	熊　狐　狸　水鳥　鴨　白鳥　鮟鱇　河豚　冬蜂
植物	仏の座　福寿草　若菜	梅　花　桜　椿　山吹　桃の花　柳　竹の秋　菜の花　チューリップ　若草　たんぽぽ　土筆	葉桜　牡丹　薔薇　紫陽花　若葉　新緑　青葉　万緑　百合　向日葵	桃　梨　林檎　葡萄　栗　柿　紅葉　桐一葉　団栗　銀杏　竹の春　菊　芋　萩　芒　コスモス	寒椿　山茶花　蜜柑　木の葉　落葉　枯葉　枯木　白菜　大根
生活・行事	雑煮　賀状　初夢　初詣	春眠　卒業　入学　遠足　種蒔　茶摘　花見　雛祭　雛	更衣　浴衣　蚊帳　団扇　風鈴　プール　海水浴　帰省	新米　案山子　稲刈　夜なべ　月見　紅葉狩　七夕　盆	餅　毛糸編む　焚火　炬燵　ストーブ　雪見　風邪　咳

＊特に重要な季語は赤字にしてあります。

3 論説文

よく出るのは？

- 意見と根拠
- 要点・段落関係
- 要旨（ようし）

意見と根拠

意見
“森林の保護をするべきだ。”

根拠
“森林は、水をろ過し、空気をきれいにするからだ。”

論説文のポイント整理

論説文

●言い換えや段落の要点、筆者の考えを問われることが多い。文章の中心的な部分を見分けよう。

★文章の流れをつかむ

ポイント1　指示語　←「これ」「それ」など、文章中の言葉や内容を指し示す言葉。

論説文では、指示語が多用されます。それぞれの指示語が指す内容を正しくとらえることが必要です。

ぜッタイ暗記
① 指示語の前から探す。
② 指示する内容の見当をつけたら、指示語に当てはめる。
③ うまく当てはまらないときは、「こと」「もの」を補う。

例 サンゴ礁（しょう）にはヒトデが多く生息している。その主な理由は、ヒトデはサンゴを食べるからである。
（その＝サンゴ礁にヒトデが多く生息していることの）

ポイント2　接続語

接続語とは、文と文、段落と段落などをつないで前後の関係を示す言葉で、文章の流れをつかむときの手がかりとなります。

種類	働き	例	種類	働き	例
順接	前のことが原因・理由になって、後のことが起きる。	だから それで したがって	逆接	前のことと逆の内容が後にくる。	しかし けれども ところが
並列（へいれつ） 累加（るいか）	前のことに並べたり、付け加えたりする。	そして また それから	対比 選択	前と後を比べたり、どちらかを選んだりする。	または あるいは それとも
説明 補足	前のことをまとめたり、補ったりする。	つまり なぜなら 例えば	転換	前と話題を変える。	さて ところで では

サポート　文章の話題

論説文を読むときは、まず「何についての文章なのか」（＝話題）をとらえます。

▼キーワード（繰り返し出てくる言葉）や何度も言い換えられている事柄を押さえる。

▼題名からも話題を推測する。

サポート　対比と言い換え

対比や言い換えには、筆者の言いたいことをわかりやすくし、読者の理解を助ける働きがあります。

▼対比

同じ観点から二つ以上のものを比べて、その類似（るいじ）点や相違点を明らかにする。

例 日本には四季がある。いっぽう、ハワイは一年中夏のようだ。

▼言い換え

筆者が言いたいことを、わかりやすい別の言葉で言い換える。

サポート　意見と根拠

筆者の意見と根拠を区別しましょう。

▼意見を表す表現

例 ……と考える・……べきだ

▼根拠を表す表現

例 なぜなら・……からである

文章の構成をとらえる

ポイント1 要点

要点とは、段落の中で特に大事な部分のことです。

①キーワードを押さえる。
②段落の中心文を押さえる。

ポイント2 段落関係

次の手順で段落どうしの関係を考えます。

①各段落の要点を押さえる。
②接続語や指示語なども手がかりにする。
③各段落がどんな関係でつながっているかをとらえる。

幾つかの段落がまとまって、多くの場合、次のような構成をとります。

三段構成	
序論	話題や問題点を示す。
本論	具体的な説明をする。
結論	筆者の主張や説明のまとめを述べる。

要旨をとらえる

要旨とは、文章全体の中で、筆者が最も強く述べたいことを短くまとめたものです。要旨は、結論が書かれた段落からとらえましょう。

①何が話題・問題になっているかをとらえる。
②結論が書かれた段落を探す。
③結論の段落から、中心文を押さえる。
↑文末表現にも注目。

サポート 段落の働き

段落の要点をとらえるときは、その段落が文章の中でどのような働きをしているかも押さえましょう。働きには次のようなものがあります。

▼問題を提起する。
▼事実や具体例を挙げる。
▼意見を述べる。
▼結論を述べる。

モウひと押し!

文章の構成

文章の構成には、三段構成の他にも次のようなパターンがあります。

● 結論の位置による型
・尾括型（本論→結論）
・頭括型（結論→本論）
・双括型（結論→本論→結論）

入試攻略のカギ

よく出る設問パターン

「筆者の考えと合うものを選べ。」など、入試では、筆者の意見を問われることが多くあります。文末表現にも注目しながら、筆者の意見をとらえましょう。

16 指示語を読み取る！

指示語とは？
「これ」「その」「あんな」など、文章中の言葉や内容を指し示す言葉だよ。

練習問題

次の文章を読んで、問題に答えなさい。

解答12ページ

世間話が何気ない話題でお互いの交流を図るものだとすれば、それと対照的なのが、いきなり本題から入るというやり方である。①これも世間話と同じく、コミュニケーションの一つの技（わざ）だ。

本題にすっと入ることで、お互いに時間が無駄（むだ）にならない。忙（いそが）しい相手の場合は、このやり方が喜ばれる。相手の関心がその用件にのみあり、人格的な交流などはさして望んでいない場合もある。②そうした状況では、本題から入り、用件をさっさとすませるのがお互いにとっての幸福だ。

だが、いきなり本題に入るという技は、身に付いていない人がやると、単にぶしつけ*1になってしまう。日本では伝統的に本題に入る前に挨拶が長々と行われた。③それが相手に対する礼儀（れいぎ）という意味合いもあった。しかし、外堀（そとぼり）を埋めるようにして徐々に本丸*2に近づいていくようなやり方は、現代のコミュニケーションには合わない場合も多い。会議などでも本題の審議（しんぎ）に入る前の報告事項（じこう）が長すぎて集中力が損なわれるケースがよくある。いきなり本

必勝作戦

作戦1 指示語の前に注目する！

指示語が指す内容は、普通、指示語の前にあるので、さかのぼって探します。

この順に探そう！

- すぐ前から探す。
- もっと前から探す。
- 後から探す。↑例外

作戦2 指示語に続く言葉に注目する！

「指示語＋名詞」という形のときは、名詞の部分が手がかりです。

「そうした状況」の「状況」に注目すると、直前に「場合」という、似た意味の言葉が見つかります。

「そうした状況」

＝

「相手の関心がその用件にのみあり、人格的な交流などはさして望んでいない場合」

ここが「そうした」の内容。

題に入る技が組織（システム）として欠如（けつじょ）しているのである。
〈齋藤孝（さいとうたかし）「コミュニケーション力」による〉

＊1 ぶしつけ…礼儀をわきまえていない様子。
＊2 本丸…物事のいちばん大事なところ。

1 指示語①これ は、何を指していますか。文章中から抜き出しなさい。→1

（　　　　）

2 指示語②そうした状況 とは、どのような状況ですか。次から一つ選び、記号で答えなさい。→2

ア　相手の関心が世間話にのみある状況。
イ　相手の関心が用件にのみある状況。
ウ　相手が本題から入ることを望んでいない状況。
エ　相手が挨拶などの礼儀を求めている状況。

（　　　　）

3 指示語③それ とは、どうすることですか。「……こと。」につながるように書きなさい。→3

（　　　　）こと。

作戦3 指示語に当てはめる！

指示する内容を指示語の部分に当てはめて、意味が通るかを確認します。

「それが相手に対する礼儀という意味合いもあった。」
←ここに解答を当てはめる。

指示する内容を当てはめるとき、文章中の表現のままだとうまく当てはまらない場合があります。その場合は、文末に「こと」「もの」などを補ってみましょう。

例 おいしい料理を作る。それが難しい。
おいしい料理を作ること

合格へのトビラ 要点はココ！

■指示語が指す内容のとらえ方
- 指示語の前から探す。
- 指示する内容の見当をつけたら、指示語に当てはめる。
- うまく当てはまらないときは、「こと」「もの」を補う。

■指示語の種類

物事を指す	これ	それ	あれ	どれ
	この	その	あの	どの
場所を指す	ここ	そこ	あそこ	どこ

こそあど言葉

17 接続語を読み取る！

接続語とは？　文と文、段落と段落などをつないで、前後の関係を示す言葉だよ。

勉強した日　月　日

練習問題

次の文章を読んで、問題に答えなさい。

解答12ページ

現代では便利なことに、わからない言葉や概念があっても、インターネットで検索すれば瞬時に多くの情報が出てきます。しかし、それらの情報からすぐに本質をとらえることができるわけではありません。ここで、情報を十分検討した後に、時間をかけて結果を得る態度が重要です。実際、すぐに結果が出るようなこと、誰でもすぐに答えが出せるような問題は、すでに答えがわかっていたり、たいした問題ではなかったりすることがほとんどです。大きな問題や重要な問題ほど、難しくて結果はすぐ出ないものです。

また、最終的な結果が出なくても、成果がないとは限りません。一連の知的活動の過程の中にも、新たな発見があることもあります。最初に考えていた仮説を調べている間に、ひょっとしたら、こんな考え方ができるのではないかと思いつくかもしれません。

［A］、ガリレオが活躍していた時代、天体観測をするためには、まず望遠鏡を自分で作らなければなりませんでした。そこで望遠鏡を作ってみると、より遠くを鮮明に見

必勝作戦

作戦1 前後の関係をとらえる！

接続語の前後の関係によって、使われる接続語が決まります。まずは、前後がどういう内容になっているのかを読み取ります。

「インターネットで検索すれば瞬時に多くの情報が出てきます」

しかし

「それらの情報からすぐに本質をとらえることができるわけではありません」

できること ↔ できないこと

インターネットの利点と不可能な点が挙げられているよ！

作戦2 接続語の種類を覚える！

接続語の前後の内容に注目して、補うべき接続語をとらえましょう。

ようと試行錯誤する過程で、天文学とは分野の異なる光学上の発見がなされました。

思考や作業の過程には、予期せぬ発見が潜んでいます。[B]、結果を性急に求めないで、過程を大事にするという態度が大事です。

〈下村裕（しもむらゆたか）「卵が飛ぶまで考える」による。一部省略等がある。〉

1 接続語「しかし」の前後の文は、どのような関係になっていますか。次から一つ選び、記号で答えなさい。（　　）

ア 前の内容が原因で、後で順当な結果を述べている。
イ 前の内容に対して、後で逆の内容を述べている。
ウ 前の内容を、後でまとめている。
エ 前の内容に、後で付け加えている。

2 接続語[　]A・Bに当てはまる接続語を、次から一つずつ選び、記号で答えなさい。

ア 例えば　イ ですから
ウ そして　エ さて

A（　　）　B（　　）

A 前「一連の知的活動の……新たな発見がある」
後「ガリレオが活躍していた時代、……光学上の発見がなされました。」
[A] 後が具体的な例になっている。＝説明・補足

B 前「思考や作業の過程には、予期せぬ発見が潜んでいます。」
[B] 前が後の原因・理由になっている。＝順接
後「過程を大事にするという態度が大事」

タイセツ

接続語には、次のような種類があります。

種類	働き・例
順接	前が後の原因・理由。例 だから・それで・したがって
逆接	前と後が逆の内容。例 しかし・けれども・ところが
並列（へいれつ）・累加（るいか）	並べる。付け加える。例 そして・また・それから
対比・選択	比べる。選ぶ。例 または・あるいは・それとも
説明・補足	まとめる。補う。例 つまり・なぜなら・例えば
転換	話題を変える。例 さて・ところで・では

要点はココ！

合格へのトビラ

接続語のとらえ方

- 接続語の前後の内容を押さえ、関係を考える。
- 前後の文だけでわからないときは、範囲（はんい）を広げて読む。
- 補うべき接続語を当てはめてみる。

接続語の種類

種類	例	種類	例
順接	だから・したがって	逆接	しかし・けれども
並列・累加	そして・また	対比・選択	または・あるいは
説明・補足	つまり・なぜなら	転換	さて・ところで

勉強した日　月　日

解答12ページ

得点　/100点

次の文章を読んで、問題に答えなさい。

タンポポを指標[*1]とした「タンポポ調査」と呼ばれるものが、よく行われている。西洋タンポポは都市化したところに多く分布する。①これに対して、日本タンポポは、自然の残った田園地帯や郊外によく見られる。そのため、西洋タンポポと日本タンポポの分布を見ると、環境が都市化しているかどうかがわかるのである。

じつは、②日本タンポポは自然が豊かで、他の植物が生えているところでは有利さを発揮する。たとえば、日本タンポポは西洋タンポポよりも種子が大きい。確かに遠くまで飛ばすという点では大きくて重い種子は不利である。［A］、大きくて重い種子からは、大きな芽を出すことができる。これは他の植物の芽生えと競って伸びるためには、必要なことだ。さらに、他の花の花粉と交配することで、バラエティに富んださまざまな子孫を残すことができる。多様な子孫を残すということも、多様な環境があり、さまざまな病害虫に対処しなければならない自然の中で生き残るには大切なことである。

［B］、重要な戦略は「春にしか咲かない」ということである。日本タンポポは春に咲いて、さっさと種子を飛ばすと、根だけ残して地面から上は自ら枯れてしまう。これは、冬眠の逆で夏に地面の下で眠っているので、「夏眠」と呼ばれている。

夏が近づくと、他の植物が枝葉を伸ばし、生い茂る。そんなところで、小さなタンポポが頑張っても、光は当たらず生きていくことができない。③そこで、強い植物との無駄な争いを避けて、地面の下でやり過ごすのである。

ライバルが多い夏にナンバー1になることは難しいから、ライバルたちが芽を出す前に、花を咲かせて種を残すという戦略なのである。

一方、西洋タンポポは日本の四季を知らないから、他の植物が生い茂る夏の間も、葉を広げ花を咲かせようとする。そのため、西洋タンポポは枯れてしまい、生きていくことができないのだ。同じように枯れているように見えても、自ら葉を枯らして眠っている日本タンポポはまったくダメージがない。一年中咲いている西洋タンポポに比べて、春しか咲かない日本タンポポは劣っているようにも思えるが、じつは戦略的だったのだ。

④このように、西洋タンポポは他の植物が生えるような場所には生えることができない。だから、その代わりに他の植物が生えないような都会の道ばたで花を咲かせて、分布を広げているのであ

る。西洋タンポポが広がり、日本タンポポが少なくなっているという現象は、単に他の植物が生えるような元々の日本の自然が減っているからだったのである。

〈稲垣栄洋（いながきひでひろ）「植物はなぜ動かないのか」による〉

＊1 指標…物事を推測したり判断したりする基準となるもの。

よく出る

1 指示語 ①これ は何を指していますか。（　）に当てはまる言葉を書きなさい。（15点）

西洋タンポポが
（　　　　）

2 内容理解 ②日本タンポポは……有利さを発揮する とありますが、日本タンポポはどんな点が有利なのですか。（　）に当てはまる言葉を書き、二つにまとめなさい。15点×2（30点）

・他の植物の芽生えと競って伸びるために、
（　　　　）

・さまざまな病害虫のいる多様な自然の中で生き残るために、
（　　　　）

よく出る

3 接続語 □A・Bに当てはまる接続語を、次から一つずつ選び、記号で答えなさい。10点×2（20点）

ア しかし　イ なぜなら
ウ そして　エ さて

A（　）B（　）

4 接続語 ③そこで は、どのような働きをしていますか。次から一つ選び、記号で答えなさい。（15点）

ア 前の内容に対して、後で順当な結果を述べている。
イ 前の内容に対して、後で逆の内容を述べている。
ウ 前の内容を、後でまとめている。
エ 前の内容に、後で付け加えている。
（　）

5 指示語 ④このように は、どのような内容を指していますか。次から一つ選び、記号で答えなさい。（20点）

ア 夏になると、自ら葉を枯らして眠ること。
イ 春しか咲かない日本タンポポに戦略的に対抗すること。
ウ ライバルが多い夏に、あえてナンバー1になろうとすること。
エ 夏の間も葉を広げ花を咲かせようとして、枯れてしまうこと。
（　）

こまったときのヒント

2 直後の「たとえば」の後から探します。「さらに」の後に、二つ目の利点が書かれているとわかります。

5 直後に「西洋タンポポは……」とあるので、西洋タンポポについて書かれた内容を前の部分からとらえましょう。

19 対比・言い換えをとらえる！

対比とは？
同じ観点から二つ以上のものを比べて、その類似点（るいじ）や相違点を明らかにすることだよ。

勉強した日　月　日

練習問題

✲ 次の文章を読んで、問題に答えなさい。

解答14ページ

いま私たちは、昔からの生活が残っている社会に行くと、そこではまだ時間がゆっくりと流れているような感覚をいだかされる。実際都市の時間と村の時間の時間速度の違いは、社会学のテーマのひとつでさえあった。

しかし私は、時間速度の遅さに村の時間の特徴があるとは思っていない。村の時間は、ときに荒々しく、ときに漂（ただよ）うように流れている。均一に流れゆく直線的な時間が都市を支配しているとすれば、ここには①ゆらぎゆく時間が成立しているのではなかったか。あるいは都市では客観的な時間が人間を管理しているのに対して、②村の時間は村人の営みとの関係のなかにつくられていた。

農民の一年とは、同じ速度で歩む時間によって構成されてはいない。[*1]荒起こしから田植（たうえ）を終えるまでの春、夏の草取り、秋の刈入（かりい）れ、そんなとき時間は、しばしば凝縮（ぎょうしゅく）された歩みをみせる。そしてその合間（あいま）にあらわれる漂うような時間。季節のなかで時間は絶えずゆらいでいる。

一日のなかでも同じことだ。畑仕事をしているときも、村人たちは、凝縮

必勝作戦

作戦1 対照的な言葉を探す！

対比関係をとらえるときは、何と何を比べているのかを押さえましょう。それから、対照的な言葉を探します。

村
＝
「ここにはゆらぎゆく時間が成立している」
↔　↔ 対照的な言葉は？
都市……［？］が支配している

ここでは、「ゆらぎゆく時間」と対比されているのはどんな時間かときかれているので、「時間」という言葉に着目して探します。

文章を簡単な図式にまとめると、わかりやすいね！

された時間とまるで惚けたような時間をつくりだす。時間はときにすばやく過ぎ去り、ときに漂うようにさまよいつづける。ここでは時間は、都市のように人間たちを外から管理し、価値を生みだす客観的な基準ではなくて、村人の暮らしとともに等身大で存在しているものなのである。

〈内山節「時間についての十二章」による〉

＊1 荒起こし…水田の土を大まかに掘り起こすこと。

1 対比 ①ゆらぎゆく時間 と対比されているのは、どんな時間ですか。文章中から十字以上十五字以内で抜き出しなさい。 → 1

2 言い換え ②村人の営みとの関係のなかにつくられていた とは、どういうことですか。（　）に当てはまる言葉を、文章中から抜き出しなさい。 → 2

村人の（　　　　）ということ。

合格へのトビラ 要点はココ！

■対比関係のとらえ方

- 何と何を比べているのかを押さえる。
- 対照的な言葉を探す。
- 共通して使われている言葉を手がかりにする。

■言い換え表現のとらえ方

- 何について書かれているのかを押さえる。
- キーワードに注目して、意味が似た言葉を探す。
- 「つまり」などの言葉に注目する。

作戦2 言い換えはキーワードに注目！

論説文では、筆者の言いたいことを、わかりやすいように別の言葉で言い換えることがよくあります。

キーワードに注目して、言い換えの表現を探しましょう。ここでは、「村の時間」と「村人」がキーワードです。

「村の時間は村人の営みとの関係のなかにつくられていた」

＝

「村人の［？］」

→「営み」と似た言葉を探す。

プラスワン 言い換えるときには、「つまり」「要するに」「このように」などの言葉が使われることもあります。

例 同じ意見の者を集めてみても、細かいところでは考えに違いがあるものだ。つまり、人の考えは千差万別なのだ。

20 意見と根拠をとらえる！

勉強した日　月　日

練習問題

次の文章を読んで、問題に答えなさい。

解答14ページ

1　ことばの意味を学ぶということは、一つひとつの単語が指す対象の一つを知るだけでは不十分である。①ある単語をきちんと使うためには、その単語が指し示す意味の範囲（はんい）を知らなければならないからである。しかし、単語の意味の指し示す範囲は、一つの単語それ自体では決まらず、それぞれの単語の境界はその領域に属する他の単語との関係によって決まる。

2　例えば「アオ」という色の名前の範囲は、「アオ」と隣り合う色である「ムラサキ」や「ミズイロ」「ミドリ」との境界で決まる。日本語の「着る」という動詞の意味を理解し、慣習に則して使うためには、「着る」「履く」「かぶる」「つける」などの違いがわからなければならないはずである。

3　つまり、語彙（ごい）は膨大な数の単語からなるシステムなのである。②システムとしての語彙を身につけるためには、単語単体の意味を学ぶだけでは不十分である。単語同士の関係を学び、システムをつくっていく必要がある。その中で、似ている単語同士がどう違っていて、その二つの単語の境界がどこに

必勝作戦

作戦1　根拠を示す表現に注目する！

根拠を述べた文を探すときは、次のような表現に注目しましょう。

文頭	なぜなら・その理由は　など
文末	……からである・……ためである・……による　など

作戦2　例を挙げた意図をつかむ！

筆者が言いたいことをわかりやすく説明したり、根拠を述べたりするために、具体例を挙げることがあります。

具体例の前の内容と、具体例の内容とを比べてみましょう。

引けるかを知ることはとくに大事である。

〈今井（いまい）むつみ「学びとは何か」による〉

1 根拠　①ことばの意味を学ぶということは、一つひとつの単語が指す対象の一つを知るだけでは不十分である。とありますが、それは、なぜですか。文章中から一文で抜き出し、初めの五字を書きなさい。　→1

□□□□□

2 具体例　筆者は、[2]段落で、どういうことの例を述べようとしているのですか。書きなさい。　→2

（　　　　　）

3 意見　②システムとしての語彙を身につける　とありますが、そのためにはとくにどういうことが大切だと筆者は考えていますか。文章中から四十字で抜き出し、初めと終わりの五字を書きなさい。　→3

□□□□□～□□□□□

「それぞれの単語の境界はその領域に属する他の単語との関係によって決まる」

「例えば『アオ』という色の名前の範囲は、……との境界で決まる。」

作戦3 段落の最初や最後に注目する！

筆者の意見は、多くの場合、段落の最初や最後に述べられています。文末表現に注目して、筆者が最も述べたいことをとらえましょう。

「その中で、……を知ることはとくに大事である。」

→わかりやすい表現が使われている。

タイせつ

意見を述べるときの主な文末表現は、次のとおりです。

- ……と思う
- ……と考える
- ……べきだ
- ……ではないだろうか
- ……といえる
- ……にちがいない
- ……しよう
- ……かもしれない

合格へのトビラ　要点はココ！

■根拠のとらえ方
- どんな意見に対する根拠なのかを押さえる。
- 「なぜなら」「……からである」などの表現に注目する。
- 具体例や事実を述べた部分を押さえる。

■意見のとらえ方
- 段落の最初や最後に注目する。
- 事実を述べた部分と意見を述べた部分を区別する。
- 意見を述べるときの文末表現を探す。

21 まとめのテスト2

次の文章を読んで、問題に答えなさい。〈島根改〉

理想自己の形成には、青年期になると抽象(ちゅうしょう)的思考ができるようになることが関係している。そのため、具体的な行動と結びついた理想自己だけでなく、①抽象的な価値観と結びついた理想自己ももつようになる。

たとえば、「日曜日は野球をして遊びたい」「サッカーがもっと上手になりたい」「テストでもっと良い成績が取れるようになりたい」というような②具体的な目標をもつだけでなく、「もっと自分に自信がもてるようになりたい」「こんな退屈な日々から脱出したい」「自分が生きてるっていう実感がほしい」などといった抽象的な目標を意識するようになる。

具体的な目標と違って、このような③抽象的な目標になると、その達成のためにどうしたらよいのかがわからない。

日曜日に野球をして遊びたいというのであれば、ふだん野球を一緒にしている仲間に声をかければいい。サッカーがもっと上手になりたいのなら、時間をつくって練習に励めばいい。いきなり上手になるわけではないけれど、練習をすればするほど少しずつでも上達していくはずだ。テストでもっと良い成績を取りたいなら、試験勉強をしっかりやればよい。すぐに報われるとは限らないが、地道に勉強することができれば、着実に成績は向上していくだろう。このように、具体的目標の場合は、そのために頑張るべき方向性は明確だ。

抽象的な目標の場合はどうだろう。もっと自分に自信がもてるようになるためには、いったいどうすべきなのか。退屈な日々から脱するために、できることって何だろう。生きているっていう実感を得るために、果たして何をすべきなのか。いくら考えても、なかなか答(こたえ)は見つからない。

今の自分にどこか納得がいかない。でも、どうすればよいのかがわからない。ここに産みの苦しみがある。*1第二の誕生という課題を前にして、④どんな自分になったら納得できるのかが見えてこない。そこで、ますます自分が気になってくる。

そんな*2不全感を抱えた状態は、けっして気分の良いものではない。方向性を見つけて、こんな苦しい状態から何とか脱したい、早くスッキリしたいと思うかもしれない。でも、⑤今の自分に納得がいかないからといって、自分を否定する必要はない。自己の二重性を思い出してみよう。「見られている自分」に対して納得のいかない「見ている自分」がいるわけだ。その「見ている

勉強した日　月　日

解答14ページ

得点　/100点

自分」は、適当に流されている自分にも不満をもたなかった以前の自分と比べて、はるかに向上心に満ちた自分と言えるだろう。そんな自分は、けっして否定すべきものではない。むしろ肯定し、応援すべきなのではないだろうか。

〈榎本博明「〈自分らしさ〉って何だろう?」による〉

＊1 第二の誕生という課題…「自分とは何か」について自分なりの考えを見出すという課題。
＊2 不全感を抱えた状態…今の自分に納得がいかないが、どんな自分になれば納得がいくのかもわからない状態。

1 内容理解 ①抽象的な価値観と結びついた理想自己ももつようになる とありますが、それはなぜですか。書きなさい。(20点)

(　　　)

2 内容理解 ②具体的な目標 に当てはまらないものを次から一つ選び、記号で答えなさい。(15点)

ア 第一志望の高校に合格したい。
イ 生徒会長になりたい。
ウ 充実した毎日を送りたい。
エ テニスの試合で勝ちたい。

(　　　)

よく出る
3 対比 ③抽象的な目標になると、……わからない とありますが、これとは対照的な内容を表す部分を、文章中から三十字以内で抜き出し、初めと終わりの三字を書きなさい。(20点)

□□□〜□□□

4 言い換え ④どんな自分になったら納得できるのか とありますが、"納得できる自分"を一語で表している言葉を、文章中から抜き出しなさい。(20点)

(　　　)

よく出る
5 意見 ⑤今の自分に納得がいかないからといって、自分を否定する必要はない とありますが、それでは、筆者はどうすればよいと言っていますか。三十字以上四十字以内で書きなさい。(句読点も一字として数えます。)(25点)

こまったときのヒント

3 「抽象的な目標」と比べられているのは、「具体的な目標」です。

5 筆者が最も述べたいことは、文章の最後に書かれています。文末表現にも注目しましょう。

22 要点・段落関係をとらえる！

練習問題

次の文章を読んで、問題に答えなさい。

解答16ページ

1 「重要な決断をするときには歩く」――これは、脳科学的に言って、とても正しいことです。

2 脳の中には、「デフォルト・モード・ネットワーク」と言って、何かに集中して仕事をしているときよりも、むしろ何もしていないとき、休んでいるとき、リラックスしているときのほうが活動する部位があります。（中略）

3 デフォルト・モード・ネットワークは、集中しているときに集めた、いろいろな情報や経験を、頭の中で整理する働きをしているのではないかといわれています。みなさんも、お風呂（ふろ）に入ったり、眠りにつこうとしたり、とくに何もしていないときに、「あ！　そうか！」と思い出したり、「こうしてみよう！」と、新しいアイデアがひらめいたりすることがあるのではないでしょうか。デフォルト・モード・ネットワークのおかげで、感情や記憶の整理がついたり、創造的になれたりするのです。

4 何でも意識的にコントロールしていると思ったら大間違いで、〝無意識〟

要点とは？
一段落の文章中で、特に大事な部分のことだよ。段落の最初や最後に書かれていることが多いよ。

必勝作戦

作戦1 段落の中心文を押さえる！

次の手順で段落の要点をとらえます。

タイセツ

❶ キーワード（繰り返し出てくる言葉）を押さえる。

❷ 意見などの中心的な部分と、具体例や引用などの付加的な部分を区別する。

❸ 段落の中心文（言いたいことの中心になっている文）を探す。

3段落のキーワードは「デフォルト・モード・ネットワーク」です。

一文目…「デフォルト・モード・ネットワーク」の働き

二文目…「デフォルト・モード・ネットワーク」の例

三文目…「デフォルト・モード・ネットワーク」の利点

「デフォルト・モード・ネットワーク」について、最も述べたいことは何かな。

勉強した日　月　日

に任せなくてはならないこと、むしろ〝無意識〟に任せたほうがいいことがあるのです。

5　歩くことは、このデフォルト・モード・ネットワークを大いに活性化させることがわかっています。

〈茂木健一郎「頭は『本の読み方』で磨かれる」による。一部省略・変更等がある。〉

1 要点　3段落の要点を書きなさい。

（　　　　　）→1

2 段落関係　5段落は、この文章の中でどのような働きをしていますか。次から一つ選び、記号で答えなさい。→2

ア　4段落で述べたことに補足する内容を述べている。
イ　4段落で述べたこととは反対の内容を述べている。
ウ　それまでの内容をまとめ、1段落の根拠を述べている。
エ　それまでの内容を離れて、新たな話題を提示している。

（　　）

作戦2　各段落の要点を比べて考える！

各段落の要点を押さえたうえで、どの段落とどの段落が似た内容を述べているか、反対の内容を述べているか、などを考えます。

段落の初めに接続語や指示語があるときは、それも手がかりになります。

同じ言葉が他の段落にないか？

「歩くことは、このデフォルト・モード・ネットワークを大いに活性化させる」

どの段落を指しているか？

プラスワン

論説文は、幾つかの段落がまとまって、次のような三段構成をとることがよくあります。

序論	話題や問題点を示す。
本論	具体的な説明をする。（意見とその根拠・例示など）
結論	筆者の主張や説明のまとめを述べる。

合格へのトビラ　要点はココ！

■要点のとらえ方
- キーワードを押さえる。
- 段落の中心的な部分と付加的な部分を区別する。
- 段落の中心文を押さえる。

■段落関係のとらえ方
- 各段落の要点を押さえる。
- 接続語や指示語なども手がかりにする。
- 各段落がどんな関係でつながっているかをとらえる。

23 要旨(ようし)をとらえる！

練習問題

次の文章を読んで、問題に答えなさい。

解答16ページ

1 私は日常生活でも「生命論的世界観」[*1]が大事だと思っています。東日本大震災後の政治家、学者、評論家の発言より、農業、漁業、林業など第一次産業に従事して、常に自然を相手に生きてきた人々の言葉がとても魅力(みりょく)的でした。

2 例えば「津波(つなみ)で田んぼも畑もダメになったし、家もなくなってしまった。けれど、私はこれからここでもう一度ものをつくっていく『技術と知恵』は持っている。それは誰にも流せなかった」と言っていた農家の人がいました。とても印象的な発言でしたが、これは「人間は自然の一部である」と理解している人の強さなのだと思います。

3 「人間が自然の一部」というのは当たり前のことです。けれど、「機械論的世界観」に基づいてつくり上げてきた科学技術中心の社会は、お金や利便性のみを追求してきたせいで、自然との向き合い方を忘れてしまった。行き詰(づ)まりつつあるこの社会をつくり変えるためにも、

要旨とは？
文章中で筆者が最も強く述べたいことを、短くまとめたものだよ。

必勝作戦

作戦1 繰り返されている内容をとらえる！

話題(=何についての文章なのか)は、文章全体を通して何度も出てきます。キーワードや言い換えられている事柄に注目します。

1 「生命論的世界観」が大事だ。
2 「人間は自然の一部である」と理解している人は強い。
3 「人間は生きものであり、自然の一部である」ということを起点に考えることが重要だ。

〰線は、同じ事柄を言い換えています。これが話題です。

作戦2 結論は文章の最初や最後に注目！

結論は、筆者が最も強く述べたい意見のことです。ポイントは次のとおりです。

- 意見を述べるときの文末表現「……と思う」「……べきだ」などに注目する。

勉強した日　月　日

「人間は生きものであり、自然の一部である」ということを、すべての起点として考えることが重要です。

〈中村桂子（なかむらけいこ）「私のなかにある38億年の歴史」による〉

＊1 生命論的世界観…時間をかけてできあがってきた自然界は生きもののようだという考え方。

1 **話題** この文章は、何について述べられていますか。「……について。」につながるように、文章中から七字で抜き出しなさい。 ↓1

□□□□□□□について。

2 **段落関係** 結論が述べられているのは、何段落ですか。段落番号で答えなさい。 ↓2

（　　）段落

3 **要旨（ようし）** この文章の要旨として適切なものを、次から一つ選び、記号で答えなさい。 ↓3

ア 政治家や学者たちよりも、第一次産業に従事する人の言葉のほうが大事だ。

イ 東日本大震災を契機（けいき）に、「技術と知恵」の大切さが再認識されるべきだ。

ウ 機械論的世界観に基づいた科学技術中心の社会が、今後も続くべきだ。

エ 行き詰まりつつある今の社会を変えるためにも、生命論的世界観が重要だ。

（　　）

・意見が中心となっている段落を探す。事実や具体例を述べた段落は外す。

・結論は多くの場合、文章の最初か最後に書かれているので、最初と最後に注目する。

タイせつ

作戦3 結論の段落の中心文に注目！

文章の要旨は、結論が書かれた段落からとらえましょう。その中でも、中心となる文を押さえます。

3段落の文の文末表現は、次のようになっています。

一文目→「……は当たり前のことです。」

二文目→「……を忘れてしまった。」

三文目→「……ことが重要です。」

→意見を述べるときの文末表現。

合格へのトビラ 要点はココ！

■**話題のとらえ方**

● キーワードを押さえる。

● 何度も言い換えられている事柄を押さえる。

● 題名からも話題を推測する。

■**要旨（ようし）のとらえ方**

● 意見が中心となっている段落を探す。

● 文章の最初と最後に注目して、結論の段落を探す。

● 結論の段落から、中心文を押さえる。

24 まとめのテスト3

次の文章を読んで、問題に答えなさい。

1 人間がコンピューターに勝つためにはどうしたらよいか。

2 その方法は「考える」こと。コンピューターは「記憶する」ことにかけては敵なしだが、「考える」ことを知らない。よく、プロの棋士と碁を打ってコンピューターが勝ったなんていうニュースを耳にする。コンピューターが考えているわけじゃない。知識として大量のデータを記憶しているのである。

3 本当の意味で「考える」ということは、日本人だけでなく、現代を生きる人間にとっても極めて難しい。なぜなら、われわれは「知識」をもっているからだ。

4 知識がある程度まで増えると、自分の頭で考えるまでもなくなる。知識を利用して、問題を処理できるようになる。借り物の知識でなんとか問題を解決してしまう。

5 もちろん知識は必要である。何も知らなければただの無為[*1]で終わってしまう。ただ、知識は多ければ多いほどいいと喜ぶのがいけない。良い知識を適量、しっかり頭の中に入れて、それを基にしながら自分の頭でひとが考えないことを考える力を身につける。

6 ところが、である。ふり廻されないためには、よけいな知識はほどよく忘れなければならない。しかし、この「忘れる」ことが意外に難しい。

7 学校の生徒で、勉強において「忘れてもいい」と言われたことはあるだろうか？　もちろん、今の学校教育ではそんなことは言わない。ともすれば「忘れてはいけない」と教え込む。すくなくとも、「どうしたらうまく忘れるか」などという学校はないはずだ。

8 しかし実は、「覚える」のと同じくらいに、「忘れる」ことが大事で、しかも難しい。この「忘れる」ことによって、人間がコンピューターに勝っているのである。コンピューターは「覚える」のが得意な反面、「忘れる」のはたいへん苦手。人間のように、うまく忘れるということができない。

9 そもそも未知なものに対しては、借り物の知識などでは役に立たないのが当たり前だ。それまでの知識から外れた、わけのわからないモノゴトを処理、解決するには、ありきたりの知識では役に立たない。いったん捨てて、新しい考えをしぼり出す力が必要となる。そういう思考力を身につけられれば、コンピューターがどんなに発達しようと、人間が存在価値を見失うことはないだろう。

〈外山滋比古「知ること、考えること」による〉

＊1 無為…何もしないでぶらぶらする様子。

勉強した日　月　日

解答16ページ

得点　/100点

郵便はがき

おそれいりますが，切手をおはりください。

1418426

東京都品川区西五反田2－11－8
(株)文理

「わからないをわかるにかえる
高校入試」
アンケート 係

ご住所	〒 都道府県 市区郡 電話 — —		
お名前	フリガナ	男・女	学年 年
お買上げ月	年 月	学習塾に	□通っている □通っていない
スマートフォンを	□持っている □持っていない		

＊ご住所は町名・番地までお書きください。

✂はがきで送られる方はここを切り取ってください。

「わからないをわかるにかえる　高校入試」をお買い上げいただき，ありがとうございました。今後のよりよい本づくりのため，裏にありますアンケートにお答えください。

アンケートにご協力くださった方の中から，抽選で（年２回），**図書カード1000円分**をさしあげます。（当選者の発表は賞品の発送をもってかえさせていただきます。）なお，このアンケートで得た情報は，ほかのことには使用いたしません。

《はがきで送られる方》

① 左のはがきの下のらんに，お名前など必要事項をお書きください。
② 裏にあるアンケートの回答を，右にある回答記入らんにお書きください。
③ 点線にそってはがきを切り離し，お手数ですが，左上に切手をはって，ポストに投函してください。

《インターネットで送られる方》

文理のホームページよりアンケートのページにお進みいただき，ご回答ください。

https://portal.bunri.jp/questionnaire.html

アンケート

●次のアンケートにお答えください。回答は右のらんにあてはまる□をぬってください。

[1] 今回お買い上げになった教科は何ですか。 ① 国語 ② 社会 ③ 数学 ④ 理科 ⑤ 英語

[2] この本を選んだのはどなたですか。 ① 自分(中学生) ② 保護者 ③ その他

[3] この本を選ばれた理由は何ですか。(複数可)
① 高校入試に備えて ② 内容・レベルがちょうどよいので
③ イラストを用いた説明がわかりやすいので ④ 知り合いにすすめられたので
⑤ 書店やネットなどですすめられていたので ⑥ 同シリーズの学年別を使用してよかったので
⑦ 付録がよかったので ⑧ その他

[4] この本の使用目的を教えてください。(複数可)
① 1・2 年の復習 ② 受験勉強のはじめに
③ 苦手分野の克服 ④ 入試直前の追い込み
⑤ 学力テスト対策 ⑥ その他

[5] この本を使い始めたのはいつごろですか。
① 中2の4～9月 ② 中2の10～3月
③ 中3の4～6月 ④ 中3の7～9月
⑤ 中3の10月以降 ⑥ その他

[6] 内容はいかがでしたか。 ① わかりやすい ② わかりにくい ③ その他

[7] 問題の量はいかがでしたか。 ① ちょうどよい ② 多い ③ 少ない

[8] 問題のレベルはいかがでしたか。 ① ちょうどよい ② 難しい ③ やさしい

[9] ページ数はいかがでしたか。 ① ちょうどよい ② 多い ③ 少ない

[10] 表紙デザインはいかがでしたか。 ① よい ② ふつう ③ よくない

[11] カラーの誌面デザインはいかがでしたか。 ① よい ② ふつう ③ よくない

[12] 付録のミニブックはいかがでしたか。
① 役に立つ ② あまり役に立たない ③ まだ利用していない

[13] ミニブックのデジタル版はいかがでしたか。使いやすさなど，ご意見をご自由にお書きください。

[14] 〈英語のみ〉音声のご利用方法はどれですか。(まだ利用していない方は，どれを利用するつもりですか。)
① ホームページからダウンロード ② スマートフォンやタブレットを利用

[15] ミニブック以外にどのような付録があるとよいですか。(複数可)
① カード ② 要点まとめ下敷き ③ ポスター ④ 解説動画 ⑤ その他

[16] 文理の問題集で，使用したことがあるものが あれば教えてください。(複数可)
① 中学教科書ワーク ② 中間・期末の攻略本 ③ わからないをわかるにかえる(学年・分野別)
④ 完全攻略 ⑤ その他

[17]「わからないをわかるにかえる 高校入試」について，ご感想やご意見・ご要望等がございましたら，教えてください。

[18] 文理以外の本で，お使いになっている参考書や問題集がございましたら，教えてください。また，どんな点がよかったかも教えてください。

アンケートの回答：記入らん

[1] □① □② □③ □④ □⑤
[2] □① □② □③(　　)
[3] □① □② □③ □④ □⑤ □⑥
□⑦ □⑧(　　)
[4] □① □② □③ □④ □⑤
□⑥(　　)
[5] □① □② □③ □④ □⑤
□⑥(　　)
[6] □① □② □③(　　)
[7] □① □② □③ | [10] □① □② □③
[8] □① □② □③ | [11] □① □② □③
[9] □① □② □③ | [12] □① □② □③
[13]
[14] □① □②
[15] □① □② □③ □④
□⑤(　　)
[16] □① □② □③ □④
□⑤(　　)
[17]
[18]

ご協力ありがとうございました。わからないをわかるにかえる高校入試

1 **要点** [5]段落の要点を、「……ことが大事だ。」につながるように、三十字以内で書きなさい。(20点)

ことが大事だ。

2 よく出る **段落の働き** [8]段落は、この文章の中でどのような働きをしていますか。次から一つ選び、記号で答えなさい。(20点)

ア [6]・[7]段落の内容を受け、本題に戻って論を展開している。
イ [6]・[7]段落の内容とは反対の内容を述べている。
ウ [6]・[7]段落の内容から離れ、新たな話題を提示している。
エ [6]・[7]段落の内容を受け、具体的に説明している。
(　　)

3 **内容理解** 文章全体の内容を踏まえて、[1]段落の問いに対する答えを、四十字以内で書きなさい。(20点)

4 よく出る **要旨**(ようし) この文章の要旨として適切なものを、次から一つ選び、記号で答えなさい。(20点)

ア 人間は、大量のデータを記憶できるコンピューターに勝つことはできないので、自分たちの生活を改めるべきだ。
イ コンピューターにはない、未知なものに対する新しい考えを生み出す思考力こそ、人間の存在価値を確かなものにする。
ウ あらゆる知識を利用して問題を処理する能力を高めることで、人間はコンピューターにふり廻されないですむ。
エ 「忘れる」ことは人間にとって難しいが、この技術を磨くことこそ、人間が将来コンピューターに勝つ秘訣(ひけつ)である。
(　　)

5 よく出る **段落関係** この文章の構成として適切なものを、次から一つ選び、記号で答えなさい。(20点)

ア ([1])―([2]・[3]・[4])―([5]・[6]・[7])―([8]・[9])
イ ([1]・[2])―([3]・[4])―([5]・[6])―([7]・[8]・[9])
ウ ([1])―([2]・[3]・[4]・[5])―([6]・[7]・[8])―([9])
エ ([1]・[2]・[3])―([4]・[5]・[6])―([7]・[8])―([9])
(　　)

こまったときのヒント

3 コンピューターにできない「忘れる」という能力を使って、どうすればよいかを考えます。

5 「考える」「忘れる」といったキーワードを手がかりに、まとまりを考えます。

接続語と段落関係

◆【 】の中の正しいほうの接続語を、◯で囲みなさい。

日本人にとって、桜はどんな存在でしょうか。

【①ところで・例えば】、入学式の写真に写ってほしいのは、なんといっても桜でしょう。満開の桜の下でのお花見も、毎年ニュースで取り上げられ、私たちにとって身近な光景となっています。

【②また・しかし】、平安（へいあん）の昔から、「花」といえば桜を指すほど、和歌によく詠（よ）まれてきました。桜の花をめでる一方で、桜が散るとともの悲しさを感じるのは、日本人独特の感性のようです。

【③ただし・つまり】、日本人にとって桜とは、非常に身近で、心の琴線（きんせん）に触れるものということができるでしょう。

答え ①例えば ②また ③つまり

接続語と段落関係

接続語に注目して、段落の関係をとらえましょう。

段落の関係	使われる接続語	例文
前が原因・理由で、後が結果の関係。	だから それで したがって	理科の時間に植物をスケッチする目的は、その構造を理解することにある。だから、絵の得意、不得意は重要ではない。
前後の内容が逆になる。	しかし けれども ところが	漢字には、部首でおおよその意味がつかめるという利点がある。しかし、一つの漢字に幾つもの読み方があり、習得が難しいという難点もある。
具体例を挙げる。	例えば	親子関係のあり方は、時代とともに変化する。例えば、ひと昔前は親子の間には明確な上下関係があった。それが今では、友達親子という言葉があるくらいだ。
前の内容に付け加える。	そして また それから	ストレス解消にはさまざまな方法がある。例えば、適度に体を動かすことは非常に有効だ。また、音楽を聴くのもいい。
前の内容をまとめる。	つまり すなわち	笑うと、脳への血流が増え、脳の働きが活性化される。特に、記憶や判断力をつかさどる器官が刺激される。つまり、笑うと記憶力がアップするのだ。

4 古文・漢文

よく出るのは？
- 歴史的仮名遣い
- 古語の意味
- 漢文の返り点

歴史的仮名遣い

いぬ

ゐのしし

こひ

現代仮名遣いでは、みんな「い」！

漢文の返り点

有バレ備ヘ無シレ患ヒ

送り仮名や返り点を付けると…

「備へ有れば患ひ無し」と読めるよ！

古文・漢文のポイント整理

古文

★歴史的仮名遣い

●歴史的仮名遣いの問題は法則を暗記しておけば解ける。後はよく出る古語に慣れておこう。

ぜッタイ暗記

歴史的仮名遣い	現代仮名遣い	例
(語頭と助詞以外の)は・ひ・ふ・へ・ほ	わ・い・う・え・お	あはれ→あわれ　いふ→いう
ぢ・づ	じ・ず	ふぢ→ふじ　あづま→あずま
ゐ・ゑ・を	い・え・お	ゐる→いる　こゑ→こえ
ア段＋う(ふ)	オ段＋う	やうす→ようす〈yausu→yôsu〉
イ段＋う(ふ)	イ段＋ゅう・ゆう	ちう→ちゅう〈tiu→tyû〉
エ段＋う(ふ)	イ段＋ょう・よう	けふ→きょう〈kehu→kyô〉
くわ・ぐわ	か・が	くわし→かし

★古語の意味

① 現代では使われない言葉

例 いと(意とても)　げに(意本当に)　つとめて(意早朝)　さらなり(意言うまでもない)　のたまふ(意おっしゃる)

② 現代語と意味の違う言葉

例 あはれなり(意しみじみとした趣がある)　めづらし(意すばらしい)　おどろく(意①はっと気づく　②目覚める)

★係り結び

係り結びは、感動や疑問の気持ちなどを強調する表現で、文中に係りの助詞があるとき、文末が終止形ではなく特定の活用形になります。

サポート 主語のとらえ方

▼「が」「は」を補ってみる。

例 筒の中(が)光りたり。
↑補って意味が通るか確認。

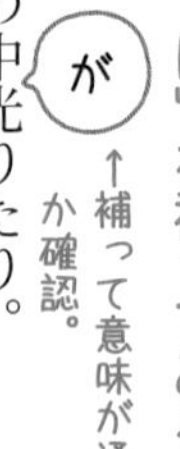

▼助詞の「の」を、「が」「は」に置き換えてみる。

例 霜の(が)いと白きも
↑置き換えられれば主語。

▼主語が省略されているときは、前に戻る。

例 蛍の多く飛びちがひたる。また、(蛍が)ただ一つ二つなど、ほのかにうち光りて行くもをかし。

＊前の文と主語が同じなので省略されている。

サポート 古文の助動詞

▼ず…「〜ない」(否定)
例 見ず(見ない)

▼き・けり…「〜た」(過去)
例 ありき(あった)　使ひけり(使った)

▼つ・ぬ…「〜てしまった」(完了)
例 滅びぬ(滅びてしまった)

▼たり・り…「〜た」(完了)・「〜ている」(存続)
例 来たり(来た)　降れり(降っている)

▼む…「〜だろう」(推量)・「〜よう」(意志)
例 花咲かむ(花が咲くだろう)

係りの助詞	結びの活用形	意味	例
ぞ・なむ	連体形	強調	秋ぞ悲しき。（秋は悲しいものだ。）
や・か	連体形	疑問 反語	蓑笠やある。（蓑笠はあるか。） いづれか歌をよまざりける。（歌をよまないものがあろうか、いや、全てがよむ。）
こそ	已然形	強調	名こそ惜しけれ。（評判が惜しいことだ。）

已然形…古語特有の活用形。最後の音がエ段の音になることが多い。

●返り点の働きをしっかり覚えよう。入試では、書き下し文を見て、原文に返り点を付ける問題が出題される。

漢文

★漢文の訓読（訓読＝漢文を日本語の文章として読み直すこと）

返り点の付いている漢字は、返り点に従って読みます。

ぜッタイ暗記

レ点	下の一字を先に読み、「レ」の付いた字に返って読む。 例 入レ海ニ流ル。→海に入りて流る。
一・二点	「一」の付いた字までを先に読み、「二」の付いた字に返って読む。 例 思フ二故郷ヲ一。→故郷を思ふ。

★漢詩の種類

漢詩は、一句（一行）の字数と句数（行数）で四種類に分けられます。

絶句	五言絶句	一句（行）が五字で、四句（行）から成る。
	七言絶句	一句（行）が七字で、四句（行）から成る。
律詩	五言律詩	一句（行）が五字で、八句（行）から成る。
	七言律詩	一句（行）が七字で、八句（行）から成る。

モウひと押し！

和歌の表現技法

●枕詞…特定の語の前に置き、調子を整える言葉。五音の言葉が多い。

例 ひさかたの光のどけき春の日にしづ心なく花の散るらむ

「ひさかたの」は「光」の前に置かれる。

●掛詞…一つの語に、複数の同音の語の意味を重ねる表現。

例 あき―秋／飽き　まつ―松／待つ

サポート

漢文の種類

▼訓読文　例 守レ株ヲ。

→漢文（原文）に返り点や送り仮名を付けた文

▼書き下し文　例 株を守る。

→漢文を訓読し、漢字仮名交じりに書き直した文

入試攻略のカギ

よく出る古文・漢文のパターン

入試の古文・漢文は、出来事＋主題（筆者の考えや教訓）という構成になっていることがよくあります。筆者の考えや教訓は、文章の最後にあることがほとんどです。

25 歴史的仮名遣(づか)い・古語の意味を押さえる！

歴史的仮名遣いとは？
古文で使われている仮名遣いで、昔の発音に対応した表記のこと。現代の表記とは異なるよ。

練習問題

解答18ページ

1 次の文章を読んで、問題に答えなさい。

あるじの①いはく、これより出羽(では)*1の国に、大山(たいざん)を隔(へだ)てて、道さだかならざれば、道しるべの人を頼みて越ゆべきよしを申す。さらばと言ひて、人を頼みはべれば、究竟(くつきやう)の若者、反脇指(そりわきざし)をよこたへ、樫(かし)の②つゑを③たづさへて、われわれが先に立ちて行く。

（あるじ：主人／いはく：言うことには／大山を隔てて：大きな山があって／道さだかならざれば：はっきりしていないので／道しるべ：道案内／越ゆべき：越えるほうがよい／さらば：それならば／頼みはべれば：頼んだところ／究竟の：力の強い／反脇指をよこたへ：反りの激しい小刀を腰に差し／樫：樫の木）

〈「おくのほそ道」による〉

＊1 出羽の国…現在の秋田県と山形県の辺りに当たる。

● 歴史的仮名遣(づか)い ①いはく ②つゑ ③たづさへ を現代仮名遣いに直しなさい。→作戦1

①（　　　）　②（　　　）　③（　　　）

必勝作戦

作戦1 語頭と助詞以外のハ行に注意！

歴史的仮名遣いと現代仮名遣いの対応は、次の表のとおりです。

ぜッタイ暗記

歴史的仮名遣い	現代仮名遣い
（語頭と助詞以外の）は・ひ・ふ・へ・ほ	わ・い・う・え・お
ぢ・づ	じ・ず
ゐ・ゑ・を	い・え・お
ア段＋う(ふ)	オ段＋う
イ段＋う(ふ)	イ段＋ゅう・ゆう
エ段＋う(ふ)	イ段＋ょう・よう
くわ・ぐわ	か・が
む	ん

「は・ひ・ふ・へ・ほ」の書き換えがよく出るよ！

2 次の文章を読んで、問題に答えなさい。

五月(さつき)ばかり(頃)などに山里(やまざと)にありく(出かける)、①いと ②をかし。草葉も水もいとあをく見えわたりたる(一面に見えているのに)に、上はつれなくて(表面は何事もない様子で)、草おひしげりたるを、ながながと(どこまでも)ただざまに(まっすぐに)行けば、下はえならざりける(思いもよらないほどの)水の、深くはあらねど(ないが)、人などの歩むに(人などが歩くと)走り上がりたる(しぶきが上がるのは)、いとをかし。

〈「枕草子(まくらのそうし)」による〉

● 古語の意味 ①いと ②をかし の意味を、それぞれ次から一つずつ選び、記号で答えなさい。 ↓作戦2

① ア 少し イ そんなに ウ とても エ 意外と （　　）

② ア ばかばかしい イ 趣(おもむき)深い ウ 気の毒だ エ 奇妙だ （　　）

作戦2 古語の意味は文脈から推測！

古語には、次の二種類があります。

▼現代では使われない言葉

例 つれづれなり（意 退屈だ）

▼現代語と意味の違う言葉

例 うつくし（意 かわいらしい）

「②をかし」は、現代語の「おかしい」とは違う意味をもつ言葉です。

古文で意味のわからない言葉が出てきたときは、前後の文章を読んで、意味を推測しましょう。

をかし ＝ 五月頃の山里に出かけたときの気持ち

状況を踏まえて意味を考える。

山里の情景

・草葉も水も、青く一面に見えている。

・表面は草が生い茂(お・しげ)っている。

・草の下の水で、人が歩くとしぶきが上がる。

合格へのトビラ 要点はココ！

歴史的仮名遣(づか)い ↓合格ミニBOOK 20ページ

● 歴史的仮名遣いと現代仮名遣いの対応を覚える。

歴史的仮名遣い は・ひ・ふ・へ・ほ → 現代仮名遣い わ・い・う・え・お

例 あはれ→あわれ　思ふ→思う　なほ→なお

古語の意味 ↓合格ミニBOOK 18ページ

● よく出る古語は意味を覚える。

例 あはれなり（意 趣(おもむき)がある）・かなし（意 かわいい）

● わからない古語の意味は、文脈から推測する。

26 主語・古文の文法を押さえる！

1 次の文章を読んで、問題に答えなさい。

↓解答18ページ

ちと仮名をもよむ人の（多少は仮名の本も読むことができる人）いひける（ア）は、「この程（ほど）（この間から）、つれづれ草（「徒然草」）を再々見て（たびたび）あそぶ（イ）が（楽しんでいるが）、おもしろう候（さうらふ）よ（おもしろいですよ）」とありしかば、その座にゐたる者（その席にいた人が進み出て）のさしいで、「かまへて（決して）口あたりよしと思う（ウ）て、おほく御まゐるな（召しあがるな）。つれづれ草のあへ物（草をあえた料理）も、過ぐれば毒ぢやと聞いた（エ）に（聞いたので）」

〈「醒睡笑（せいすいしょう）」による〉

〈青森改〉

● 主語　――線ア～エのうち、主語に当たる人物が他と異なるものを一つ選び、記号で答えなさい。

↓1

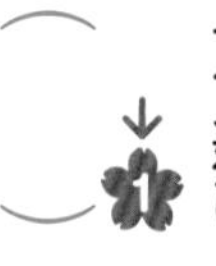

（　　）

必勝作戦

古文の主語の特徴とは？　「誰が（は）」「何が（は）」を表すのが主語。古文は主語の省略が多いので、補って読もう。

作戦1 主語を考えながら読む！

次の手順で考えましょう。

❶ 登場人物を押さえる。
登場人物に、○などで印を付けましょう。

ちと仮名をもよむ人
その座にゐたる者

← 人物を表す言葉。

❷ 主語を示す「の」に注意する。

「ちと仮名をもよむ人の（が）いひけるは……」

←「が」に置き換えられたら主語。

❸ 前に出てきた主語は省略されることが多いので、前に戻って確認する。

❹ 会話文は誰の言葉かをとらえる。
「徒然草」を読んで「あそぶ」のは誰か？
↓話している「ちと仮名をもよむ人」。

ぜったい暗記

勉強した日　月　日

2 次の文章を読んで、問題に答えなさい。

〔弓の心得がある人が、十本の矢と、道中で手に入れた矢代わりの竹を携（たずさ）えて、夜道を歩いていた。〕

道の真中（まんなか）に色黒きものあり。「①狐狢（きつねむじな）（狐や狸）なるべし」と思ひ射るに、当たると見しも（見えたが）、音、かねなど射るがごとし（射るようである）。十筋射てただ一本②残れり。このとき、かのもの動きて、上にかづきし物を（かぶっていた物を）脇（わき）へ退（の）けて飛びかかるを、残る一筋にて射とめたり。さて間近く見れば、狸にて、上にかづきしは（かぶっていたものは）、鍋（なべ）なり。

〈「御伽物語（おとぎものがたり）」による〉

● 助動詞の意味　①狐狢なるべし　②残れり　の意味を、それぞれ次から一つずつ選び、記号で答えなさい。↓作戦2

①
ア 狐や狸である　イ 狐や狸だろう
ウ 狐や狸ではない　エ 狐や狸だった
（　　）

②
ア 残っていない　イ 残っているようだ
ウ 残った　エ 残っただろう
（　　）

ぜったい暗記

作戦2 よく使われる助動詞に注目！

古文の助動詞には、次のようなものがあります。

助動詞	意味	例
ず	否定（打ち消し）	例 知らず（知らない）
き けり	過去	例 語りき（語った） 例 ありけり（あった）
つ ぬ	完了（かんりょう）	例 つけつ（つけた） 例 行きぬ（行った）
たり り	完了・存続	例 来たり（来た） 例 立てり（立っている）
む	推量・意志	例 かならず逢（あ）はむ（かならず逢おう）
べし	推量	例 万事にわたるべし（全てに通じるだろう）

合格へのトビラ

要点はココ！

■古文の主語のとらえ方

- 主語を示す「の」に注意する。
- 主語が省略されている場合は、前に戻って探す。
- 会話が誰の言葉で、誰が主語になるのかを確認する。

■古文の助動詞

↓合格ミニBOOK 20ページ

- よく使われる助動詞は、意味を覚える。

例 花は見ず。〈花は見ない〉〈否定（打ち消し）〉
わが求むる山ならむ〈私が求める山だろう〉〈推量〉

27 まとめのテスト1

勉強した日　月　日

得点　/100点

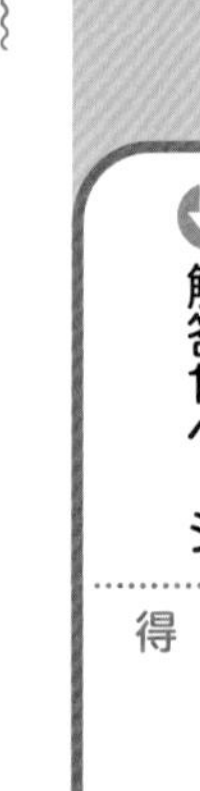

解答18ページ

1 次の文章を読んで、問題に答えなさい。〈千葉改〉

＊1昭乗は能書の聞こえ有りける。関東へ下りて将軍家の御前にて物書きけるが、関東は水悪しくて、筆の勢ひ伸びがたき由をいひければ、「都にてはいかなる水をもて書くにや」と問はせ給ふ時、「京の＊2柳の水こそ軽くて宜しき」と申す。将軍怪しと思し召して、密かに都へ人を上せ、柳の水を瓶に入れて取り下らしめ、重ねて昭乗を召し、試みられけるに、筆を把りて硯にさし浸し、いささか文字を書きけるが、やがて筆を止め、傍に向かひて「これは軽くてよき水なり。京にて用ゐる柳の水に変はらず」と申しけるにぞ、皆人大いに驚きけるとなん。〈『落栗物語』による〉

（注：達筆という評判／お尋ねになったとき／そばにいる人／少し／ということだ）

＊1 昭乗…松花堂昭乗。書家、茶人。　＊2 柳…現在の京都市中京区柳水町に当たる地名。

1 よく出る　**歴史的仮名遣い**　用ゐる　を現代仮名遣いに直し、全て平仮名で書きなさい。（10点）

（　　　）

2 よく出る　**主語**　①いひければ　の主語に当たるものを次から一つ選び、記号で答えなさい。（10点）

ア　昭乗　　イ　将軍
ウ　傍　　エ　皆人

（　　　）

3 **古語の意味**　②やがて　の意味を次から一つ選び、記号で答えなさい。（10点）

ア　ずっと　　イ　ようやく
ウ　すぐに　　エ　しぶしぶ

（　　　）

4 **内容理解**　この文章で述べようとしている事柄として適切なものを、次から一つ選び、記号で答えなさい。（20点）

ア　昭乗は真の書家で、水のよしあしもわきまえていたこと。
イ　京都柳の水が、書を書くのに最適であると証明されたこと。
ウ　昭乗は才知により、将軍から受けていた誤解を解いたこと。
エ　昭乗は、水のよしあしにこだわる風変わりな人物だったこと。

（　　　）

❷ 次の文章を読んで、問題に答えなさい。〈島根改〉

前（さき）の大和（やまと）の守時賢（かみときかた）*1が墓所は、長谷（はせ）といふ所にあり。そこの留守する（墓守をする）男、くくり（わな）をかけて鹿（しか）を取りけるほどに、或（あ）る日、大鹿かかりたりける。この男が①思ふやう、「くくりにかけてとりたらん、念なし（捕まえるのはたやすいことだ）。②射殺したりといひて、③弓の上手のよし人に聞かせん」と思ひて、くくりにかけたる鹿に向（むか）ひて大雁（おおかり）*2股（また）をはげて（つがえて）射たりけるほどに、その矢、鹿にはあたらずして、くくりにかけたりけるかづら（綱）にあたりたりければ、かづら射切られて、④鹿はことゆゑなく（なんなく）走りにげてゆきにけり。この男、かしらがきをすれども、さらにえきなし（頭をかいて悔しがったが、どうにもならなかった）。〈「古今著聞集（ここんちょもんじゅう）」による〉

*1 時賢…源時賢（みなもとのときかた）（人名）。 *2 大雁股…矢の種類の一つ。

よく出る

1 歴史的仮名遣（づか）い ①思ふやう を現代仮名遣いに直し、全て平仮名で書きなさい。（10点）

（　　　）

2 古文の文法 ②射殺したり の意味を次から一つ選び、記号で答えなさい。（10点）

ア 射殺そう　イ 射殺したい
ウ 射殺した　エ 射殺せない

（　　）

3 内容理解 ③弓の上手のよし人に聞かせん は、ここではどういう意味ですか。次から一つ選び、記号で答えなさい。（10点）

ア 弓が上手であることを人に言いふらそう。
イ 弓が上手であることは内緒にしておこう。
ウ 弓の上手な人に言って助けてもらおう。
エ 弓の上手な人にはこの腕前を秘密にしよう。

（　　）

4 内容理解 ④鹿はことゆゑなく走りにげてゆきにけり とありますが、なぜ鹿は逃げることができたのですか。二十字以上三十字以内で書きなさい。（20点）

こまったときのヒント

❶ 4 最後の一文に「皆人大いに驚きける」とあります。人々は、昭乗のどんなところに驚いたのでしょうか。

❷ 4 直前の「かづら射切られて」が理由です。その前にさかのぼって、綱が射切られた事情も答えましょう。

28 係り結び・和歌の表現を押さえる！

和歌とは？
古くからある日本の定型詩のこと。基本的な形式は、五・七・五・七・七の三十一音で短歌と同じ。

練習問題

1 次の文章を読んで、問題に答えなさい。

解答20ページ

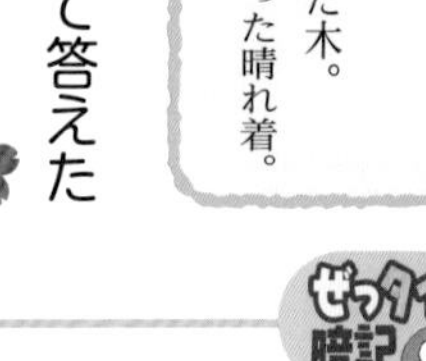

成通卿[＊1]、年ごろ（長年）鞠[＊2]を好み給ひけり（好まれていた）。その徳やいたりにけむ（そのおかげだろうか）、ある年の春、鞠の精、懸り[＊3]の柳の枝にあらはれて見えけり。みづら[＊4]結ひたる小児、十二三ばかりにて（十二、三歳くらいで）、青色の唐装束[＊5]して、いみじく（とても）うつくしげに（美しい様子で）ぞありける。

〈「十訓抄」による〉

＊1 成通卿…藤原成通。　＊2 鞠…蹴鞠。　＊3 懸り…蹴鞠を行う庭の四隅に植えられた木。
＊4 みづら…髪を中央で分けて両耳の辺りで束ねる、平安時代の少年の髪型。　＊5 唐装束…唐織物で作った晴れ着。

● 係り結び　――線から、①…係りの助詞を抜き出しなさい。②…①で答えた係りの助詞の表す意味を次から一つ選び、記号で答えなさい。　→1

②　ア 断定　イ 疑問　ウ 否定　エ 強調

①（　　　）　②（　　　）

必勝作戦

作戦1 係り結びに注意！

係り結びとは、感動や疑問などを強調する表現で、係りの助詞「ぞ・なむ・や・か・こそ」があるとき、文末が特定の活用形になります。

例 尊くおはしけり。（終止形）
尊くこそおはしけれ。（こそ：係りの助詞　けれ：已然形）（尊くいらっしゃった）

係りの助詞	結びの活用形	意味
ぞ・なむ	連体形	強調
や・か	連体形	疑問・反語
こそ	已然形	強調

＊已然形…古語特有の活用形。最後の音がエ段になることが多い。

反語は、「～だろうか。いや、～ない。」と強く否定する表現だよ。

2 次の文章を読んで、問題に答えなさい。

今は昔、木こりの、山守に斧をとられて、「わびし、心うし」と思ひて、つら杖うちつきてをりける。山守見て、「さるべきことを申せ。とらせん」といひければ、

あしきだになきはわりなき世中によきをとられて我いかにせん

とよみたりければ、山守、返しせんと思ひて、「うう、うう」とうめきけれど、えせざりけり。

（注：木こりが＝木こりの　山の番人＝山守　おの＝斧　つらい＝わびし　情けない＝心うし　ほおづえをついていた＝つら杖うちつきてをりける　うまいことを言ってみよ＝さるべきことを申せ　返してやろう＝とらせん　粗末なものさえないのは困る世の中なのに＝あしきだになきはわりなき世中に　私はどうしたらよいのだろうか＝我いかにせん　返歌をしようと＝返しせんと　できなかった＝えせざりけり）

〈「宇治拾遺物語」による〉

● 和歌の表現 よき には、掛詞が使われています。どんな意味を表していますか。次から二つ選び、記号で答えなさい。 → 2

ア 山守　イ おの　ウ ほおづえ　エ よいもの　オ 我

（　）（　）

作戦 2 和歌の表現技法を覚えよう！

和歌で重要な表現技法は次の二つです。

▼枕詞…特定の語の前に置き、調子を整える言葉。五音の言葉が多い。

例 吾を待つと君が濡れけむ**あしひきの**山のしづくにならましものを　石川郎女

私を待ってあなたが濡れたという山のしずくに私はなりたかったのに。

↓「あしひきの」が「山」の前に置かれる枕詞。

▼掛詞…一つの語に、複数の同音の語の意味を重ねる表現。

例 山里は冬ぞさびしさまさりける人目も草も**かれぬ**と思へば　源宗于

山里は冬こそさびしさがつのるものだ。人の行き来も遠ざかり草も枯れてしまったと思うと。

「かれぬ」の二つの意味
- 離れぬ（遠ざかってしまった）
- 枯れぬ（枯れてしまった）

合格へのトビラ 要点はココ！

■係り結び

●係りの助詞と結びの語の活用形、意味の対応を覚える。

ぞ・なむ（強調）　や・か（疑問・反語）→連体形
こそ（強調）→已然形

■和歌の表現技法

●枕詞…特定の語の前に置かれる五音の言葉。
例 白たへの→衣・雪など　たらちねの→母

●掛詞…一つの語に、複数の同音の語の意味を重ねる表現。

29 話の流れや主題をとらえる！

主題とは？
考えや教訓など、作者・筆者が最も言いたいこと。文章の最後に書かれていることが多いよ。

勉強した日　月　日

練習問題

✲ 次の文章を読んで、問題に答えなさい。〈佐賀改〉

↓解答20ページ

＊1南都（なんと）に、歯取る＊2唐人（たうじん）有りき。ある在家人（ざいけにん）の〔ある世間一般の人で〕、慳貪（けんどん）にして〔けちで欲深く〕、利養（りやう）を先とし〔利益を優先し〕、事に触れて〔何かにつけて〕、商（あきな）ひ心のみありて〔もうけを大事にする心ばかりあって〕、徳もありけるが〔財産も持っていた者が〕、虫の食ひたる歯を取らせむ〔抜いてもらおう〕とて、唐人がもとに行きぬ。歯一つ取るには、銭（ぜに）二＊3文（もん）に定めたるを、「一文にて取りてたべ〔抜いてください〕」と云（い）ふ。少分（せうぶん）の事なれば、ただも取るべけれども〔わずかな金額だからただで抜いてやってもよかったが〕、心様（こころざま）の憎（にく）さに、「ふつと、一文にては取らじ〔絶対に一文では抜かないぞ〕」と云ふ。やや久しく論ずる程（ほど）に〔しばらく言い争ってみたが〕、おほかた〔まったく〕取らざりければ、「さらば三文にて、歯二つ取り給（たま）へ〔それでは三文で、歯を二本抜いてください〕」とて、虫も食はぬに良き歯を取り添へて、二つ取らせて、三文取らせつ〔支払った〕。心には利分（りぶん）とこそ思ひけめども〔自分では得をしたと思ったようだが〕、＊4疵（きず）なき歯を失ひぬる、大きなる損なり。此（これ）は申すに及

作戦1 登場人物のやりとりを整理しよう！

話の流れをとらえるには、訳や注を手がかりにして読むことが大切です。

▼登場人物を押さえる。

- 歯を取る唐人
- 在家人＝けちで欲深い

▼場面を押さえる。

- 在家人が、唐人に歯を抜いてもらおうとした。
- 一本の歯を抜くには、二文かかる。

▼会話（やりとり）を押さえる。

在家人「一文にて取りてたべ」
唐人「一文にては取らじ」
在家人「さらば三文にて、歯二つ取り給へ」
在家人が値段を交渉（こうしょう）

▼出来事の結末を押さえる。

在家人は、健康な歯を含めて二本の歯を抜いてもらい、三文を支払った。

ばず、大きに愚かなる事、嗚呼がましきわざなり。（ばかげた行いである）

〈「沙石集」による〉

＊1 南都…奈良。 ＊2 唐人…中国などから渡来した人。
＊3 文…当時のお金の単位。 ＊4 疵なき歯…虫歯でない健康な歯。

1 話の流れ　心には利分とこそ思ひけめ　とありますが、在家人がこのように思ったのはなぜですか。□に当てはまる漢数字を書きなさい。→作戦1

● 歯を二本抜くと □ 文かかるのに、□ 文払うだけで済んだから。

2 主題　本文の趣旨を説明したものとして適切なものを、次から一つ選び、記号で答えなさい。→作戦2

ア　自分の財産をふやすことばかり考えていると、他人の恨みを買うこと。
イ　金銭の交渉でいかに議論を尽くしてみても、何も得することはないこと。
ウ　目先の損得勘定にとらわれてしまうと、物事の本質を見失ってしまうこと。
エ　欲に目がくらみ得することばかり考えると、信仰心までなくしてしまうこと。

（　　）

作戦2 主題は最後のまとめに注目！

説話や随筆の多くは、出来事＋主題（筆者の考えや教訓）の形式で書かれています。文章の最後のほうに注目しましょう。

ぜったい暗記

〈出来事〉「疵なき歯を失ひぬる、大きなる損なり」

「此は申すに及ばず、大きに愚かなる事、嗚呼がましきわざなり。」

＝

教訓　〈筆者の考え〉健康な歯を失ったのは、たいへん愚かでばかげた行いである。

説話は、人々の間で語り継がれてきた話のことだよ。

要点はココ！

合格へのトビラ

■ **話の流れのとらえ方**

● 訳や注を参照しながら、丁寧に読む。
● 登場人物や場面、会話（やりとり）を押さえる。
● 出来事の結末を押さえる。

■ **主題のとらえ方**

● 説話や随筆の主題は、最後のまとめに注目する。

初め：登場人物・場面 → 中：出来事 → 終わり：筆者の考えや教訓

30 まとめのテスト2

解答20ページ

勉強した日　　月　　日

得点　　/100点

1 次の文章を読んで、問題に答えなさい。〈徳島改〉

能をつかんとする人（一芸を身につけようとする人は）、よくせざらんほどは（上手にできないうちは）、なまじひに人に知られじ（うっかり人に知られないようにしよう）。うちうちよく（こっそりと十分に）習ひ得てさし出(い)でたらん（人前に出るほうが）［　　］、いと心にくからめ（たいそう奥ゆかしいだろう）と常に言ふめれど（言うようだが）、かくいふ（このように）人、一芸も習ひ得ることなし。いまだ堅固(けんご)かたほなるより（まだ全く未熟なうちから）、上手の中に交(まじ)りて、毀(そし)り笑はるる（けなされ）にも恥ぢず^ア、つれなく（平気で）過ぎて^イ嗜(たしな)む（励む）人、天性その骨（生まれつきの才能）なけれども、道になづまず（停滞せず）、妄(みだ)りに（自分勝手に）せずして（しないで）年を送れば、堪能(かんのう)の嗜まざる（才能があっても励まない人）よりは、終(つひ)に上手の位にいたり、徳たけ（人徳が十分備わり）、人に許され（人に認められ）て、双(ならび)なき名を得る事なり。

天下の物の上手といへども^ウ、始めは不堪の聞(きこ)え（未熟だというわさ）もあり、無下の瑕瑾(かきん)（ひどい欠点）もありき。されども、その人、道の掟(おきて)正しく（芸の道の規則を正しく守り）、これを重くして放埒(はうらつ)せざれば（勝手にふるまわなければ）、世のはかせ^エ（模範）にて、万人の師となる事、諸道かはるべからず（変わるはずはない）。

〈「徒然草(つれづれぐさ)」による〉

1 歴史的仮名遣(づか)い　〰線**ア**〜**エ**のうち、現代仮名遣いで書いた場合と異なる書き表し方を含んでいるものを全て選び、記号で答えなさい。　完答（10点）

（　　　）

2 係り結び　［　　］に当てはまる係りの助詞を次から一つ選び、記号で答えなさい。　（10点）

ア ぞ　**イ** なむ　**ウ** や

エ か　**オ** こそ

（　　　）

3 内容理解　かくいふ人　について答えなさい。

(1) 「かく」が指す部分の初めを「よくせざらん」からとすると、終わりはどこまでですか。古文中から終わりに当たる三字を抜き出しなさい。　（10点）

［　　　］

(2) 次の文は、「かくいふ人」がどのような考えをもっているかについて、ある生徒がまとめたものです。［　］に当てはまる言葉を、十字以上十五字以内の現代語で書きなさい。ただし、「努力」という言葉を必ず使うこと。（20点）

［　］ことを奥ゆかしく立派な態度であるとする考えをもっている。

［解答欄］

4 主題　本文の内容に合うものを次から一つ選び、記号で答えなさい。（20点）

ア　天下の名人になろうとも、絶えず欠点や人のうわさはあるものだ。

イ　才能がある人は才能のない人に比べ、熱心さに欠ける傾向がある。

ウ　自己流に走らずひたすら励んでこそ、名人として認められるのである。

エ　芸の道の規則は全てに通じる模範として、世間に受け入れられている。

（　　）

---

❷ 次の文章を読んで、問題に答えなさい。〈富山改〉

五月ついたちごろ、つま近き花橘(はなたちばな)[*1]の、いと白く散りたるをながめて、

（軒先(のきさき)）

時ならずふる雪かとぞながめまし花たちばなの薫(かを)らざりせば

（季節外れに　眺めたことだろうに　薫っていなかったら）

〈『更級日記(さらしなにっき)』による〉

＊1 花橘…香り高い白い花をつける木。ここではその花のこと。

1 内容理解　花橘の、いと白く散りたるとありますが、それを見て作者が連想したものは何ですか。古文中から抜き出しなさい。（15点）

（　　）

2 内容理解　古文中の和歌の季節を、漢字一字で書きなさい。（15点）

［　］

こまったときのヒント

❶ 3 (1) 「かくいふ」とあるので、「かく」は、「能をつかんとする人」が言っている内容を指します。

4 筆者の考えは、最後の段落で述べられています。

❷ 2 最初に「五月ついたちごろ」とあります。

31 漢文の決まりを押さえる！

返り点とは？
漢文を日本語の順に読み直すために付ける、読む順序を示す記号。漢字の左下に小さく書くよ。

勉強した日　月　日

必勝作戦

作戦1 レ点は一字だけ返って読む！

返り点は漢字を読む順序を示しています。

レ点	一・二点
下の一字を先に読み、上の字に返って読む。	「一」の付いた字まで先に読み、「二」の付いた字に返って読む。
例 登(2)レ山(1)。→山に登る。	例 見(3)ニ湖(1)面(2)一。→湖面を見る。

ぜったイ暗記

漢字の順を確認して考えます。

交(1) 遊(2) 不(4) 雑(3) → 交(1) 遊(2) 雑なら(3) ず(不)(4)

書き下し文の順に合わせる。

上から順に読むときには返り点は付かないよ。

練習問題

↓解答22ページ

1 次の文章を読んで、問題に答えなさい。〈B北海道改〉

A 康(かう)[*1]、家貧(ひん)にして（貧しくて）油（灯油）無し。常に雪に映(てら)して（雪の明かりに照らして）書を読む。少小より清介(せいかい)に（若い頃から潔癖な人柄で）して、①交遊雑(ざつ)ならず（友人との交際もきちんとしていた）。〈「蒙求(もうぎう)」による〉

B 王戎(わうじゆう)[*2]、七歳のとき、②嘗(かつ)て（以前）諸小児(せうに)（数人の子供）と遊び、道辺の李樹(りじゆ)（すもも）、子（実）多くして枝を折れるを看(み)る。〈「世説新語(せせつしんご)」による〉

＊1 康…古代中国の政治家の名前。　＊2 王戎…古代中国の政治家の名前。

● 返り点　①交遊雑ならず　②嘗て諸小児と遊び　のように読むことができる漢文を、それぞれ次から一つずつ選び、記号で答えなさい。→作戦1

① ア 交遊レ不(ず)雑(ナラ)　イ 交遊不(ず)レ雑(ナラ)　ウ 交レ遊不(ず)雑(ナラ)　エ 交遊二不(ず)雑(ナラ)一　（　　）

② ア 嘗(テ)二与(と)諸小児遊(ビ)一　イ 嘗(テ)レ与(と)二諸小児一遊(ビ)　ウ 嘗(テ)与(と)二諸小児一遊(ビ)　エ 嘗(テ)与(と)二諸小児遊(ビ)一　（　　）

2 次の文章を読んで、問題に答えなさい。

*1子①曰はく、吾（私は）嘗て終日（一日中）食はず、終夜（一晩中）寝ねず、以て思ふ。益（効果）無し。②学ぶに如かざるなり。

〈「論語」による〉

*1 子……中国の思想家孔子のこと。「論語」は孔子の言行を弟子がまとめた書物。

● 漢文の表現　①曰はく　②学ぶに如かざるなり。の意味を、それぞれ次から一つずつ選び、記号で答えなさい。 →作戦2

①
ア 考えたことには　イ 言うことには
ウ 聞いたことには　エ 話し合ったことには

（　　）

②
ア 学ばないほうがよいのである。
イ 学ぶのは難しいのである。
ウ 学ぶようなものなのである。
エ 学ぶほうがよいのである。

（　　）

作戦2 漢文でよく使う表現を覚えよう！

漢文では、次のような表現が出てきます。

漢字	読み方	意味
曰	曰はく	～が言うことには
勿	なかれ	～してはいけない
使	しむ	～させる
可	べし	～できる
如	ごとし	～のようだ
欲	欲する	～しようとする
能	よく	～することができる
不如	如かず	～ほうがよい
不乎	ずや	～ではないか

「如かざる」の「ざる」は、否定を表す助動詞「ず」の活用形だよ。

合格へのトビラ　要点はココ！

返り点の決まり

● レ点……すぐ下の一字から上の字に返って読む。　[2]レ[1]

● 一・二点…「一」までを先に読んでから「二」に返って読む。　[3]二[1][2]一

漢文でよく使う表現

● よく使う漢文の表現は意味を覚えておく。

～なかれ→㊮～してはいけない　～しむ→㊮～させる

～べし→㊮～できる　～ごとし→㊮～のようだ

32 漢詩の決まりを押さえる！

漢詩とは？
中国の詩のこと。七〜九世紀の唐の時代に、杜甫や李白、孟浩然など有名な詩人が活躍したよ。

勉強した日　月　日

必勝作戦

作戦1 漢詩の種類は字数と句数で判断！

漢詩は、一句（一行）の字数と句数（行数）で、次の四種類に分類できます。

ぜったい暗記

絶句	五言絶句	一句が五字、四句の詩
	七言絶句	一句が七字、四句の詩
律詩	五言律詩	一句が五字、八句の詩
	七言律詩	一句が七字、八句の詩

「絶句」は四句（行）の詩のこと、「律詩」は八句（行）の詩のことだよ。

絶句の構成は次のようになっています。

第一句	起句	歌い起こす
第二句	承句	前を承ける
第三句	転句	場面を転じる
第四句	結句	まとめて結ぶ

「起承転結」の構成

練習問題

次の漢詩を読んで、問題に答えなさい。

解答22ページ

秋風引　劉禹錫

何レノ処ヨリカ秋風至ル
蕭蕭トシテ送ル二雁群ヲ一
朝来入リ二庭樹ニ一
孤客最モ先ニ聞ク

秋風の引（秋風の歌）　劉禹錫

何れの処よりか秋風至る
どこから秋風が吹いてくるのだろうか
蕭蕭として［　］
もの寂しげに風が吹いて雁の群れを（南へと）送っている
朝来庭樹に入り
今朝、庭の木々に風が吹き込んで
孤客最も先に聞く
一人ぼっちの旅人である私が（その音を）最初に聞きつけた

1 漢詩の種類　この漢詩の種類を次から一つ選び、記号で答えなさい。　↓1

ア　五言絶句(ごごんぜっく)　イ　五言律詩(りっし)
ウ　七言絶句(しちごん)　エ　七言律詩

（　　）

2 書き下し文　□に当てはまる書き下し文を書きなさい。　↓2

（　　）

3 表現　雁群と対照的な言葉を、漢詩から二字で抜き出しなさい。　↓2

□□

4 鑑賞　この漢詩の内容に合うものを次から一つ選び、記号で答えなさい。　↓3

ア　秋風に流されるように飛ぶ雁の群れを、友といっしょに眺めて楽しんだ。
イ　どこからか強い秋風が吹いて、庭の木を大きく揺(ゆ)らしたので驚いた。
ウ　一人旅の途中で、秋風に流されるように飛ぶ雁の群れを見て感動した。
エ　一人旅をする私は秋風が木を揺らす音を最初に聞き、孤独を感じた。

（　　）

作戦2 対照的な言葉をとらえよう！

「雁群」は、雁の群れのこと。たくさんの雁と対照的な意味になる、一人という意味を含む言葉を探します。

プラスワン

漢詩で使われる表現技法には、「対句(ついく)」があります。組み立てや意味が対になる二句（二行）を並べることです。この場合にも、対照的な言葉が使われます。

作戦3 絶句は結句に注目！

絶句の漢詩は、結句に注目して中心的な内容をとらえましょう。

上の漢詩の結句からは、作者がもの寂しげな秋風の音を最初に聞きつけたことや、自分のことを「孤客」と表現していることがわかります。ここから作者の心情を想像します。

合格へのトビラ　要点はココ！

漢詩の種類

- 五言絶句(ごごんぜっく)、七言絶句(しちごん)、五言律詩(りっし)、七言律詩の四種類。

字数は？　五字なら→五言　七字なら→七言
句数（行数）は？　四句なら→絶句　八句なら→律詩

漢詩の鑑賞

- 絶句は、「起承転結」という詩の構成になっている。
- 結句は結びの一句。伝えたい中心的な内容が書かれていることが多い。

33 まとめのテスト3

↓解答22ページ

勉強した日　月　日

得点　/100点

1 次の文章を読んで、問題に答えなさい。〈兵庫改〉

【書き下し文】

貪心（たんしん）の勝（まさ）る者は、獣を逐（お）ひて泰山（たいざん）[*1]の前に在るを見ず。雀（すずめ）を弾（う）ちて深井（しんせい）の後に在るを知らず。疑心の勝る者は、弓影を見て杯中（はいちゅう）の蛇（へび）に驚き、人の言を聴きて市上（市街）の虎（とら）を信ず。

【漢文】

①貪心勝者、逐レ獣而不レ見二泰山在一レ前。
弾レ雀而不レ知二深井在一レ後。疑心勝者、
②見弓影而驚二杯中之蛇一、聴二人③言一而
信二市上之虎一。

〈「菜根譚（さいこんたん）」による〉

*1 泰山…虎などの獣が多くいた山。

---

1 内容理解　①貪心勝者 の意味を次から一つ選び、記号で答えなさい。（10点）

ア 勝つことにこだわる者は　イ 欲張る気持ちが強い者は
ウ 心がひどく貧しい者は　エ 思いつきで行動する者は

（　　）

2 よく出る　返り点　②見弓影 が書き下し文の読み方になるように、返り点を付けなさい。（10点）

（見テ 弓 影ヲ）

3 内容理解　③言 の意味を次から一つ選び、記号で答えなさい。（10点）

ア 虚言　イ 甘言
ウ 雑言　エ 格言

（　　）

4 内容理解　この漢文の内容に合うものを次から一つ選び、記号で答えなさい。（20点）

ア 人を落とし入れようとすれば、必ず自分にも悪いことが起こる。
イ 豊かさに満足しないでいると、身を滅ぼす原因を作ってしまう。
ウ 一つのことにとらわれると、物事を正しく把握できなくなる。
エ 他人はもともと信用できないものだから、用心したほうがよい。

（　　）

❷ 次の漢詩を読んで、問題に答えなさい。

〈青森改〉

秋思(しうし)　張籍(ちやうせき)

洛陽城裏(らくやうじやうり)*1秋風(しうふう)を見る
家書を作らんと欲(ほっ)して意(おも)ひ万重(ばんちよう)
復(ま)た恐(おそ)る怱怱(そうそう)*2として説きて*3尽くさざるを
行人(かうじん)発するに臨(のぞ)みて又(また)封を開く

秋思　張籍

洛陽城裏見ル二秋風ヲ一
欲シテレ作ラント二家書ヲ一意ヒ万重
復タ恐ル怱怱トシテ説キテ不ルヲレ尽クサ
行人臨ミテ発スルニ又開ク封ヲ

*1 洛陽城裏…洛陽の町中。洛陽は河南省(かなん)の都。筆者は故郷を離れて洛陽にいる。
*2 怱怱…慌ただしい様子。　*3 説く…言う。

1 漢詩の種類　この漢詩の種類を、漢字四字で書きなさい。(10点)

2 内容理解　ある生徒が、漢詩の内容について次のようにまとめました。[　　]に当てはまる言葉を、十五字以内で書きなさい。(20点)

> 洛陽の町中に、秋風が吹く頃になった。家族に宛てた手紙を書こうとするが、さまざまな思いが重なる。慌ただしく書いたので、[　　]のではないかとまた心配になり、手紙を託(たく)す旅人が出発するとき、もう一度手紙の封を開いてしまう。

3 よく出る **返り点**　行人臨ミテ発スルニ又開ク封ヲに、書き下し文を参考にして、返り点を付けなさい。(10点)

（行人臨ミテ発スルニ又開ク封ヲ）

4 鑑賞　漢詩に込められた思いとして最も適切なものを、次から一つ選び、記号で答えなさい。(10点)

ア 惜別　イ 博愛　ウ 悔恨(かいこん)　エ 望郷　（　　）

こまったときのヒント

❶ 4　獣を追うことに夢中で、危険な虎がいる山の存在に気づかない、という内容に合うものを選びます。

❷ 4　四句目に「又封を開く」とあります。家族に宛てた手紙を何度も見直していることから考えます。

特集 かんたんチェック 入試によく出る作品

◆次の説明に合う作品を、後の[ ]から一つずつ選び、記号で答えなさい。

① 清少納言が書いた随筆。（　）

② 兼好法師が書いた随筆。（　）

③ 日本最古の歌集。「古今和歌集」「新古今和歌集」とあわせて、「三大和歌集」とよばれる。（　）

④ 松尾芭蕉が書いた紀行文。（　）

ア「万葉集」　イ「枕草子」
ウ「徒然草」
エ「おくのほそ道」

答え ①イ ②ウ ③ア ④エ

入試によく出る作品の内容は？

■随筆

「枕草子」 作者・清少納言　成立・平安時代

宮廷の生活で見聞きしたことや、自然への雑感などを、鋭い感性でとらえ、簡潔な文体で表現している。「をかし」の文学といわれる。

「徒然草」 作者・兼好法師　成立・鎌倉時代

仏教の無常観に基づいた、人生や社会、人間などへの思いを、機知に富んだ文章で表現している。逸話や教訓などが書かれたものも多い。

「花月草紙」 作者・松平定信　成立・江戸時代

江戸幕府で老中を務めた作者が、政治や経済、日常の生活や自然について書いたもの。幕末の社会や人々の様子がよく表現されている。

■説話集

「今昔物語集」 成立・平安時代

鎌倉時代成立の「宇治拾遺物語」とともに、説話集の傑作といわれる。

「十訓抄」 成立・鎌倉時代

十の徳目に関する、教訓的な説話を掲載。

「古今著聞集」 成立・鎌倉時代

約七百の説話を掲載。

■物語

「伊曽保物語」 成立・江戸時代

「イソップ物語」を翻訳した作品。

「醒睡笑」 成立・江戸時代

庶民に広まった笑い話をまとめた作品。

■紀行文

「おくのほそ道」 作者・松尾芭蕉　成立・江戸時代

江戸から東北・北陸を経由し、大垣(岐阜県)に至る旅を記した紀行文。俳句と文章から成る。

5 文法

よく出るのは？

- 品詞
- 動詞の活用
- 助動詞の意味

文法のポイント整理①

文節・単語

★文節…文を、発音や意味が不自然にならないように、できるだけ短く区切ったまとまり。

★単語…文節をさらに細かく分けた、意味をもつ言葉としての最小の単位。

●文節・単語は、言葉のまとまりを表す単位。入試では、文を文節や単語に分ける問題が出題される。

例 妹は／大きな／声で／歌いました。
（文節：妹は〈ね〉大きな〈ね〉声で〈ね〉歌いました〈ね〉）
（単語：妹｜は｜大きな｜声｜で｜歌い｜まし｜た）

※文節に区切るには、話し口調で「ね」などを入れて、不自然でないところを探す。

文の成分・文節と文節の関係

●入試では、修飾語がどの文節を修飾しているかを問う問題が頻出。

★文の成分

文節を文の中での働きから分類したものを、文の成分といいます。

- 主語……「何が」「誰が」に当たる文節。
- 述語……「どうする」「どんなだ」「何だ」「ある・いる」「ない」に当たる文節。
- 修飾語…他の文節を詳しく説明する文節。
- 接続語…文と文、文節と文節をつなぐ文節。
- 独立語…他の文節と直接結び付きがない文節。

★文節と文節の関係

- 主語・述語の関係

例 雪が（主語） たくさん 降る。（述語）

- 修飾・被修飾の関係

例 雪が たくさん 降る。
たくさん：修飾する文節（＝修飾語）　降る：修飾される文節（＝被修飾語）

- 並立（へいりつ）の関係

例 野球も サッカーも 好きだ。
文節が対等に並ぶ。

- 補助の関係

例 ピアノを 弾いて みる。
主な意味を表す文節に、意味を補う文節が付く。

サポート 文節の確認のしかた

▼文節の区切り目は、自立語の上に入ります。

- 自立語…それ一語だけで意味のわかる語。文節の頭にくる。一文節に一つだけ。
- 付属語…それ一語だけでは意味のわからない語。文節の頭にはこない。

例 妹（自）は（付）／大きな（自）／声（自）で（付）／歌い（自）まし（付）た（付）。
自立語の上で区切れる。

サポート 修飾（しゅうしょく）される文節の見つけ方

▼修飾語を下へずらし、つなげてみて意味がつながる文節が、修飾される文節です。

例 兄は ときどき×一人で×山に○行く。
「ときどき―行く」で意味がつながる。

▼修飾語は、修飾される文節によって二種類に分かれることも覚えておきましょう。

- 連体修飾語…体言（名詞）を含む文節を修飾。
- 連用修飾語…用言（動詞・形容詞・形容動詞）を含む文節を修飾。

例 新しい（連体修飾語） 書店で（体言） 本を（連用修飾語） 買う。（用言）

品詞の分類

●品詞は、性質や働きによって単語を分類したもの。同じ品詞や異なる品詞を選ぶ問題がよく出題される。

★品詞の見分け方

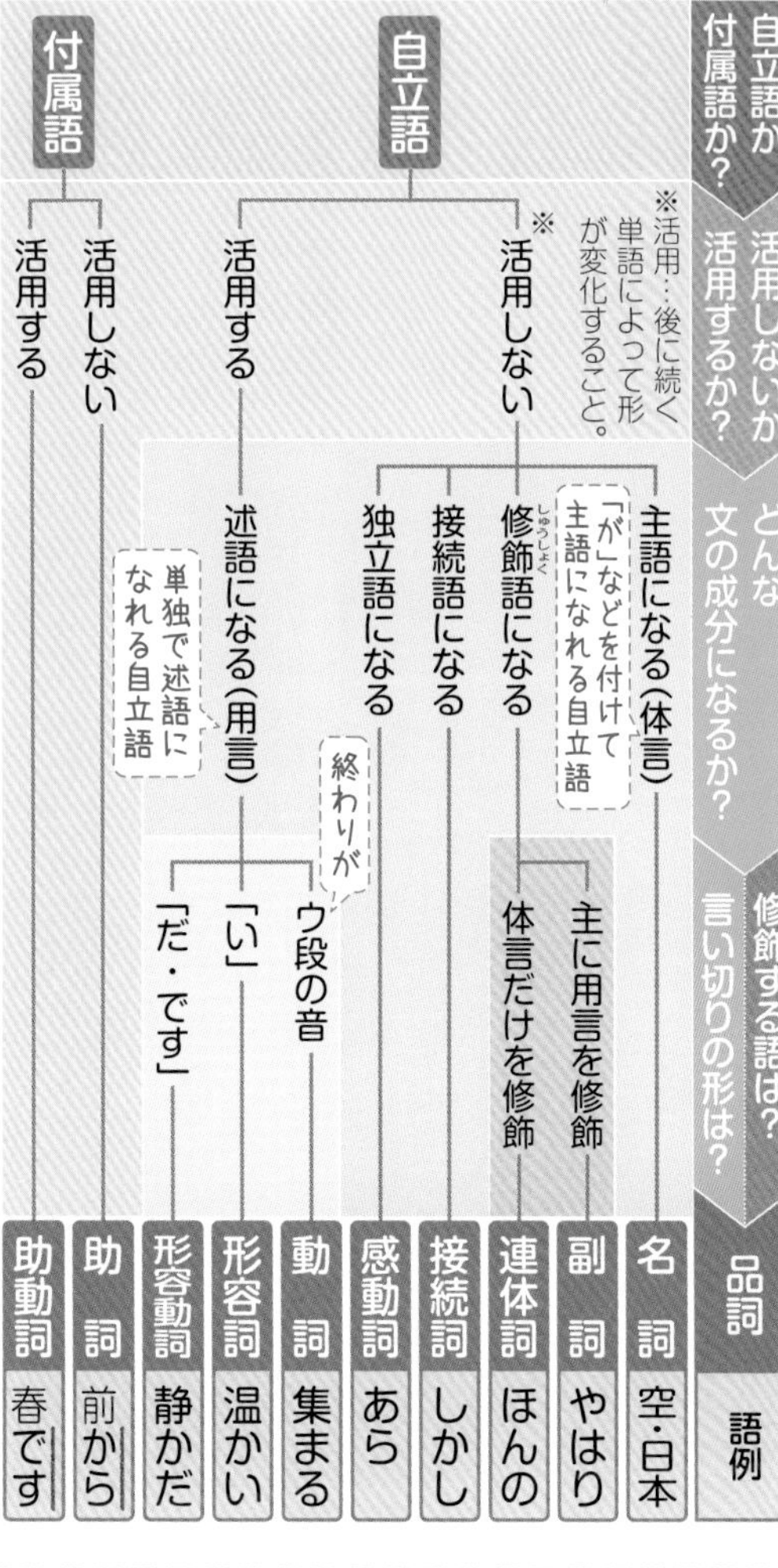

★名詞の種類

種類	説明
普通名詞	一般的な物事の名前。例ラジオ・平和・暑さ
代名詞	人・物・場所・方向などを指し示す。例私・これ・そこ
固有名詞	人名・地名など、特定の物事の名前。例東京・エジソン
数詞	物の数や順序を表す。例三人・五月・幾つ
形式名詞	本来の意味が薄れ、上に連体修飾語が付く。例話すこと

★副詞の種類

種類	説明
状態の副詞	「どのように」を表す。例にこにこ笑う。(用言)
程度の副詞	「どのくらい」を表す。例ちょっと食べる。(用言)
呼応の副詞	下に決まった言い方がくる。例もし見たら、教えます。(決まった言い方)

サポート 連体詞の形

形	例
「〜の」で終わる	この・その・あの・どの
「〜な」で終わる	大きな・小さな・いろんな
「〜る」で終わる	ある・あらゆる・単なる
その他	たいした・とんだ・我が

サポート 名詞の見分け方

▼「が」を直接付けて主語にできれば、名詞。

例それをもらう。→◯それがいる。…名詞
その町へ行く。→×そのが町だ。…連体詞
そう言った。→×そうが言った。…副詞

副詞と連体詞が重要

同じ品詞を探す問題では、副詞と連体詞が選択肢に含まれている場合が多いので、副詞と連体詞を確実に見分けられるようになっておきましょう。

・副詞 例すぐ家に帰る。(活用せず、主に用言を修飾。)
・連体詞 例わが国の自然。(活用せず、体言だけを修飾。)

文法のポイント整理②

動詞・形容詞・形容動詞の活用

●動詞は活用の種類と活用形、形容詞・形容動詞は活用形を問われる。

★動詞の活用

活用の種類	基本形	語幹	未然形	連用形	終止形	連体形	仮定形	命令形
続き方			ーない ーう ーよう	ーます ーた ーて	ー。 ーと	ーとき ーこと ーので	ーば	ー。
五段活用	行く	い	ーか ーこ	ーき ーっ（音便）	ーく	ーく	ーけ	ーけ
上一段(かみいちだん)活用	起きる	お	ーき	ーき	ーきる	ーきる	ーきれ	ーきろ ーきよ
下一段(しもいちだん)活用	流れる	なが	ーれ	ーれ	ーれる	ーれる	ーれれ	ーれろ ーれよ
カ行変格活用（カ変）	来る	○	こ	き	くる	くる	くれ	こい
サ行変格活用（サ変）	する	○	し（ない） せ（ぬ） さ（せる）	し	する	する	すれ	しろ せよ

語幹：変化しない部分　活用語尾（変化する部分）
連用形：用言に続く形　終止形：言い切りの形　連体形：体言に続く形　命令形：命令して言い切る

★形容詞の活用（活用のしかたは一種類）

基本形	語幹	未然形	連用形	終止形	連体形	仮定形	命令形
続き方		ーう	ーた ーない ーなる	ー。 ーと	ーとき ーこと ーので	ーば	ー。
明るい 激しい	あかる はげし	ーかろ	ーかっ ーく ーう（音便）	ーい	ーい	ーけれ	○

★形容動詞の活用（活用のしかたは二種類）

基本形	語幹	未然形	連用形	終止形	連体形	仮定形	命令形
続き方		ーう	ーた ーない ーなる	ー。 ーと	ーとき ーこと ーので	ーば	ー。
陽気だ	ようき	ーだろ	ーだっ ーで ーに	ーだ	ーな	ーなら	○
豊かです	ゆたか	ーでしょ	ーでし	ーです	（ーです）	○	○

命令形はない

サポート 動詞の活用の種類と活用形の見分け方

▼活用の種類は、「ない」を付けて、すぐ上の音で見分けます。

・行く…行か(ka)ない…ア段の音＝五段活用
・起きる…起き(ki)ない…イ段の音＝上一段(かみいちだん)活用
・流れる…流れ(re)ない…エ段の音＝下一段(しもいちだん)活用
・カ行変格活用は「来る」一語のみ。
・サ行変格活用は「する」「ーする」のみ。

▼活用形は、下に続く言葉に注目します。

例 学校に行きます。（連用形に続く言葉。）

モウひと押し！

補助（形式）用言

本来の意味が薄れ、上の文節に意味を補う用言を、補助（形式）用言といい、補助動詞・補助形容詞があります。

補助動詞	人が見て いる。（補助の関係）「その状態が続く」という意味を補う。
補助形容詞	駅は近く ない。（補助の関係）「近い」を打ち消す意味を補う。

※上の文節と必ず補助の関係になる。

ぜッタイ暗記

主な助詞

●助詞は活用しない付属語。よく出るものを覚えよう。

◀格助詞　主に体言に付き、後に続く言葉との関係を示す。

助詞	意味	例文
の	主語	バラ**の**咲く庭を歩く。
	連体修飾語	部屋**の**明かりをつける。
	体言の代用	映画を見る**の**が楽しい。
に	場所・時間	公園**に**ぶらんこがある。
	相手・対象	店員**に**定休日をきく。
	目的・結果	パン工場の見学**に**行く。
と	相手	仲間**と**研究を続ける。
	引用	手伝ってほしい**と**頼む。
で	場所・時間	駅の改札口**で**待ち合わせる。
	手段・材料	毛糸**で**マフラーを編む。
	原因・理由	強風**で**木の枝が折れる。

◀副助詞　いろいろな語に付き、意味を付け加える。

助詞	意味	例文
さえ	添加	寒いのに雪**さえ**降る。［付け加える］
	限定	時間**さえ**あればできる。［〜さえ〜ば］
	他を類推	彼女には気品**さえ**ある。［例を挙げる］
ばかり	限定	休んで**ばかり**いる。
	完了の直後	来た**ばかり**で帰る。［〜した直後］

◀接続助詞　主に活用する語に付き、前後をつなぐ。

助詞	意味	例文
と	順接	外を見る**と**、雨が降っていた。
	逆接	天気が悪かろう**と**出かける。
ながら	同時	図を示し**ながら**説明する。
	逆接	経験があり**ながら**失敗する。

◀終助詞　文や文節の終わりに付き、気持ちや態度を表す。

助詞	意味	例文
か	疑問・質問	明日はどこに行こう**か**。
	反語	彼を笑えるだろう**か**。［〜か、いや、〜ない。］

ぜッタイ暗記

助動詞の意味

●助動詞は活用する付属語。「ない」「れる・られる」の意味を見分ける問題が頻出。

助動詞	意味	例文
れる られる	受け身	道で声をかけ**られる**。［他からの動作を受ける］
	可能	原因は二つ考え**られる**。
	尊敬	お客様は三時に到着さ**れる**。
	自発	故郷の人々が思わ**れる**。［自然とそうなる］
せる・させる	使役	机の上を片づけ**させる**。［他に何かをさせる］
たい たがる	希望	ケーキが食べ**たい**。［話し手の希望］
		弟が遊び**たがる**。［話し手以外の希望］
ない・ぬ(ん)	否定(打ち消し)	私の意見は変わら**ない**。
う よう	推量	明日は晴れるだろ**う**。［想像・予想する］
	意志	今日は本を読も**う**。［何かをしようとする］
	勧誘	いっしょに練習し**よう**。［相手を誘う］
た	過去	昨日、本を買っ**た**。［現在より以前のこと］
	完了	電車が駅に着い**た**。［物事が終了する］
	存続	手に持っ**た**荷物。［ある状態が続いている］
	想起(確認)	明日は休日だっ**た**ね。［思い出し確かめる］
ます	丁寧	これから試合を開始し**ます**。
らしい	推定	彼は来ない**らしい**。［根拠に基づいて推し量る］
ようだ ようです	推定	教室には誰もいない**ようだ**。
	比喩	美しい景色が絵の**ようです**。
	例示	野球の**ような**球技が得意だ。
そうだ そうです	様態(推定)	実験が成功し**そうだ**。［様子・状態から推し量る］
	伝聞	実験が成功した**そうだ**。［人から伝え聞く］
まい	否定の意志(打ち消しの意志)	もう遅刻はする**まい**。［今後はそうしない］
	否定の推量(打ち消しの推量)	同じことは起きる**まい**。［今後はそうならない］
だ・です	断定	妹は小学六年生**だ**。

34 文節の働きをとらえる！

練習問題

解答24ページ

1 文節・単語　①は文節、②は単語に正しく区切ったものを、それぞれ一つずつ選び、記号で答えなさい。

①
ア　上も下も／ありません。
イ　上も／下も／ありません。
ウ　上も／下も／あり／ません。
エ　上／も／下／も／あり／ませ／ん。
（　　）

②
ア　夜空に／花火が／打ち上がった。
イ　夜空／に／花火／が／打ち上がっ／た。
ウ　夜空／に／花火／が／打ち／上がっ／た。
エ　夜空／に／花火／が／打ち上がった。
（　　）

〈長崎〉

2 主語・述語の関係　次の〰〰線の述語に対する主語を、それぞれ一つずつ選び、記号で答えなさい。

① ア五月に イ行われる ウマラソン大会には エ新入部員も 参加する。（　　）

② ア茶の湯の イもてなしは、ウ西洋の エサービスとは オいささか 異なります。（　　）

〈愛媛改〉

必勝作戦

文節とは？
文を、発音や意味が不自然にならないように、できるだけ短く区切ったまとまりだよ。

ぜったい暗記

作戦1 自立語は一文節に一つだけ！

一つの文節には、自立語（それ一語だけで意味のわかる語）が一つだけあります。

例　高い／山に／登りたい。
（ね　ね　ね）
自立語
話し口調で「ね」を入れて文節に区切ってみた後、自立語を確認。

文節を、自立語と付属語（それ一語だけでは意味のわからない語）に区切ったものが、単語です。

例　高い／山｜に／登り｜たい。
自　自　付　自　付
自＝自立語　付＝付属語

作戦2 「何が」「誰が」を表す文節が主語！

述語は、「どうする」「どんなだ」「何だ」などを表す文節です。述語に対して、「何が」「誰が」を表す文節（＝主語）を探します。

例　夏に　観光客が　増える。
「増える」のは「何」かを探す。

×夏が—増える。　○観光客が—増える。

勉強した日　月　日

3 修飾・被修飾の関係

次の〰〰線の語が修飾している文節を、それぞれ一つずつ選び、記号で答えなさい。

① ア水族館の イ水槽の ウ中で 大きな エくらげが オゆらゆらと カ泳いで キいる。（北海道）（　）

② かつて、アコンコルドなどの イ超音速旅客機の ウ開発が エ競って オ行われた カ時代が キありました。（佐賀改）（　）

4 並立の関係・補助の関係

次の―線と═線の文節の関係を、後から一つずつ選び、記号で答えなさい。

① 雲に覆われて、日が陰ってしまう。（　）

② 地下鉄とバスを乗り継いで、家に帰る。（　）

ア 主語・述語の関係
イ 修飾・被修飾の関係
ウ 並立の関係
エ 補助の関係

①「しまう」は、「その状態になる」という補助的な意味で使われているよ。

作戦3 修飾語が修飾する文節を探す！

ぜったい暗記

修飾語は、他の文節を詳しく説明する文節です。修飾語を下へずらし、つなげてみて意味がつながる文節が、修飾される文節です。修飾語と修飾される文節との関係を、修飾・被修飾の関係といいます。

例 たっぷり×冷たい×水を○注ぐ。（修飾される文節）

作戦4 文節どうしのつながりを確認！

文節が対等に並んでいれば並立の関係、下の文節が上の文節に意味を補っていれば補助の関係です。

例 羊や 馬を 放牧する。「馬や羊を」と言い換えられる。→並立の関係

例 少女が 歌って いる。「〜て（で）」の形。「歌う」に意味を補っている。→補助の関係

合格へのトビラ　要点はココ！

● 自立語は一文節に一つだけ、付属語は自立語に付く。

例 明日／友達と／ケーキを／焼きます。（自　自付　自付　自付）

● 述語に対して、「何が」「誰が」を表す文節が主語。

● 修飾語を下へずらして、修飾される文節を探す。

例 しっかりドアの鍵をかける。「しっかり―かける」で意味が通じる。

● 下の文節が上の文節に意味を補っていれば、補助の関係。

例 絵を描いてほしい。本来の「手に入れたい」の意味ではない。

勉強した日　月　日

35 品詞を分類する！

練習問題

↓解答24ページ

1 品詞の種類　次の――線の語の品詞を、後から一つずつ選び、記号で答えなさい。

① もしもし、小林(こばやし)です。（　）
② 富士(ふじ)の山頂を目ざす。（　）
③ この店に寄る。（　）
④ 夕方だ。でも明るい。（　）
⑤ ようやく答えが出た。（　）
⑥ 穏(おだ)やかに語り合う。（　）
⑦ 絵は完成に近づいた。（　）
⑧ 肩をたたかれる。（　）
⑨ 今日は出かけますか。（　）
⑩ 湖面が美しく輝く。（　）

ア 名詞　イ 副詞　ウ 連体詞　エ 接続詞
オ 感動詞　カ 動詞　キ 形容詞　ク 形容動詞
ケ 助詞　コ 助動詞

2 名詞　次の――線の語から、名詞を三つ選び、記号で答えなさい。

ア 痛いとげを抜く。
イ 自分の思いを込める。
ウ それらを船で運ぶ。
エ 先頭を走り、ゴールする。
オ パンを買いに行く。
カ 稲(いね)が豊かに実る。
キ 本が五冊ある。

（　）・（　）・（　）

必勝作戦

作戦1 自立語か付属語か、順に確認！

自立語か付属語か→活用しないかするか→どんな文の成分になるかなどで、品詞を見分けます。

ぜったい暗記

- 自立語
  - 活用しない → どんな文の成分になるか
    - 主語 → 名詞
    - 修飾(しゅうしょく)語 → 副詞・連体詞
    - 接続語 → 接続詞
    - 独立語 → 感動詞
  - 活用する → 言い切りの形はどうなるか
    - ウ段の音 → 動詞
    - 「い」 → 形容詞
    - 「だ・です」 → 形容動詞
- 付属語 → 活用しなければ助詞、活用すれば助動詞。

作戦2 「～が」と、主語にできれば名詞！

名詞は、「が」を直接付けて主語にすることができます。

他の品詞から名詞になったものに注意します。

例 願いを届ける。→願いが届く。（主語）　動詞「願う」からできた名詞。

3 副詞　次の――線の語から、副詞をそれぞれ一つずつ選び、記号で答えなさい。 →3

① ア あらゆる本を読む。　イ ゆっくり数を数える。　ウ すばやく姿を隠す。（　　）

② ア よい音楽を聴く。　イ むだな力を抜く。　ウ 実物と全然違う。（　　）

4 副詞　次の□に当てはまる言葉を、後から一つ選び、記号で答えなさい。〈岡山〉 →3

● □今は別れても、きっと会える日が来るだろう。

ア たとえ　イ どうか　ウ かなり　エ あまり　（　　）

5 連体詞　次の――線の語から、連体詞をそれぞれ一つずつ選び、記号で答えなさい。 →4

① ア プールがある家に住む。　イ ある年の夏の出来事だ。（　　）

② ア 小さな穴が空く。　イ 小さい声で話す。（　　）

作戦3 副詞は、主に用言を修飾する！

副詞は、活用せず、主に用言（動詞・形容詞・形容動詞）を修飾します。

状態の副詞	例 のんびり歩く。「どのように」を表す。
程度の副詞	例 しばらく休む。「どのくらい」を表す。
呼応の副詞	例 まるで氷のようだ。下に決まった言い方がくる。

作戦4 連体詞は、活用しない！

連体詞は、活用せず、体言（名詞）を修飾します。「どの・どんな」を表します。

ある｛プールがあった。（「た」を付けてみる。）→活用する／あった年の夏。→活用しない｝

小さな｛穴が小さだ。（文末にもってきてみる。）→活用しない｝

小さい｛声が小さい。→活用する｝

合格へのトビラ 要点はココ！

● 品詞の種類は、性質と働きを順に見分けていく。

例 早く寝る。…自立語→活用する→「い」で終わる→形容詞

● 名詞は、「が」を直接付けて主語にできる。

例 楽しさを伝える。→楽しさが伝わる。（主語）形容詞「楽しい」からできた名詞。

● 副詞は、活用せず、主に用言を修飾する。

例 とても景色が美しい。（用言）

● 他の品詞と紛らわしい連体詞に注意。

例 おかしな話だ。↑連体詞　おかしい話だ。↑形容詞

36 動詞・形容詞・形容動詞の活用をとらえる！

活用の種類と活用形とは？
活用の種類は、活用のしかたのこと。活用形は、活用したときの一つ一つの形のよび名だよ。

勉強した日　月　日

必勝作戦

作戦1 活用の種類は、「ない」を付ける！

動詞の活用の種類は五つです。「ない」を付けて、すぐ上の音で見分けます。

▼移さ（ア段の音）ない　→五段活用
▼起き（イ段の音）ない　→上一段活用
▼出（エ段の音）ない　→下一段活用

・カ行変格活用は「来る」のみ。
・サ行変格活用は「する」「―する」のみ。

作戦2 活用形は、下に続く言葉を見る！

例 走ることが好きだ。　ここを見る！

ぜったい暗記

未然形	ない・う・よう	に続く
連用形	用言や、ます・た・て	に続く
終止形	―。（言い切る）・と	に続く
連体形	体言や、ので・のに	に続く
仮定形	ば	に続く

※命令形は、命令して言い切る形。

練習問題

解答24ページ

1 動詞の活用の種類　次の――線の動詞の活用の種類を、後から一つずつ選び、記号で答えなさい。

① 八時に起きれば間に合う。（　　）
② 道路に接しない家。（　　）
③ 机の位置を移します。（　　）
④ 庭に小鳥が来た。（　　）
⑤ すぐに学校を出よう。（　　）

ア 五段活用　イ 上一段活用　ウ 下一段活用　エ カ行変格活用　オ サ行変格活用

2 動詞の活用形　次の――線の動詞の活用形を、後から一つずつ選び、記号で答えなさい。

① 騒ぐことは苦手だ。（　　）
② 必死で練習した。（　　）
③ 外を見ると、雨だった。（　　）
④ 電車がまだ来ない。（　　）
⑤ 食べれば、おいしいとわかる。（　　）

ア 未然形　イ 連用形　ウ 終止形　エ 連体形　オ 仮定形　カ 命令形

3 **動詞の音便**　次の——線の動詞と同じ音便形になるものを、後から一つ選び、記号で答えなさい。〈奈良〉

●人間の知的な活動の一面をまねしている技術は、「人工知能」と呼ばれるからだ。

ア 乗る　**イ** 積む　**ウ** 頂く　**エ** 預ける

（　　）

4 **形容詞・形容動詞**　次の——線の語が形容詞ならア、形容動詞ならイを（　）に書き、活用形を（　）に書きなさい。

① 部屋がきれいで、落ち着く。（　）（　　）

② 外はとても寒かろう。（　）（　　）

③ 今日は忙(いそが)しくない。（　）（　　）

④ 元気な顔を見せる。（　）（　　）

形容詞は言い切ると「い」、形容動詞は言い切ると「だ」「です」で終わるよ。

作戦3 **動詞の音便は三種類ある！**

五段活用の動詞の連用形には、音便（発音しやすいように音が変化すること）があります。「た(だ)」を付けて連用形にしてみましょう。

「い」に変化する	頂き・た→頂い・た
「っ」に変化する	乗り・た→乗っ・た
「ん」に変化する	積み・た→積ん・だ

作戦4 **形容詞と形容動詞の連用形に注意！**

形容詞・形容動詞の活用では、活用する形が多い連用形に注意しましょう。

ぜったい暗記

	基本形	語幹	未然形	連用形	終止形	連体形	仮定形	命令形
形容詞	白い	しろ	—かろ	—かっ —く —う	—い	—い	—けれ	○
形容動詞	楽だ	らく	—だろ	—だっ —で —に	—だ	—な	—なら	○

合格へのトビラ

要点はココ！

■**動詞・形容詞・形容動詞の活用** ➡合格ミニBOOK 21ページ

●動詞の活用の種類は、「ない」を付けて見分ける。

五段…例 笑わない　ア段

上一段(かみいちだん)…例 見ない　イ段

下一段(しもいちだん)…例 食べない　エ段

●形容詞は、連用形の形に注意。

例 悲しかっ・悲しく・悲しゅう←「ございます」が付く場合の音便

●形容動詞は、連用形・連体形の形に注意。

例 連用形…大切だっ・大切で・大切に　連体形…大切な

37 助詞の意味を見分ける！

勉強した日　月　日

練習問題

↓解答25ページ

1 「の」の意味・用法　次の——線の「の」と同じ意味・用法のものを、後から一つ選び、記号で答えなさい。〈栃木〉 →1

● 電球を新しいのと取り替えてよ。

ア 彼女の書いた作文が入選したね。
イ 私はお菓子を作るのが得意です。
ウ 文化祭の準備は進んでいますか。
エ 本屋に行ったのに休みだったよ。

（　　）

2 「に」の意味・用法　次の——線の「に」の意味・用法を、後から一つずつ選び、記号で答えなさい。→2

① 電線にからすが止まる。（　　）
② さらに研究は続く。（　　）
③ 確実に名前を覚える。（　　）
④ 姉に悩み（なや）を打ち明ける。（　　）

ア 場所を示す格助詞　**イ** 相手を示す格助詞
ウ 副詞の一部　**エ** 形容動詞の活用語尾

必勝作戦

作戦1 「こと」の代わりが体言の代用！

ぜったい暗記

格助詞「の」の主な意味・用法は次の三つ。

意味・用法	例
主語を示す	例 彼の見た空。「が」に言い換えられる。→彼が見た空。
連体修飾語（しゅうしょく）を作る	例 花の色は赤い。「体言＋の＋体言」の形になる。
体言の代用	例 踊るのが苦手。「〜（の）こと・もの」に言い換えられる。→踊ることが苦手。

作戦2 「に」は直前の語に注目する！

格助詞「に」は、体言などに付き、場所・相手・目的などを示します。

例 家に帰る。（場所を表す語の「家」に付いている。）

他の品詞の一部と区別しましょう。

・「『〜な』＋体言」にできる→形容動詞の活用語尾

例 楽に立つ。→楽な姿勢。＝形容動詞「楽だ」

3 「と」「で」の意味・用法

次の——線の語のうち、同じ意味・用法のものの組み合わせを、後から一つずつ選び、記号で答えなさい。〈神奈川〉 →3

① 友達と[A]山道を登っていくと[B]山が紅葉に彩られており、山頂から遠くの景色を眺めると[C]、晴れ晴れと[D]した気分になった。

ア AとB　イ AとD
ウ BとC　エ CとD
（　　）

② 古い資料で[A]町の歴史を調べようと思い、図書館へ自転車で[B]出かけたが、適切な資料がなかなか見つからないので[C]、お茶でも[D]飲んで気分転換をしようと思った。

ア AとB　イ AとC
ウ BとC　エ BとD
（　　）

4 「ながら」の意味・用法

次の——線の「ながら」と同じ意味・用法のものを、後から一つ選び、記号で答えなさい。〈茨城〉 →4

● その同じ黄色でありながら同じではない。

ア 音楽を聴きながら読書をする。
イ 知っていながら黙っている。
ウ メモを取りながら話を聞く。
エ 歌いながら散歩をする。
（　　）

・「『〜な』＋体言」に直せない→副詞の一部
例 特に強い。→×特な強敵。＝副詞「特に」の一部

作戦3 接続助詞は活用する語に付く！

ぜったい暗記

格助詞「と」と接続助詞「と」を見分けます。

格助詞	相手	例 父と出かける。	相手を表す語。
	引用	例「楽しい」と言う。	前の部分を「」でくくれる。
接続助詞		例 走ると楽しい。	活用する語。

格助詞「で」は、場所、手段、原因・理由などを示します。

作戦4 「しかし」を補えれば、逆接！

接続助詞「ながら」には二つの意味があります。

例 泣きながら〈同時に〉怒る。→同時
例 笑っていながら〈しかし〉怒る。→逆接
（補える。）

合格へのトビラ（要点はココ！）

■助詞の意味

⬇合格ミニBOOK 22ページ

● 格助詞「の」は、「主語・連体修飾語・体言の代用」。
例 私の[主語]着ているの[体言の代用]は、姉の[連体修飾語]服だ。

● 格助詞「に」は、直前の語に注目する。

● 接続助詞「と」は、活用する語に付き、前後をつなぐ。

● 格助詞「で」は、どんな語に付いているかに注目する。
例 はさみで切る。[手段]　風邪で休む。[原因・理由]

● 接続助詞「ながら」は、同時か逆接かを区別する。

38 助動詞の意味を見分ける！

助動詞とは？
付属語で活用する単語。意味を付け加えたり、話し手・書き手の判断を表したりするよ。

勉強した日　月　日

必勝作戦

作戦1 受け身は、「他から」されること！

「れる・られる」には四つの意味があります。

受け身	例 兄に名前を呼ばれる。「他から」を表す語。
可能	例 すぐに答えられる。「～ことができる」の意味。
尊敬	例 博士が話される。「お話しになる」と言い換えられる。
自発	例 先が〈自然と〉案じられる。補える。

ぜったい暗記

作戦2 助動詞の「ない」は、否定の意味！

助動詞の「ない」は、同じ否定(打ち消し)の助動詞「ぬ」に言い換えることができます。

例
- 予算が足りない。→○足りぬ…助動詞
- テストがない。→×テストがぬ。…形容詞
- 広くない。→×広くぬ…補助(形式)形容詞
  「広くはない」と、「は」を補える。
- 展開が切ない。→×切ぬ…形容詞の一部
  「ない」の直前に「は」を補えない。

ぜったい暗記

練習問題

解答25ページ

1 「れる・られる」の意味・用法　次の――線の語の意味・用法を、後から一つずつ選び、記号で答えなさい。 →1

① 先生は三時に出発される。（　）
② 両親に成績を褒(ほ)められる。（　）
③ いつでも練習を始められる。（　）
④ 旅先での出来事が思い出される。（　）

ア 受け身　イ 可能
ウ 尊敬　エ 自発

「受け身」は「他からの動作を受ける」、「自発」は「自然とそうなる」という意味だよ。

2 「ない」の意味・用法　次の――線の「ない」と同じ意味・用法のものを、後から一つ選び、記号で答えなさい。 →2 〈兵庫〉

●「入らないつもり？」

ア 駅までそれほど遠くない。
イ 今年は雨が少ない。
ウ 忙(いそが)しくて遊ぶ時間がない。
エ 彼は掃除をしようとしない。

（　）

3 「そうだ」「らしい」「だ」の意味・用法　次の――線の語と同じ意味・用法のものを、それぞれ後から一つずつ選び、記号で答えなさい。 →3 4

① 電車のダイヤが乱れているそうだ。
ア みんな笑顔で楽しそうだ。
イ 三年後には夢がかないそうだ。
ウ 作品が無事完成したそうだ。
エ 明日はいい天気になりそうだ。

② 大学でも陸上を続けていたが、足首の故障で選手としては断念したらしい。
ア 王者らしい余裕のある試合はこびだ。
イ かわいらしい子猫のしぐさにいやされる。
ウ 今日は春らしい陽気で気持ちがいい。
エ 風が強まるらしいから気をつけてね。

③ メモに書いてあるのが、必要な材料だ。
ア 誰一人疑わないなんて不思議だ。
イ ここが陸上大会を行う競技場だ。
ウ 配達のトラックが到着したようだ。
エ 教室に入ると帽子を脱いだ。

〈島根〉

「だ」の前に、「そう・よう」があれば、助動詞「そうだ・ようだ」の一部だよ。

作戦3 「そうだ」の前の語の活用形に注目！

ゼッタイ暗記

▼「そうだ」

助動詞「そうだ」	
様態（推定）	例 雪が降りそうだ。 活用する語の連用形・語幹に付く。
伝聞	例 雪が降るそうだ。 活用する語の終止形に付く。

▼「らしい」

推定の助動詞「らしい」	例 試合は〈どうやら〉中止らしい。 ←補える。
形容詞を作る接尾語	例 気候が南国らしい。 「南国にふさわしい」の意味。

作戦4 「体言＋だ」が断定の助動詞！

断定の助動詞「だ」	例 明るい曲だ。 体言や一部の助詞に付く。
過去の助動詞「た」の濁音化	例 一日中遊んだ。 動詞の音便に付く。

合格へのトビラ

要点はココ！

■**助動詞の意味** ⬇合格ミニBOOK 22ページ

●「れる・られる」の意味は、「受け身・可能・尊敬・自発」。
例 選手に選ばれる。［受け身］ 資格を得られる。［可能］

●「ぬ」に言い換えられれば、否定の助動詞「ない」。

●「そうだ」は、様態（推定）は連用形、伝聞は終止形に付く。

●前に「どうやら」を補えれば、推定の助動詞「らしい」。

●断定の助動詞「だ」は、直前に「とても」を補えない。
例 厚い（×とても）本だ。［助動詞］ 私は（○とても）幸せだ。［形容動詞の活用語尾］

39 まとめのテスト

勉強した日　月　日

解答26ページ

得点　/100点

1 文節　次の――線は、幾つの文節からできていますか。算用数字で答えなさい。　5点×2（10点）

① これくらいやってこそ、おもしろい勝負ができるというものです。〈山口〉（　）

② 壁(かべ)のしみや石の模様を見て、さまざまなイメージを見立てる訓練をすすめている。〈長野〉（　）

2 文節の関係　次の――線と＝＝線の文節の関係のうち、補助の関係にあるものを一つ選び、記号で答えなさい。　（6点）

●青い空を　高く速く　飛んでいるのは　新型の飛行機だ。

ア　イ　ウ　エ

〈埼玉・平成29年度〉（　）

よく出る

3 修飾語(しゅうしょくご)　次の――線の語が修飾している文節を、それぞれ一文節で抜き出しなさい。　6点×2（12点）

① 手紙にはしばしば時候の挨拶が用いられる。〈秋田〉（　）

② こんなことがあって梅の花に関心をもつようになったのか、今年はあちこちの梅をじっと眺めることが多かった。〈大阪〉（　）

よく出る

4 品詞　次の――線の語と同じ品詞のものを、後から全て選び、記号で答えなさい。　〈岡山〉　完答（6点）

●何だかその日は志摩(しま)ちゃんと話したくなって、放課後、私は保健室に行ってみた。

ア　静かな海を見つめる。　イ　あの人の話を聞きたい。
ウ　安心したような顔つきだ。　エ　それは何ですか。
オ　大きな声で話す。
（　）

5 単語・品詞　次の――線を組み立てている単語の品詞の並び順を、後から一つ選び、記号で答えなさい。　〈三重〉　（6点）

●前足・後ろ足に分かれた骨の構造は変わらないが、足のかたちは泳ぐ際に最適なものに変わっていった。

ア　形容詞／名詞／助詞／動詞／助詞／動詞／助詞
イ　形容詞／名詞／助詞／動詞／助詞／動詞／助動詞
ウ　形容動詞／名詞／助詞／動詞／助詞／動詞／助詞
エ　形容動詞／名詞／助詞／動詞／助詞／動詞／助動詞
（　）

6 動詞の活用　次の――線の動詞の、Ⓐ…活用の種類と、Ⓑ…活用形を答えなさい。　6点×4（24点）

① 毎日何もしないが非常に疲れた。〈熊本〉

Ⓐ（　　） Ⓑ（　　）

② かつては生きることは仕事をすることなりと割り切ることができた。〈長野〉

Ⓐ（　　） Ⓑ（　　）

よく出る

7 助詞・助動詞 次の――線の語と同じ意味・用法のものを、それぞれ後から一つずつ選び、記号で答えなさい。 6点×6（36点）

① 久樹（くき）さんに追い付いたのは、昇降口の手前だった。〈兵庫〉（　　）

ア 鳥の鳴く声が聞こえる。 **イ** 桜のつぼみがほころんだ。
ウ 彼は走るのが速い。 **エ** どんな本が好きなの。

② この問（とい）は、古代ギリシアから現代まで、約二六〇〇年の哲学（てつがく）史に名をとどめる多くの哲学者の注意を惹（ひ）きつけ、……〈山口〉（　　）

ア 彼は急に走りだした。 **イ** 皆で体育館に整列する。
ウ 夜空の星のように輝く。 **エ** 友達と遊びに行く。

③ それらの写真には名前すらすぐに思い出せないような遠い昔に出会った人々の顔などがある。〈新潟〉（　　）

ア こんなに大きな魚は見たことがない。
イ 楽器の演奏はまだそれほどうまくない。
ウ 彼は約束の時間になっても来ない。
エ 妹の寝顔はまだあどけない。

④ 「動物に食べられる」という宿命にある植物たちも、食べられるだけでは滅びてしまいます。〈三重〉（　　）

ア 校長先生が、駐車場（ちゅうしゃ）から歩いて来られる。
イ 学校の図書室では、五冊まで借りられる。
ウ この言葉は、若者たちによく用いられる。
エ 彼女の言動からは、優しさが感じられる。

⑤ ……新しい発見を論文報告すること――、だけに価値が見いだされることになるからだ。〈宮崎〉（　　）

ア 釣（つ）った魚を食べたのは、あの猫だ。
イ あの地域は、自然がとても豊かだ。
ウ 明日の体育大会は、延期になったそうだ。
エ 父を乗せた飛行機が、さきほど飛んだ。

⑥ 兄は連日の試合で疲れているようだ。〈栃木〉（　　）

ア この夜景はちりばめた星のようだ。
イ おじは昨日から外出中のようだ。
ウ 冬の山はまるで眠っているようだ。
エ 彼女の笑顔はひまわりのようだ。

こまったときのヒント

3 ② 「今年は」は、「いつ」を表しています。
4 「そのが」と、直接「が」を付けて主語にできません。指示語の品詞は数種類あるので、注意しましょう。
7 ③ 「ぬ」と言い換えられるか確かめましょう。

特集 かんたんチェック 品詞を間違えやすい語

◆次の――線の語の品詞を、それぞれ後から一つずつ選び、記号で答えなさい。

①
A 喉の調子がよくなる。
B よく映画を見に行く。

ア 形容詞　イ 副詞

A（　　）　B（　　）

形容詞は、活用するよ。副詞の「よく」は、「たびたび・十分に・とても」の意味を表すよ。

②
A 眠いが、もう起きる時間だ。
B 眠い。が、もう起きる時間だ。

ア 接続詞　イ 接続助詞

A（　　）　B（　　）

接続詞は、文の頭にあり、一語で一文節だよ。接続助詞は、活用する語に付き、文節の一部になるよ。

答え ①Aア　Bイ　②Aイ　Bア

似ていても品詞の違う語

ある〈動詞〉・ある〈連体詞〉

動詞 例 経験がある人に話を聞く。
- 活用する。→経験があった人に……。
- 「存在する」の意味。

連体詞 例 ある晩、人が訪ねてきた。
- 活用しない。→×あった晩……。
- 「特定のものではなく、どれかの」の意味。

大きい〈動詞〉・大きな〈連体詞〉

形容詞 例 大きい門が開く。
- 活用する。→大きくナイ・大きければバ・門が大きい。

連体詞 例 大きな門が開く。
- 活用しない。→×大きでナイ・×大きならバ・門が×大きだ。

考え〈名詞〉・考える〈動詞〉

名詞 例 自分の考えを改める。
- 主語にできる。→考えが改まる。

動詞 例 深く考え、答えを出す。
- 言い切りの形にできる。→深く考える。

これ〈名詞〉・この〈連体詞〉・こう〈副詞〉

名詞 例 これを一つ買いたい。
- 主語にできる。→これがほしい品だ。

連体詞 例 この道が近道だろう。
- 主語にできない。→×このが近道だ。
- 「道が」を修飾する連体修飾語。

副詞 例 計画をこう進める。
- 主語にできない。→×こうが進める。
- 「進める」を修飾する連用修飾語。

平和だ〈形容動詞〉・平和＋だ〈名詞＋助動詞〉

形容動詞 例 ここは静かで平和だ。
- 「とても」を補える。（形容動詞は物事の状態や様子を表すため。）→静かで〈とても〉平和だ。

名詞＋断定の助動詞「だ」 例 みんなで守りたいのは平和だ。
- 「とても」を補えない。→守りたいのは×〈とても〉平和だ。

6 コミュニケーション・作文

よく出るのは？

- 敬語の修正
- 話し合い
- 条件作文

敬語の修正

校長先生が絵を
×拝見されました。
○ご覧になりました。

コミュニケーション・作文のポイント整理

敬語

●入試では、正しい敬語に直す問題や選択肢の中から正しい敬語を選ぶ問題が多く出題される。

★敬語の種類

敬語は、大きく次の三つに分かれます。

・尊敬語…相手や話題の中の人物の動作などを高めて、敬意を表す。
・謙譲語…自分側の動作などをへりくだって表現することで、敬意を表す。
・丁寧語…丁寧な言い方で敬意を表す。

★敬意を表す特別な動詞

普通の語	尊敬語	謙譲語
行く・来る	いらっしゃる・おいでになる	参る・伺う（「行く」のみ）
いる	いらっしゃる・おいでになる	おる
言う・話す	おっしゃる	申す・申しあげる
見る	ご覧になる	拝見する
食べる・飲む	召しあがる	いただく
する	なさる	いたす
聞く	―	伺う・承る
くれる	くださる	―
与える・やる	―	差しあげる
もらう	―	いただく
知る・思う	―	存じる

サポート　敬語の使い方

▼尊敬語

❶特別な動詞を使う。

❷「れる」「られる」を使う。

例 先生が話される。

❸「お～になる」「ご～になる」を使う。

例 先生がお話しになる。

❹接頭語・接尾語を付ける。

例 先生からのお手紙。

▼謙譲語

❶特別な動詞を使う。

❷「お～する」「ご～する」を使う。

例 先生をご案内する。

❸接頭語・接尾語を付ける。

例 先生へのお手紙。

▼丁寧語

「です」「ます」「ございます」を使う。

敬語と手紙

目上の人に手紙を書くときは、相手への敬意を表すために、敬語を用います。

・相手の動作　→尊敬語
・書き手の動作　→謙譲語

作文

★原稿用紙の使い方

●入試では、グラフや図を読み取り、自分の意見を書く問題が頻出している。資料を読み取る力をつけておこう。

　グラフを見ると、「読書が好き」と答えた人は、七割近くを占めていることがわかります。

- 書きだしや段落の初めは一字分下げて書く。
- 句読点や符号も一マス使う。
- 行頭に句読点や閉じるかぎがくる場合は、前の行の最後のマスに入れて書く。
- 外来語は片仮名を使って書く。
- 数字は漢数字を使って書く。

コミュニケーション

●話し合いの形式の出題が多い。表現の工夫を押さえておこう。

発表・スピーチ・インタビューなど、コミュニケーションについての出題は、次の二点に注意して読み取ります。

- 言葉遣(づか)い（敬語）
- 読み手・聞き手に伝わりやすくするための表現の工夫

その他のポイント

- 話し合い…発言者の提案とその根拠、話し合いの流れ
- スピーチ…発表者の主張
- インタビュー…インタビューの目的、発言への反応

サポート いろいろな作文

▼課題作文…与えられた題材やテーマに関する自分の体験や意見を書く。

▼条件作文…文章やグラフ・図などの資料を分析し、自分の意見をまとめる。

サポート 推敲(すいこう)のポイント

▼作文を読み返して、必ず次の二点を確認する。

① テーマから外れていないか。
② 作文の条件は満たしているか。

▼その他のポイント

- 誤字・脱字はないか。
- 常体（〜だ・〜である）と敬体（〜です・〜ます）を交ぜていないか。
- 原稿用紙を正しく使っているか。

入試攻略のカギ　作文のテーマ

社会で関心が高まっている話題（情報化、メディア論、伝統文化）や言葉・読書に関する話題が、テーマとして多く取り上げられています。

40 敬語の使い方を知る！

敬語とは？ 相手（話の聞き手）や話題の中の人物に対して、話し手が敬意を表すときに使う言葉だよ。

勉強した日　月　日

必勝作戦

作戦1 敬語には三種類ある！

敬語には、尊敬語、謙譲語、丁寧語があります。

▼尊敬語…相手（話の聞き手）や話題の中の人物の動作などを高めて、その人に敬意を表す。
- 特別な動詞を使う。　例 ご覧になる
- 「れる」「られる」を使う。　例 待たれる
- 「お（ご）〜になる」を使う。　例 お待ちになる
- 接頭語・接尾語を付ける。　例 山本様

▼謙譲語…自分や身内の動作などをへりくだって表現することで、相手に敬意を表す。
- 特別な動詞を使う。　例 拝見する
- 「お（ご）〜する」を使う。　例 お待ちする
- 接頭語・接尾語を付ける。　例 私ども

▼丁寧語…丁寧な言い方で、相手に敬意を表す。「です」「ます」を使うことがほとんど。

ぜったい暗記

練習問題

解答28ページ

1 敬語の種類　次の——線の敬語の種類を、後から一つずつ選び、記号で答えなさい。〈三重改〉

① 先生からの手紙を拝見する。（　　）

② 彼は私の学級の放送委員です。（　　）

③ 先生のおっしゃるようにする。（　　）

④ 来賓（らいひん）を体育館にご案内する。（　　）

ア 尊敬語　イ 謙譲語（けんじょうご）　ウ 丁寧語（ていねいご）

2 敬語の種類　次の——線の敬語について適切に説明したものを、後から一つ選び、記号で答えなさい。〈和歌山〉

● 卒業式で母が先生にお礼を申しあげた。

ア 尊敬語で「母」への敬意を表している。

イ 尊敬語で「先生」への敬意を表している。

ウ 謙譲語（けんじょうご）で「母」への敬意を表している。

エ 謙譲語で「先生」への敬意を表している。

（　　）

3 敬語の修正　次の文章は、訪問先への電話の内容です。――線の語を謙譲語に改めるとどうなりますか。後から一つ選び、記号で答えなさい。〈岩手〉 ↓3

山本　花咲中学校ボランティア委員会の山本です。今日は何点か確認したいことがあって連絡しました。まずは、訪問予定の十日は何時に行ったらいいでしょうか。

ア　お願いしたら　　イ　いらっしゃったら
ウ　伺ったら　　エ　お訪ねになったら

（　　）

4 敬語の修正　次の――線の語を敬語表現に改める場合、正しい組み合わせを後から一つ選び、記号で答えなさい。〈栃木〉 ↓1 2 3

① 温かいうちに食べてください。（客に手料理を勧める場面）
② 荷物を持ちます。（ホテルの従業員が客に話しかける場面）

ア　① いただいて　② お持ちになり
イ　① 召しあがって　② お持ちになり
ウ　① いただいて　② お持ちし
エ　① 召しあがって　② お持ちし

（　　）

合格へのトビラ　要点はココ！

● 敬語の種類は三種類。 ↓合格ミニBOOK 24ページ

尊敬語…相手や話題の中の人物の動作などを高める。
謙譲語…自分や身内の動作などをへりくだって表現する。
丁寧語…丁寧な言い方をする。

● 動作をするのが目上の人なら尊敬語、自分や身内なら謙譲語。
● 特別な動詞を使った敬語の表現を覚える。

例 言う ＜ 尊敬語　おっしゃる ／ 謙譲語　申す・申しあげる

↓合格ミニBOOK 24ページ

作戦2 動作をする人物に注目する！

その動作をする人物は誰かに注目して、敬語の種類を見分けます。

・目上の人の動作であれば、尊敬語。
・自分や身内の動作であれば、謙譲語。

例 校長先生が教室にいらっしゃる。
動作をするのは、校長先生↓尊敬語

作戦3 特別な動詞の使い方に注意する！

特別な動詞を使って敬意を表す場合があります。

ぜッタイ暗記

普通の語	尊敬語	謙譲語
行く・来る	いらっしゃる おいでになる	参る 伺う（「行く」のみ）
言う・話す	おっしゃる	申す・申しあげる
見る	ご覧になる	拝見する
食べる・飲む	召しあがる	いただく
する	なさる	いたす
聞く	―	伺う・承る

41 敬語を使いこなす！

勉強した日　月　日

目上の人とは？　年齢や立場が上の人。敬語の問題で先生や客が出てくれば、目上の人に当たることが多いよ。

練習問題

解答28ページ

1 敬語の修正　次の――線を正しい敬語に直して書きなさい。

① 校長先生はどちらにいますか。（　　）

② 山田（やまだ）様、ご予約の件は、聞いております。（　　）

③ 困っていたら、先生が声をかけてくれました。（　　）

④ 先生から送ってもらった本を読みました。（　　）

⑤ 皆様のご来場を待っています。（　　）〈千葉改〉

2 敬語の修正　次の――線を正しい敬語に直して書きなさい。

① 祖父に招待された私たちは、レストランで夕食を召しあがった。〈群馬改〉（　　）

② お客様、ご注文は何にいたしますか。（　　）

③ 市長が、市民文化祭の開会式においでになられた。（　　）

必勝作戦

作戦1 敬語を使うべきところを理解する！

相手や話題の中の人物に敬意を表す場合、相手や話題の中の人物、自分や身内の動作は全て敬語表現になります。

例 先生がかんばれと言った。（先生（目上の人）の動作）→ おっしゃった（尊敬語を使う。）

例 母が、そちらへ行きます。（母（身内）の動作）→ 伺（うかが）います（謙譲（けんじょう）語を使う。）

作戦2 敬語を重ねて使わない！

・尊敬語を重ねないようにします。

例 ×先生がお帰りになられる。→ ○お帰りになる

・謙譲（けんじょう）語に尊敬の意味を表す「れる」「られる」を付けないようにします。

④ 母が先生に会いたいと申されています。

⑤ こちらにおかけして、お待ちください。

3 **敬語の修正** 次の文章は、交通安全ボランティアなどでお世話になっている地域の方々に宛てて、中学生が作成した運動会の案内状の一部です。――線を正しい敬語に直して書きなさい。〈鳥取〉 → 3

さて、今年の夏休みも終わり、いよいよ運動会が近づいてきました。私たちは、集団演技や個人競技の練習に、毎日一生懸命取り組んでいます。

つきましては、日頃からお世話になっている地域の方々にも運動会においでいただきたいと考えています。お忙しい中とは存じますが、私たちの練習の成果をぜひ拝見してください。お忙（いそが）しい中とは存じますが、よろしくお願いいたします。

例 ×私は二時に参られます。 ○参り

作戦 3 尊敬語と謙譲語を間違えない！

- 目上の人の動作に謙譲語（けんじょう）を使わない。
- 自分や身内の動作に尊敬語を使わない。
- 尊敬語と謙譲語の似た形に注意する。

ぜッタイ暗記

尊敬語	「お（ご）〜になる」 「お（ご）〜なさる・くださる」 「お（ご）〜です」 「お（ご）〜になれる」
謙譲語	「お（ご）〜する」 「お（ご）〜申しあげる・いたす」 「お（ご）〜できる」

「お（ご）〜になる」、「お（ご）〜する」がよく使われるよ。

合格へのトビラ 要点はココ！

- 敬語を使うべきところに注意する。
  敬語を使うときは、相手や話題の中の人物、自分や身内の動作は全て敬語表現になる。
- 敬語表現は、重ねて使わない。
- 尊敬語と謙譲語（けんじょう）を間違えないようにする。
  → 目上の人の動作に謙譲語を使わない。
  → 自分や身内の動作に尊敬語を使わない。
  → 「お（ご）〜になる」は尊敬語、「お（ご）〜する」は謙譲語。

42 作文ー図やグラフを読み取って書く!

推敲（すいこう）とは？
文章を読み返して、間違っているところや、わかりにくいところを書き直すことだよ。

勉強した日　月　日

練習問題

解答29ページ

✽あなたの中学校では、毎年、球技大会を開催しています。今年は地域の方々にも公開することになりました。左のポスターA、Bは、地域の方々に球技大会を案内するためのものです。このどちらかを公民館や公立図書館など公共施設に掲示（けいじ）する予定です。

AとBそれぞれの表現の特徴と、どちらを採用するほうがよいかについて、後の【条件】に従って書きなさい。〈富山〉

1 2 3

A

第○回○○中学校球技大会

心ひとつに勝利を目ざせ！

日時　平成○年○月○日○時より
場所　○○中学校体育館、グラウンド

○○中学校横の○○公園の駐車場を利用できます。

9：20	開会式
9：30	1年男子 バレーボール 女子 ドッジボール
10：30	2年男子 バスケットボール 女子 バレーボール
11：30	3年男子 サッカー 女子 バスケットボール
12：30	閉会式

B

心ひとつに
勝利を目ざせ！
第○回○○中学校球技大会

日時
平成○年○月○日
○時より

場所
○○中学校体育館、
グラウンド

【条件】

(1) 二段落構成とし、各段落の内容は次の(2)、(3)のとおりとする。

(2) 第一段落は、AとBそれぞれの表現の特徴について、気づいたことを書く。

(3) 第二段落は、どちらを採用するほうがよいか、あなたの意見とその理由を書く。ただし、理由は、第一段落で挙げた特徴を踏まえて書くこと。

(4) 原稿用紙の使い方に従い、百八十字以上、二百二十字以内で書く。

必勝作戦

作戦1 条件をしっかり押さえる！

設問文から次の二点を押さえます。
・作文のテーマ
・内容や形式についての条件

条件には、次のようなものがあります。

タイせつ

段落	二段落構成、段落を設けないなど。
内容	どの段落に、どんな内容を書くか。
字数	「○○字以上、○○字以内」とあるときは、その字数で書く。「○○字以内」とあるときは、字数の八割以上書く。

線を引くなどして条件を頭に入れてから、書き始めよう！

作戦2 ポスターの特徴を読み取る！

180

- 設問文からテーマと条件をしっかり確認する。
- 「資料から読み取れる特徴」→「自分の意見と理由」の構成で書く。
- 原稿用紙を正しく使う。
- 書き終わったら必ず読み返して推敲（すいこう）する。

まず、二つのポスターを見比べ、違いに注意しながら、それぞれの特徴をメモします。

・A…情報が詳しく書かれている。文字は全体的に小さい。

・B…イラストやスローガンの文字が大きく配置され、人の目を引きやすい。

このメモを基に第一段落を書き、第二段落では、自分の意見とその理由を書きます。自分が理由を書きやすいほうを選ぶと、作文が書きやすくなります。

プラスワン

グラフを読み取る問題では、次の特徴をとらえましょう。

・数値の最大値、または最小値

・数値の増減

作戦3 原稿用紙を正しく使う！

原稿用紙のルールに従って書きます。

▼段落の初めは、一字分下げて書き始める。

▼句読点やかぎ(「」)、?や!などの符号は、一マス使って書く。

▼句読点や閉じるかぎ(」)などが行の一字目にこないようにする。その場合は、前の行の最後の文字と同じマスに入れて書く。

タイせつ

書き終わったら、読み返して推敲（すいこう）します。

43 作文ー文章を読んで書く！

筆者の主張とは？
筆者がその文章で読者に最も伝えたいと思っている意見のことだよ。

必勝作戦

タイセツ

作戦1 文章の内容をとらえる！

まず、文章を読んで、内容をつかみます。

▼話題は何か？
▼筆者はどのような主張をしているか？

作戦2 文章と作文との関連をつかむ！

文章と作文をどのように関連させて書くのか、設問文の指示を読んで、確かめます。

設問文の指示の例

・「筆者の主張に賛成か、反対か、立場を明らかにして理由を書きなさい。」
・「筆者の○○に関する考えをまとめたうえで、自分の意見を書きなさい。」

練習問題

解答29ページ

✲次の文章では、適切な言葉遣い(づか)いができるようになるための努力について、筆者の考えが述べられています。あなたなら、適切な言葉遣いができるようになるために、今後どのようなことに取り組んでいきたいと考えますか。後の【条件】に従って、あなたの考えを書きなさい。〈大阪〉

> 適切な言葉遣いができる「会話の達人」になるためには、やはり努力の積み重ねが必要です。その第一歩は、言葉遣いに意識的になること。自分の言葉はもちろんのこと、他人の言葉遣い、書物やメディアなどに出てくる表現も意識することです。そして、特に人とやりとりする中から大いに学び、改善すべきところは改善し、分からないことは辞書などで調べるなどして、言葉遣いを磨くことです。
>
> 〈北原保雄(きたはらやすお)「日本語の常識アラカルト」による〉

【条件】(1) 最初に、「適切な言葉遣いができるようになるために取り組みたいこと」を一つ、□に書き入れること。

(2) 次に、その取り組みが適切な言葉遣いをすることにどのようにつながるのかを、マス目に書かれている「その理由は、」に続くように、百六十字程度で書くこと。（字数には、「その理由は、」という言葉を含みます。）

勉強した日　月　日

私が今後、適切な言葉遣いができるようになるために取り組んでいきたいことは、

ということです。

その理由は、

160

- 文章の話題や筆者の主張を読み取る。
- 設問文を読んで、文章と作文をどのように関連させるか確認する。
- 自分で理由を書きやすい話題を選んで作文に書く。
- 作文に書く内容や構成をメモにして、流れを決めてから書き始める。

- 「文章中で述べられている内容に関する自分の考えと、その理由を書きなさい。」

この問題では、文章と関連させて書く指示がないので、筆者の主張について直接触れる必要はありません。

作戦3 自分の意見をまとめる！

筆者の主張を参考にして、具体的にどんな取り組みをすればよいか、考えます。

筆者が挙げている例

- 他人の言葉遣いを意識する。
- 書物やメディアの表現を意識する。
- 人とやりとりをする中から学ぶ。

これを参考に、自分でしてみたい取り組みを考えます。理由を書きやすい取り組みを取り上げることがポイントです。

プラスワン

作文を書くときは、メモすることが大切。書く材料となりそうな事柄を箇条書きにし、構成の案をメモします。全体の流れが決まってから書き始めると、スムーズに書くことができます。

44 コミュニケーション系の問題に強くなる！

必勝作戦

作戦1 インタビューの特徴をつかむ！

インタビューを読むときには、次のような点に注意します。

- 誰が誰にどのような目的でインタビューをしているか。
- どのような質問をしているか。
- 相手の発言に対してどう反応しているか。

タイセツ

作戦2 対話と文章を読み比べる！

Ⅰ…花子さんが太郎さんにしたインタビュー。
Ⅱ…花子さんが太郎さんの話をまとめた文章。
二つを読み比べ、Ⅱの特徴をとらえます。

練習問題

解答29ページ

✼次のⅠは、友人について皆に紹介するという活動の中での、花子(はなこ)さんと太郎(たろう)さんの対話の一部で、Ⅱは、花子さんが太郎さんを紹介したものです。これらを読んで、問題に答えなさい。〈群馬〉→1 2 3

Ⅰ

花子さん　太郎さんの趣味(しゅみ)を教えてください。
太郎さん　私は本を読むことが好きです。図書館にもよく行きます。
花子さん　そうですか。どのような種類の本が好きですか。
太郎さん　小説を読むことが多いですが、なかでも海外の小説が好きです。私は外国に行ったことがないのですが、舞台となっている風景の描写を読むと想像が膨らみ、登場人物とともに、まるで自分もその場にいるような気分になります。
花子さん　なるほど。ほかにはどのような本が好きですか。
太郎さん　そうですね。写真集を眺めることも好きです。
花子さん　それもやはり、海外の写真集が多いですか。
太郎さん　そうですね。海外の街並を写したものが好きです。
花子さん　なるほど。ということは、本も好きだけど、海外の風景や外国そのものへの憧れもあるということでしょうか。
太郎さん　確かにそうですね。よく考えると、花子さんの言うとおりかもしれません。自分ではあまり意識していませんでした。

Ⅱ

これから太郎さんの紹介をしたいと思います。

太郎さんは本を読むことが好きで、図書館にもよく行くそうです。小説を読むことが多いそうですが、特に海外の小説が好きだということです。その理由は、舞台となっている風景を想像することで、自分もその場にいるような気分になるからということでした。海外の街並を収めた写真集なども好きだということです。また、将来は、ヨーロッパやアジアの国々に行ったり、現地の言葉で多くの小説を読んだりしてみたいと語ってくれました。

※

質問を通して、太郎さんは本も好きだけど、外国そのものへの憧れももっているのではないかと感じました。そのことを太郎さんに尋ねてみると、太郎さんも納得していました。

質問をすることで相手のことがわかるし、相手にとっては質問されることで［　　］のだと思いました。

1 Ⅱの最後に、花子さんは質問を通して感じたことを述べています。Ⅰをもとに、［　　］に当てはまる内容を考えて書きなさい。

（　　　　　　　　）

2 ※には、Ⅰに含まれていない情報が入っています。花子さんはどのような質問をして、この情報を得たと考えられますか。質問文を考えて書きなさい。

（　　　　　　　　）

合格へのトビラ 要点はココ！

- どのような目的で話しているか、質問は何かを読み取る。
- 対話の流れを読み取り、ポイントをつかむ。
- 事実や具体例を話している部分と、感想や考えを話している部分を区別する。
- 資料が複数あるときは、読み比べて、同じところと違うところをつかむ。

・話をした順にだいたいまとめてある。
・主に太郎さんの話の部分がまとめてある。
・最後に自分の感じたことを述べている。

作戦3 対話の流れをつかむ！

対話の流れは、次のとおりです。

❶ 太郎さんの趣味は本を読むこと。
❷ 太郎さんは海外の小説や写真集が好き。
❸ 花子さんが太郎さんの話を聞いて感じたこと。

キーワードとなる言葉に線を引いて、流れをつかもう。

タイせつ

対話は、事実や具体例を話している部分と、感じたことや考えたことを話している部分を区別すると、ポイントがつかめます。

対話の流れから、問題の該当部分に見当をつけます。

1 Ⅰの最後の部分に注目します。太郎さんの発言がⅡの「相手にとっては」に当たります。

2 Ⅱから、Ⅰにある「趣味が本を読むこと」「海外の小説や写真集が好き」に当たる部分を除きます。

勉強した日　月　日
得点　/100点
解答30ページ

すみれさんと優斗(ゆうと)さんのクラスでは、国語の授業の最初にスピーチを行っています。ある日、すみれさんが次のようなスピーチをしました。スピーチを読んで、問題に答えなさい。〈島根〉

【資料A】　すみれさんのスピーチ

こんにちは。私はこれから海外留学についてスピーチをします。

皆さんは、海外留学についてどのようなイメージをもっていますか。(**【資料B】**を提示しながら)このグラフを見てください。これは、大学や短期大学等に在籍(ざいせき)する日本人学生のうち、海外留学をした人の数を示しています。留学者の数は増えており、二〇一四年度には八万人を超えました。二〇〇九年度からの五年間で倍以上の人数になっています。このことから、日本人学生の海外留学への意識が年々高まってきているといえるのではないかと思います。

先日、自宅のパソコンでこのことを調べていたら、「すみれは海外留学をしてみたいのか?」とお父さんがおっしゃいました。私は、海外留学をした学生が増えていることがわかったから自分も本気で考えてみたい、ということを伝えました。

そうは言っても、まだわからないことがたくさんあるので、海外留学についてもっと詳しく調べてみたいと思います。皆さんは海外留学についてどう考えますか。

【資料B】

海外留学をした日本人学生の数

年度	2009	2010	2011	2012	2013	2014
人数(人)	36302	42320	53991	65373	69869	81219

※大学、短期大学、専修学校等に在籍する学生。
1か月未満の短期留学を含む。

(日本学生支援機構「2014年度 協定等に基づく日本人学生留学状況調査結果」より作成)

1 よく出る　敬語の使い方　お父さんがおっしゃいましたを正しい言い方に直して書きなさい。(20点)

(　　　　)

2 表現の工夫　**【資料A】**のすみれさんのスピーチについて、当てはまらないものを次から一つ選び、記号で答えなさい。(20点)

ア 聞き手にわかりやすくするために、話題を選んだ理由を明らかにしながら話している。

イ 聞き手にわかりやすくするために、資料から読み取れることに触れながら話している。

ウ 聞き手に関心をもってもらえるように、問いかけの言葉を入れながら話している。

エ 聞き手に関心をもってもらえるように、日常の場面を紹介しながら自分の思いを話している。

（　　）

3 よく出る **作文** 優斗さんは、すみれさんのスピーチを聞いて海外留学に興味をもったので、自分でも資料を集めました。【資料C】【資料D】はその一部です。これを踏まえて優斗さんは、海外留学を勧める立場から意見文を書くことにしました。あなたが優斗さんなら、どのような文章を書きますか。次の条件に従って書きなさい。（60点）

(1) 海外留学を勧める立場を明らかにして書くこと。

(2) 【資料C】【資料D】両方の内容を取り上げること。ただし、数値は取り上げても取り上げなくてもよい。

(3) 百二十字以上、百五十字以内でまとめること。句読点や記号も一字として数える。ただし、一マス目から書き始め、段落は設けない。

＊数字は下のように書いてもよい。（例）60 %

【資料C】

［海外留学経験者（20〜40歳代）への質問］
海外留学をして得たものは何ですか？

回答	割合
視野が広がった	54%
語学力がついた	33%
異文化理解が深まった	32%
海外に友人ができた	29%

（複数回答）
（日本学生支援機構「2011年度 海外留学経験者の追跡調査」より作成）

【資料D】

［海外留学をしようと思わない高校生への質問］
海外留学を希望しない理由は何ですか？

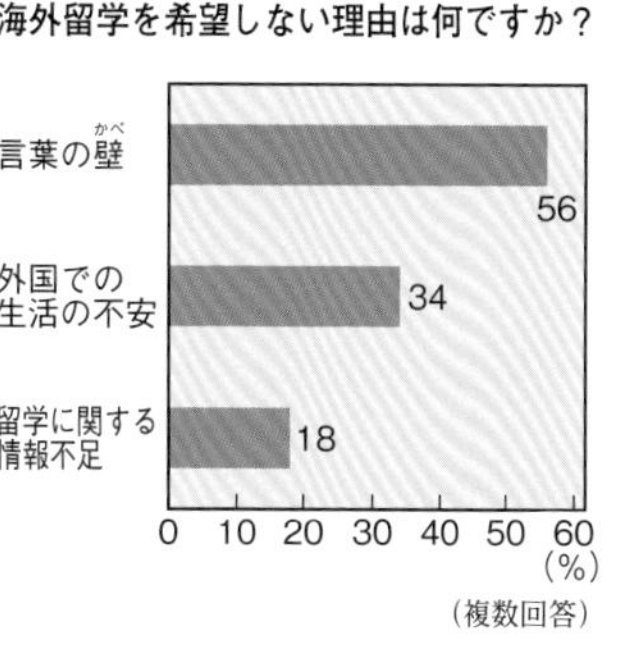

（複数回答）
（文部科学省「2011年度 高等学校等における国際交流等の状況」より作成）

120

こまったときのヒント

1 身内には、尊敬語を使いません。

2 すみれさんの話し方や話題に注目します。

3 【資料C】では、海外留学の良い点に注目します。【資料D】の内容に関連させて、自分の意見をまとめます。

特集 かんたんチェック 正しい文の書き方

1 次の文の□に当てはまる言葉を、それぞれ後から一つずつ選び、記号で答えなさい。

① 私の夢は、□です。
ア 先生になりたい
イ 先生になること
ウ 先生になるため
（　　）

② 練習するのは、うまく□。
ア なれるだろう
イ なりたい
ウ なりたいからだ
（　　）

①「私は」が主語なら「先生になりたい」が続くけれど、「私の夢は」だと何が続くかな。

2 次の文で、「履き物」を脱いでもらうことを伝えるには、どこに読点を打てばよいですか。記号で答えなさい。

ここでは〈ア〉き〈イ〉ものを〈ウ〉ぬいでください。
（　　）

答え **1** ①イ ②ウ **2** ア

文を書くときの注意点

主語・述語を対応させる

例 ×私の日課は、散歩をしている。
→○私の日課は、散歩をすることだ。

主語と述語が対応しているか、確認しながら書きます。

係り受けの関係をはっきりさせる

例 ×小さな犬のいる家を見た。（小さいのは家のとき）
→○小さな、犬のいる家を見た。
→○犬のいる小さな家を見た。

係り受けがわかるように、読点（、）を打ったり言葉の順序を入れ替えたりします。

副詞の呼応に気をつける

例 ×決して彼はあきらめる。
→○決して彼はあきらめない。

副詞の「決して」は、打ち消しの言葉を伴います。「おそらく」「もし」「まるで」などの副詞を使うときは、呼応に注意します。

ら抜き言葉は使わない

例 ×好き嫌いなく何でも食べれる。
→○好き嫌いなく何でも食べられる。

可能の意味を表す「見られる」「来られる」という言葉を、「見れる」「来れる」のように「ら」を抜いて書くのは間違いです。

自動詞・他動詞を使い分ける

例 ×彼の趣味は、切手が集まることだ。
→○彼の趣味は、切手を集めることだ。

「〜を」があるときは、他動詞を使います。

語句の重複は避ける

例 ×私が感じたのは、戦争は怖いと感じた。
→○私が感じたのは、戦争は怖いということだ。

同じ語を繰り返すと読みにくくなるので、重複がないように気をつけます。

得点力UP! 入試特集

ねらい

記述問題対策を学び，実際の入試と同じ長さの文章に挑戦することで，実戦力を高めましょう。

1 記述問題対策で解き方を確認！

例題と解説で，記述問題への対策を身につけましょう。

2 チャレンジテストで融合問題を解く！

読み比べ＋話し合いという新しい形式に慣れましょう。

3 チャレンジテストで総合問題を解く！

実際の入試に近い総合問題で力試しをしましょう。

解答と解説で答え合わせをして，入試本番に備えよう！

1 得点力UP! 入試特集

記述問題対策① 書き方の基本

勉強した日　月　日

▼書き方のポイントは、文章中の言葉をできるだけ使うことと、文末を設問文に対応させることだよ。

例題① 次の文章を読んで、問題に答えなさい。〈徳島改〉

〔高校の食物調理科に通う「ぼく」は、料理の道を志している。班ごとに作った梅干し料理を競う保護者試食会の結果発表を、同じ6班の仲間である隆太、伶奈、希美、遥とともに聞いている。〕

「どれも人気が拮抗していて、順位をつけるのが忍びなかったです……。では、ベストスリーの発表です。3位、梅干しのチーズケーキ。」

5班の連中が拍手をした。

「着眼点も、完成具合も、素晴らしいと思いましたよ。練り梅の配合がちょうどいい。何度も試行錯誤したんだなって分かりました。とても美味しかったです。では2位。」

小梅先生の大きな目が、一瞬、ぼくの目線とぶつかった。

「梅干し黒ひげゲーム、6班。」

えっ、と口に出てしまった。

隆太が目を丸くした。

女子3人は、なぜだかうっすらと笑っている。伶奈の目も優しい。

「これは楽しいものでした。思わずほほ笑まれたみなさんも多かったのではないでしょうか。チョコレートやうずらの玉子だと思ってかみくだいたら梅干しだったなんて。おもしろさだけでなく、味も研究されていました。種をかんでしまうトラブルにも配慮してあったし、素晴らしいアイディアだと思います。」

1位じゃなかった。

〈須藤靖貴「3年7組食物調理科」による。一部省略等がある。〉

問題 えっ、と口に出てしまった。とありますが、このとき、「ぼく」はどんな気持ちでしたか。二十字以内で書きなさい。

解き方と解答

1 「書きなさい」とあるので、自分の言葉で言い換える!

- 抜き出しなさい…文章中の言葉をそのまま書き写します。
- 書きなさい……文章中の言葉を使ってまとめたり、自分の言葉で言い換えたりする必要があります。

2 「〇〇字以内」とあるときは、〇〇字の八割以上で書く!

この場合、「二十字以内で書きなさい」とあるので、十六字以上二十字以内で解答を書きます。

3 文章中から手がかりとなる部分を探す!

❶ 「えっ、と口に出てしまった。」……驚きの気持ち。
　↓「驚きの気持ち」だけでは短すぎるので、「何に驚いたのか」を加える。
❷ 「1位じゃなかった。」……自分の班が1位ではなかったこと。
　↓❶と❷をまとめる。文として意味が通るように書こう。

解答 例 自分の班が1位ではないことに驚く気持ち。(20字)

例題② 次の文章を読んで、問題に答えなさい。

文字のない時代は、知識を伝えるには口から口へが基本です。落語もまた、師匠が喋ることを書き取ったりせず、そのまま体に染み込ませていきます。文字化して固定し確定させていくものではありません。〈秋田改〉

一方、例えば、演劇はチームで取り組むものですから、書き取って台本にしておかないと、演出家や芝居をする人、舞台をつくる人が共有できません。書物になったものは繰り返し読まれ世界をつなぎ人類の遺産となれる。台本があるから時代を超えて繰り返し上演することができるわけです。ただし、文字化して固定することで、ある意味死んだ状態になるわけで、そこに息を吹き込み、魂を与えていくのが演出家であり役者であるという構造が生まれます。

他方、落語の面白さは、演出も役者も小道具も、すべてを一人の人間がこなすというところにあります。つまり文字にして外化しなくても自分の中で完結するというところが、面白い。落語は今も口伝の世界に生きており、落語には、声の文化が持っていた一回限りの、喋ったら消えてしまうけれど、魂から出てくる魅力があると言えるのではないでしょうか。

〈黒崎政男「哲学者クロサキの哲学超入門」による〉

問題 演劇はチームで取り組むものとありますが、これに対して落語はどのようなものですか。「落語は……」に続くように、十五字以内で書きなさい。

落語は［　　　　　　　　　　　　　　　］。

解き方と解答

❶ 答えの文末は、設問文に合わせる!

「どのようなものですか。」→文末は「〜もの。」にします。

例 ●「なぜですか。」……………「〜から。」
●「どんなことですか。」……「〜こと。」
●「何のためですか。」………「〜(の)ため。」

❷「落語は」に続く言葉を文章中から探す!

「落語は」に続く候補を探し、「もの」を付けてみます。

❶ すべてを一人の人間がこなすもの（15字）
❷ 文字にして外化しなくても自分の中で完結するもの（23字）
❸ 今も口伝の世界に生きているもの（15字）

❸ 指定された字数をヒントにして、答えを絞る!

❷の中で十五字以内に収まるのは、❶と❸です。設問に「これに対して」とあるので、「演劇はチームで取り組むもの」と対になる内容の❶が答えになります。

解答 例すべてを一人の人間がこなすもの（15字）

得点力UP! 入試特集

2 記述問題対策② 小説

勉強した日　月　日

▼小説の記述問題では、文章中の表現を手がかりに、わかりやすく言い換えることが大事だよ。

例題① 次の文章を読んで、問題に答えなさい。〈山口改〉

〔吹奏楽部に入部した給前志音が、部員たちと合奏している場面である。志音はドラムを個人的に練習していた経験から、ドラムパートを任されることになった。〕

先生が切りのいいところで演奏を止める。その瞬間、先生は指揮台から飛び降りて志音を見た。指揮棒で志音を指し、普段の五倍の声量で、叫んだ。

「給前さん、パーフェクトです！　パーフェクト！」

あまりの声量に、バチを両手に持ったまま動けなくなる。近くに座る小貫と川尻が「ねえねえ今のどうやってるのっ⁉」と詰め寄って来た。

「給前さん、今の感じを忘れないでください。今のような演奏ができれば、あなたはもう大丈夫です」

大丈夫、大丈夫。先生はそう繰り返す。

「はい……大丈夫です」

そんなとんちんかんな答えを返してしまう。

「すげえなぁ、志音」

大志が体ごとこちらを振り返る。大志の言葉を奪うように、隣に座る由香がわずかに眉間に皺を寄せて言った。

「土子先生のパーフェクトって、なかなか出ないんだから」

今年は私が一番乗りしてやるって思ってたのにー、と本気で悔しがっているようだった。

〈額賀澪「屋上のウインドノーツ」による〉

問題 隣に座る由香がわずかに眉間に皺を寄せて　とありますが、このときの「由香」の気持ちを、文章の内容に即して書きなさい。

解き方と解答

① 設問文を手がかりにして、解答に書く内容を見つける！

● 「わずかに眉間に皺を寄せて」→不快感などを表す表情

● 「不快感」に近い言葉……「悔しがっている」→「由香」の気持ち

② 文章の内容に即して、「由香」の気持ちをまとめる！

「土子先生のパーフェクト(←言葉を足してわかりやすくする)って、なかなか出ないんだから」
今年は私が一番乗りしてやる(←言い換える)って思ってたのにー、と本気で悔しがっているようだった。(↑削除)
(足りない言葉は補う→)

↓土子先生からのパーフェクトの評価を、今年は自分が最初にもらおうと思っていたのに、先を越されて悔しい。

③ 気持ちをきかれているので、文末は「〜気持ち。」にする！

解答 例 土子先生からのパーフェクトの評価を、今年は自分が最初にもらおうと思っていたのに、先を越されて悔しい気持ち。

例題２ 次の文章を読んで、問題に答えなさい。〈富山〉

〔明治三十九年、十五歳の八郎は、五左衛門とむめ（夫婦）が経営するめがね工場で働いている。工場では、親方を中心とする帳場（班）に分かれてめがね枠作りを始めることになり、指導者である豊島から三人の親方が発表された。〕

「豊島さんは、なんで八郎さんだけ親方にしなかったんやろか。一期生は四人やのに……」

さっきからむめが険しい表情をしている意味がわかり、五左衛門は改めて八郎が立つほうに目をやった。車地[*1]の持ち手に手を掛け、八郎は虚ろな目で煤で汚れた壁を見つめていた。

「あ、八郎さん」

むめが小さく声を上げたのと同時に、八郎が作業場を出て行く。音もなく静かにその場を立ち去ったので、五左衛門とむめ以外の誰も気づいていない。豊島も職人たちも、新たな体制への興奮で、輪の外にいる者など見えてはいなかった。八郎の後を追って、むめがすぐさま作業場を出る。五左衛門はふたりの様子を目で追ってはいたが、その場から動くことはしないでいた。八郎の気持ちはわかる。それを追うむめの思いやりも間違いではない。だが豊島の決めたことに、口を挟む余地などないことは誰もが知るところだ。

〈藤岡陽子「おしょりん」による〉

＊1 車地…合金を伸ばす機械。

問題 輪の外にいる者など見えてはいなかった とありますが、これは豊島や職人たちのどのような様子を表していますか。「輪の外にいる者」の心情と行動に触れて、三十字以内で書きなさい。

解き方と解答

1 設問文を手がかりにして、解答に書く内容を見つける！

設問文の「『輪の外にいる者』の心情と行動に触れて」に注意する。

- 「輪の外にいる者」……八郎
- 心情……八郎だけ親方に選ばれなかった状況や「虚ろな目」、八郎がその場を立ち去ったことから推測する。➡つらい気持ち
- 行動……作業場を出て行った

2 解答に書く内容を文章にまとめる！

問われているのは？……豊島や職人たちの様子

八郎がつらい気持ちで作業場を出て行ったことが見えてはいなかった。

様子を表すわかりやすい言葉に言い換える ➡ 〜に気づかない

3 様子をきかれているので、文末は「〜様子。」にする！

解答 例 八郎がつらい気持ちで作業場を出て行ったことに気づかない様子。（30字）

3 得点力UP! 入試特集 記述問題対策③ 論説文

勉強した日　月　日

▼論説文の記述問題では、文章中の解答に当たる部分を、字数に合わせてまとめることが多いよ。

例題① 次の文章を読んで、問題に答えなさい。〈北海道〉

　人によって高度に管理されているにもかかわらず、田んぼは多くの日本人に自然を感じさせる空間ともなっています。さまざまな研究機関の調査でも、日本人は田んぼのある風景に自然や親しみを抱くという結果が出ています。古くから、また長きにわたって管理されてきた人為的な空間なのに、そこに自然を感じるというのは、一見すると矛盾した感覚のように思えるかもしれません。

　それは、おそらく、多くの日本人が、かつての田んぼを、水田漁労や水田狩猟などを可能にするような、つまりイネ以外の動植物が適応することができるような環境だと認めていたからではないでしょうか。つまり、魚や鳥など自分たちにとって有用なものをさまざまに生み出してくれる田んぼの隠された力に、自然を見いだしていたと考えることができます。

　人の思いとは関係なく、田んぼは魚にとってすみかであり、産卵の場所になっていましたし、またカモなどの渡り鳥にとっては、羽根を休め、冬を越すための場となっていました。つまりは、ほうっておいても魚や渡り鳥が自分たちから田んぼに寄ってきたのです。そして、そうした動植物を、人は水田漁労や水田狩猟というかたちで利用してきました。

〈安室知「田んぼの不思議」による〉

問題 矛盾した感覚 とありますが、筆者が述べている「矛盾した感覚」とはどのようなことですか。三十五字程度で書きなさい。

解き方と解答

1 「○○字程度」は、○○字の九割～十一割で書く!

「三十五字程度」→「三十一字～四十字」で答えを書きます。

2 文章中から解答に当たる部分を探す!

――線の直前に注目します。

「古くから、また長きにわたって管理されてきた人為的な空間なのに、そこに自然を感じる」→「矛盾した感覚」の内容

3 削除したり言葉を補ったりして、内容をまとめる!

「田んぼは、（←足りない言葉を補う）古くから、また長きにわたって（←修飾語や不要な言葉は削除する）管理されてきた人為的な空間なのに、そこに自然を感じさせること」

解答 例田んぼは、管理されてきた人為的な空間なのに、自然を感じさせること。（33字）

例題② 次の文章を読んで、問題に答えなさい。〈石川〉

楽観的か悲観的かは、視野の広さにも影響を与えることがわかっています。

ミシガン大学のフレドリクソン博士らは、心理状態が前向きな場合と後ろ向きの場合で、視野の広さにどのような変化が生じるか詳細に調べました。その結果、楽観的なときは視野が広く、悲観的なときは視野が狭くなることがわかりました。

これは、人間が生き残っていく上で大いに役立った機能だと考えられています。肉食動物や敵が襲ってきたとき、人間は悲観的になります。これに合わせて視野が狭くなると、命を脅(おびや)かす肉食動物や敵だけに注意を集中できます。このことが、ピンチを乗り越えて生き残るのに都合が良かったのです。

一方、何も心配ごとがないときは、楽観的になる傾向があります。この場合は、視野を広げておくほうが好都合です。なぜかというと、本人が気づいていないだけで遠くから肉食動物や敵が近づいてきているかもしれません。また、視野が広いほうが、新たな発見ができる可能性も広がります。

また、フレドリクソン博士らは、心が前向きか後ろ向きかによって、視野の広さだけでなく、思考の枠組(わくぐ)みも広くなったり狭くなったりすることを突き止めました。

〈吉田(よしだ)たかよし「世界は『ゆらぎ』でできている」による。一部省略等がある〉

問題 人間が生き残っていく上で大いに役立った機能 とありますが、敵から生き残るうえでは、どのようなときに、どのようなことに役立つと筆者は述べていますか。書きなさい。

解き方と解答

1 ――線の直前の「これ」が指す内容を明らかにする!

「楽観的なときは視野が広く、悲観的なときは視野が狭くなること」

2 設問文をヒントにして、解答に当たる部分を探す!

設問文の「どのようなときに」に注目。↓文章中から「〜とき」を探す

×「楽観的なとき」「悲観的なとき」↓一般的な話

○「敵が襲ってきたとき」「何も心配ごとがないとき」↓具体的な話

これらのときに、どのようなことに役立つのかをまとめます。

3 文章中の言葉をわかりやすく言い換える!

● 「命を脅かす肉食動物や敵だけに注意を集中できます」

⬇目の前の敵に注意を集中させることに役立つ。

● 「遠くから肉食動物や敵が近づいてきているかもしれません」

⬇遠くから近づいてきた敵にいち早く気づくことに役立つ。

解答 例 敵に襲われたときは目の前の敵に注意を集中させることに役立ち、何も心配ごとがないときは、遠くから近づいてきた敵にいち早く気づくことに役立つ。

4 得点力UP! 入試特集 チャレンジテスト① 融合問題

時間 20分

勉強した日　月　日

解答30ページ

得点　/100点

融合問題　中学生のAさんのクラスでは、国語の授業で、次の【詩】と【短歌】を読み比べました。これらを読んで、問題に答えなさい。〈宮城〉

【詩】

雪の朝　草野心平

まぶしい雪のはねっかえし。
青い。
キララ子たちははしゃいで。
跳びあがったりもぐったりしての鬼ごっこだ。

ああ。
まぶしい光りのはねっかえし。
自分の額にもキララ子は映り。
うれしい。

空はグーンとまえに乗りだし。
天の天まで見え透くようだ。

【短歌】

はるかなる山なみの雪に日あたりて暫し天地にとほるしづまり　斎藤茂吉

1 キララ子 とありますが、次の文は、このことについて説明したものです。□に当てはまる表現を考えて、十字以内で書きなさい。(20点)

●キララ子とは、□のことを表した言葉である。

2 【詩】の第三連で使われている表現技法の組み合わせを、次から一つ選び、記号で答えなさい。(10点)

ア 擬態語と擬人法　イ 擬人法と倒置法
ウ 倒置法と直喩　エ 直喩と枕詞

(　　)

3 次は、Aさんの班の話し合いの一場面です。これを読んで、問題に答えなさい。

〈Aさん〉　どちらも雪を素材にした作品だけれど、雰囲気が違うよね。

〈Bさん〉　うん。声に出して読むと、この【詩】は、行の終わりの記号、つまり、ⓐによって区切られているからか、歯切れのいい印象がしたよ。それに比べてこの【短歌】は、切れ目がなくてゆったりした印象がある。両方とも、音と内容が深く関わっている気がするよ。

〈Cさん〉　本当だね。それから、作者が注目している部分が違うと思うんだ。この【詩】では目に見える様子そのものに注目していて、この【短歌】では、目に見える様子だけでなく、そこからさらに感じられた「ⓑ」に、心を向けているよ。

〈Aさん〉　なるほどね。比べることで、それぞれの作品の特徴がはっきりしてくるから、より深く理解できるね。

(1)　ⓐに当てはまる言葉を、漢字二字で書きなさい。（10点）

(2)　ⓑに当てはまる言葉を、【短歌】の中から五字以内で抜き出しなさい。（10点）

(3)　Bさんの発言について説明したものを、次から一つ選び、記号で答えなさい。（20点）

ア　話し合いの観点を整理しながら、結論を導き出している。
イ　作品の具体的な言葉に即しながら、問題提起を行っている。
ウ　自分が受け取った感覚を大切にしながら、考察を進めている。
エ　相手の発言に共感を示しながら、異なる意見を打ち出している。

（　　）

4　次の**X**、**Y**は、読み比べの後、「雪」を素材として作った短歌・俳句の中の二作品です。作品に表れている「雪に対する気持ち」を比較し、後のⓒに当てはまる表現を考えて、三十五字以内で書きなさい。（30点）

X　雪の朝一番乗りの校庭で弾みをつけて駆け出しジャンプ

Y　ため息や靴の底から雪しみて

「雪に対する気持ち」の比較

Xでは、「弾み」、「ジャンプ」という表現からわかるように、雪に対してときめいている。一方、**Y**では、ⓒ。

5 得点力UP! 入試特集

チャレンジテスト②

総合問題

時間 30分

勉強した日　月　日

解答31ページ

得点　/100点

1 漢字　次の――線の漢字は読みを平仮名で書き、片仮名は漢字に直しなさい。　3点×5（15点）

① シートで地面を覆う。〈群馬〉（　　）

② 実行委員の希望者を募る。〈鳥取〉（　　）

③ 楽器をエンソウする。〈和歌山〉（　　）

④ 荷物をトドける。〈岐阜〉（　　）

⑤ 空港で荷物をアズける。〈大阪〉（　　）

2 小説　次の文章を読んで、問題に答えなさい。〈青森〉

〔高校入学後、ふとしたことから園芸部に入部した「おれ」は、同じく一年生の「大和田（おおわだ）」、「庄司（しょうじ）」と、学校の下駄（げた）箱の外にある花壇をととのえることになった。花壇づくりを終えた「おれ」と「大和田」は、顧問（こもん）からねぎらいの言葉を受けた。〕

「たった三人だけども、よくやってくれたねえ。ご苦労さん、ご苦労さん」といってもらい、ほっとした。それ以外に特に反響はなかった。「なにやってんの」と声をかけてきたクラスの友達からも、なにもいわれなかった。大和田も同じだったらしい。

「あの花壇ひとつで、入り口の感じがすごくよくなったのにわかんねえのかな。①無風流なやつらだぜ」

しかし、おれは［　　］と思った。ほんのちょっと前まで、おれもその無風流なやつらの一人だったのだ。

それより、自分の変化のほうがおもしろかった。水やりをするようになってから、なんだかんだで、もう二か月になる。それまでアサガオとヒマワリとチューリップくらいしか知らなかったが、今ではペチュニア*1、ベゴニア、インパチェンス、マリーゴールド、サルビア、ルピナス、ジニア、ゼラニウム、メランポジウム、バーベナは一目でわかる。

知っている花が増えると、家の近所や通学途中の道路に、急に②花が増えた。

もちろん、そんな気がしただけで、前からあったのだろう。でもこれほど花や草がたくさんあるなんて、花壇ができあがっても無反応の生徒と同じように、それまでのおれは、本当に気がつかなかったのだ。

今では歩道や人の庭の花を見るたび、「これはベゴニアだ」とか「あれは黄色のジニアだ」と思う。通りすぎたあとで「今の花はなんだったんだろう」と振り返ることもある。

よく手入れされた鉢（はち）や花壇を見ると、嬉（うれ）しくなった。特に、駅横の古い公衆トイレの前に、目立たない花壇があるのだが、それがとてもかっこいい。あるときは、青い小花と白い小花が帯状に植えてあり、草原のように見えた。本で調べると、青がネモフィラ*2、白の小花がスイートアリッサム*3という花だった。

逆の意味で気になるのは、しおれている花を見たときだ。なかでも、うちの近所にある写真のスピード印刷店は最悪だ。店の前に、アルバムを並べたワゴンが出ているのだが、その足元に木の樽のような鉢がひとつ置かれ、赤いインパチェンスが植えられている。

赤いインパチェンスは、おれが学校に持っていったのと同じ花だ。学校の倉庫の裏では、どんどん伸び、毎日元気な赤い花を次々に咲かせているのに、その店のインパチェンスは、汚くなった花びらをたくさんつけて、しおれていた。朝七時から夜の十時までやっている店で、登校するときあいているのだが、店の中をのぞくと、いかにもバイトらしいお姉さんが、カウンターにひじをついて、いつも自分の髪をいじっている。

③枝毛[*4]とるより、水やってください。

そう、いいたかった。でも、いえなかった。視線に気がついたのか、お姉さんはこっちを見てにらんだだけだ。

スピード印刷店のインパチェンスは、日に日にしおれていく。絶対に水をやり忘れている。

一週間後、決心していつもより早くうちを出た。水を入れたペットボトルと前日に学校から持ち帰った園芸バサミとゴミ袋を持つ。朝七時前だから、スピード印刷店はまだあいていない。シャッターが下ろされ、インパチェンスの鉢は、外に出しっぱなしだ。

駅に向かう人が、横を時々通りすぎていくなか、おれはインパチェンスの鉢の前にしゃがみこむ。ドキドキしながら急いでペットボトルの水を根元にかけた。それから園芸バサミで花がら[*5]を手早く摘み、ゴミ袋に入れる。最後にあらかじめ用意したメモを花の中にさしこんだ。

④「毎日、水をかけてください。のどがカラカラです。インパチェンスより」

かなり恥ずかしい文面だった。でもおれが毎日水をやることはできない。

その日の帰り、店の前を通ったとき、メモがなくなっていることを確かめた。朝、水をたっぷりやったから、元気になっている。次の日も元気そうだった。その次の日もだ。よかった、水をもらっているらしい。おれはほっとした。

そして次の週、枝毛をとっていたおねえさんが、ジョウロで水をやっている場面に遭遇した。嬉しくて思わず笑顔で頭を下げると、変な高校生だと思われたらしく、またにらまれた。

〈魚住直子「園芸少年」による〉

*1 ペチュニア、ベゴニア、インパチェンス、マリーゴールド、サルビア、ルピナス、ジニア、ゼラニウム、メランポジウム、バーベナ、*2 ネモフィラ、*3 スイートアリッサム……いずれも花の名前。
*4 枝毛…毛先が枝のように裂けた髪の毛。
*5 花がら…花が咲き終わっても散らずに残っている枯れた花。

1 ①無風流なやつら　とありますが、これを具体的に述べている部分を、文章中から十六字で抜き出しなさい。（5点）

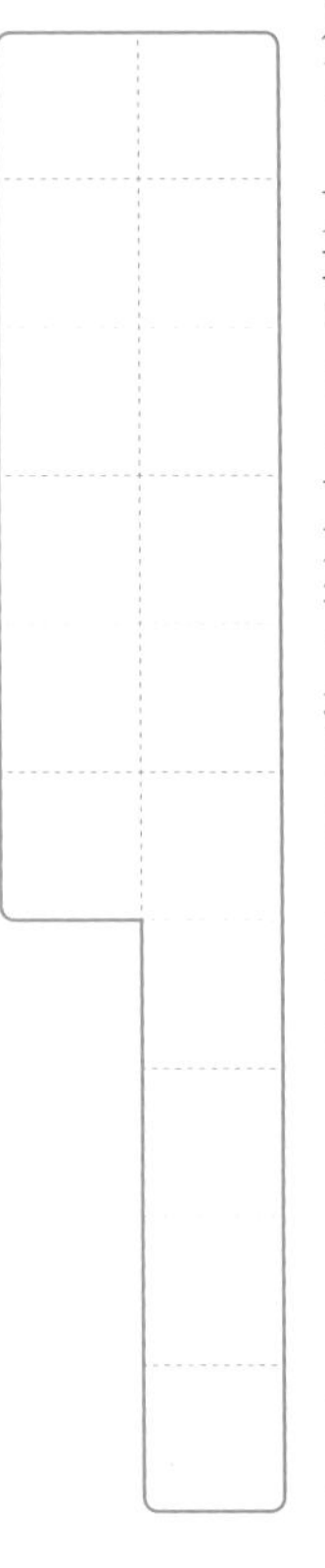

次のページに続きます。

2 [　　]に当てはまる言葉を次から一つ選び、記号で答えなさい。（5点）

ア しかたがない　イ だらしがない
ウ 抜け目がない　エ きりがない

（　　）

3 ②花が増えた とありますが、どのようなことを表しているのかを次のようにまとめました。[　　]に当てはまる内容を、十五字以内で書きなさい。（10点）

> 家の近所や通学途中の道路で、[　　]ようになったということ。

4 ③枝毛とるより、水やってください。とありますが、このとき、「おれ」はどのような気持ちでしたか。次から一つ選び、記号で答えなさい。（5点）

ア 「お姉さん」のふるまいを批判し、必ず正そうと決意している。
イ 「お姉さん」に何も言えない自分を軽蔑（けいべつ）し、冷めた思いでいる。
ウ 店の中をのぞく自分をにらみ返す「お姉さん」に驚嘆（きょうたん）している。
エ 自分の願いを「お姉さん」に言い出せず、じれったく思っている。

（　　）

5 ④毎日、水をかけてください。のどがカラカラです。インパチェンスより とありますが、ある生徒が、この表現の特徴について、次のようにまとめました。これを読んで、問題に答えなさい。

> この表現は、[ⓐ]を用いて、[ⓑ]にたとえて、「おれ」の思いを効果的に表現している。

(1) [ⓐ]に当てはまる表現技法を次から一つ選び、記号で答えなさい。（5点）

ア 倒置法　イ 体言止め
ウ 擬人法（ぎじんほう）　エ 反復（繰り返し）

（　　）

(2) [ⓑ]に当てはまる具体的な言葉を、三十五字以内で書きなさい。（15点）

3 古文・漢詩

次の文章を読んで、問題に答えなさい。〈埼玉・平成二十九年度〉

蔡順は、＊1汝南といふ所の人なり。＊2王莽といへる人の時分の末に、天下おほきに乱れ、また飢渇して、食事に乏しければ、母のために、桑の実をA拾ひけるが、熟したると熟せざるとを分けたり。この時、世の乱れにより、人を殺し、剝ぎ取りなどする者ども来つて、蔡順に①問ふやうは、「何とて二色に拾ひ分けけるぞ。」と言ひければ、蔡順、「一人の母を持てるが、この熟したるは、母に与へ、いまだ熟せざるは、わがためなり。」と語りければ、心強き不道の者なれども、かれが孝を感じて、米＊3二斗と牛の足一つ与へてB去りけり。その米と牛の腿とを母に与へ、またみづからもつねにC食すれども、一期の間、尽きずしてありたるとなり。これ、②孝行のしるしなり。

〈「御伽草子集」による〉

＊1 汝南…中国の地名。＊2 王莽…古代中国の政治家。＊3 二斗…約三十六リットル。

1 A拾ひけるが　B去りけり　C食すれども　の主語に当たるものを、次から一つずつ選び、記号で答えなさい。（同じ記号を何度使ってもかまいません。）　5点×3（15点）

ア 蔡順　**イ** 王莽
ウ 母　**エ** 人を殺し、剝ぎ取りなどする者ども

A（　　）B（　　）C（　　）

2 ①問ふやうは　を現代仮名遣いに直し、全て平仮名で書きなさい。（5点）

（　　　　）

3 ②孝行　とありますが、ここではどういうことを表していますか。次の□に当てはまる内容を、十字以内で書きなさい。（10点）

蔡順が、桑の実を二種類に分けて、□を与えようとした、ということ。

4 次は、この文章を読んだ後の先生とSさんの会話です。□に当てはまる内容を、文章中から二十字で抜き出し、初めの五字を書きなさい。（10点）

Sさん「先生、この文章を図書館で調べたところ、次の漢詩を見つけました。」

黒椹奉親闈（黒椹親闈に奉ず）
啼飢涙満衣（飢ゑに啼いて涙衣に満つ）
赤眉知孝順（赤眉孝順を知って）
牛米贈君帰（牛米君に贈って帰らしむ）

先　生「この漢詩は、文章と同じ題材についてよんだもので、文章の中に対応する部分があります。例えば、漢詩の『赤眉知孝順』は、文章の中のどの部分に対応しますか。ちなみに、『赤眉』は、ここでは『人を殺し、剝ぎ取りなどする者ども』のことですよ。」

Sさん「わかりました。文章の中の『□』の部分ですね。」

先　生「そうです。そのとおりです。」

6 得点力UP! 入試特集 チャレンジテスト③

総合問題

時間 25分

勉強した日　月　日

解答32ページ

得点　/100点

1 文法　次の――線の「ない」と同じ品詞の「ない」が用いられているものを、後から一つ選び、記号で答えなさい。〈京都〉（10点）

● 漫画は教わるものではない、と私は思っている。

ア あの人はやって来ない。

イ 雨はまだ降らない。

ウ 浜には誰もいない。

エ 風はそれほど強くない。

（　　）

2 論説文　次の文章を読んで、問題に答えなさい。〈宮崎改〉

人間以外の動物にとって、生きることは食べることである。しかし、それを実現するには、いつ、どこで、何を、誰と、どうやって食べるか、という五つの課題を乗り越えねばならない。現代の科学技術と流通革命は、その多くを個人の自由になるように解決してきた。24時間営業のコンビニエンスストアや自動販売機。車や飛行機などの輸送手段や、インターネットを通じた通信手段。電子レンジやファストフードなどの調理や保存などの技術。これらは私たちに、いつでも、どこでも、どんなものでも、好きなように食べることを可能にした。

しかし、技術によっては変えられない課題もある。それは、誰と食べるか、ということだ。もちろん、移動手段の革新によって、遠くに住む知人や親族に会うことができるようになった。だが、誰と食卓を囲むかは、昔も今も個人の自由裁量によっては決められない。

古来、人間の食事は栄養の補給以外に、他者との関係の維持や調整という機能*1が付与されてきた。いやむしろ、いい関係を作るために食事の場や調度、食器、メニュー、調理法、服装からマナーにいたるまで、多様な技術が考案されてきたと言っても過言ではない。どの文化でも食事を社交の場として莫大な時間と金を消費してきたのである。①それは効率化とはむしろ逆行する特徴を持っている。

②サルの食事は人間とは正反対である。群れで暮らすサルたちは、食べるときは分散して、なるべく仲間と顔を合わせないようにする。数や場所が限られている自然の食物を食べようとすると、どうしても仲間と鉢合わせしてけんかになる。だから、仲間がすでに占有している場所は避けて、別の場所で食物を探そうとするのだ。でも、あまり広く分散すると、肉食動物や猛禽類にねらわれて命を落とすおそれが生じる。仲間といれば外敵の発見効率が上がるし、自分がねらわれる確率が下がる。そこで、仲間と適当な距離を置いて食事をすることになる。

しかし、食物が限られていれば、仲間と出くわしてしまうことがある。そのときは、弱い方のサルが食物から手を引っ込め、強いサルに場所を譲る。サルたちは互いにどちらが強いか弱いかをよくわきまえていて、その序列に従って行動する。それに反するような行動をとると、周りのサルがよってたかってそれをとがめる。優劣の序列を守るように、勝者に味方するのである。強いサルは食物を独占し、他のサルにそれを分けることはない。サルの社会では、食物を囲んで仲良く食事をする光景は決して見られない。

けんかの種となるような食物を分け合い、仲良く向かい合って食べるなんて、サルから見たらとんでもない行為(こうい)である。なぜこんなことに人間はわざわざ時間をかけるのだろうか。それは、相手とじっくり向かい合い、気持ちを通じ合わせながら信頼関係を築くためであると私は思う。相手と競合しそうな食物をあえて間に置き、けんかをせずに平和な関係であることを前提にして、食べる行為を同調させることが大切なのだ。同じ物をいっしょに食べることによって、ともに生きようとする実感がわいてくる。それが信頼する気持ち、共に歩もうとする気持ちを生み出すのだと思う。

ところが、前述した近年の技術はこの人間的な食事の時間を短縮させ、個食[*2]を増加させて社会関係の構築を妨(さまた)げているように見える。③自分の好きなものを、好きな時間と場所で、好きなように食べるには、むしろ相手がいない方がいい。そう考える人が増えているのではないだろうか。

でも、それは私たちがこれまで食事によって育ててきた共感能力や連帯能力を低下させる。個人の利益だけを追求する気持ちが強まり、仲間と同調し、仲間のために何かしてあげたいという心が弱くなる。勝ち負けが気になり、勝ち組に乗ろうとする傾向が強まって、自分に都合のいい仲間を求めるようになる。つまり、現代の私たちはサルの社会に似た個人主義の閉鎖(へいさ)的な社会を作ろうとしているように見えるのだ。

昨年末に、和食がユネスコ[*3]の無形文化遺産に登録された。今一度、日本文化の礎(いしずえ)を見直し、④和の食と心によって豊かな社会に至る道を模索(もさく)すべきだと思う。

〈山極寿一(やまぎわじゅいち)「サル化する人間社会」毎日新聞 二〇一四年八月　掲載(けいさい)による〉

＊1　調度…日常使用する身の回りの道具。
＊2　個食…家族団らんではなく、一人で食事をすること。
＊3　ユネスコの無形文化遺産…ユネスコが認定する伝統芸能や社会的慣習等の無形文化の代表。和食は二〇一三年十二月に登録された。

資料　**ユネスコの無形文化遺産に登録された「和食」**

「和食」の４つの特徴

特徴１　多様で新鮮な食材と素材の味わいを活用

日本の国土は南北に長く、海、山、里と表情豊かな自然が広がっているため、各地で地域に根差した多様な食材が用いられています。また、素材の味わいを活(い)かす調理技術・調理道具が発達しています。

特徴２　バランスがよく、健康的な食生活

一汁三菜を基本とする日本の食事スタイルは理想的な栄養バランスと言われています。また、「うま味」を上手に使うことによって動物性油脂の少ない食生活を実現しており、日本人の長寿(ちょうじゅ)、肥満防止に役立っています。

特徴３　自然の美しさの表現

食事の場で、自然の美しさや四季の移ろいを表現することも特徴のひとつです。季節の花や葉などを料理にあしらったり、季節に合った調度品や器を利用したりして、季節感を楽しみます。

特徴４　年中行事との関わり

日本の食文化は、年中行事と密接に関わって育まれてきました。自然の恵みである「食」を分け合い、食の時間を共にすることで、家族や地域の絆(きずな)が強くなるのです。

（農林水産省　「和食」紹介リーフレットより作成）

次のページに続きます。

1 ①それ は何を指していますか。次から一つ選び、記号で答えなさい。（10点）

ア 人間の食事　イ 栄養の補給

ウ 多様な技術　エ 時間と金

（　）

2 ②サルの食事は人間とは正反対である。とありますが、次の文は、これについて説明したものです。□に当てはまる言葉を、文章中から十四字で抜き出しなさい。（20点）

サルは人間のように□ことはしない。

3 ③自分の好きなものを、好きな時間と場所で、好きなように食べる　とありますが、筆者はこのような食事が増加することで、「私たち」や「社会」がどのようになってしまうと考えていますか。六十字以内で書きなさい。（20点）

4 本文の文章構成の説明として適切なものを、次から一つ選び、記号で答えなさい。（20点）

ア 人間とサルの共通性について、食事という観点で考察した後、それは人間がサル化する始まりであると結論づけている。

イ サル化が進む人間社会の問題について、サルの視点でとらえ直した後、食事に焦点化して新しい問題提起をしている。

ウ 人間の食事について、サルの食事と比較をした後、その特質が失われつつある現状とその解決の方向性を示している。

エ 人間とサルの食事の違いについて、両者の比較をした後、その違いがなくなってきた現状とその原因を解明している。

（　）

5 次は、この文章を読んだ四人の生徒が、**資料**を基に意見を述べたものです。④「和の食と心に……模索すべきだ」という筆者の主張に最も近い発言を、次から一つ選び、記号で答えなさい。（20点）

ア 特徴1の「多様で新鮮な食材」の活用は、地域の郷土料理の中にも見いだせるので、その豊かさを再評価してみよう。

イ 特徴2の「健康的な食生活」を基に、ファストフードやレトルト食品などに慣れ親しんだ現代の食生活を見直そう。

ウ 特徴3の「自然の美しさの表現」には、日本人の繊細な感性が表れているから、日本人らしい美意識を探ってみよう。

エ 特徴4の「年中行事との関わり」で、地域でお正月の餅をついたり、家族でおせちを食べたりすることを大事にしよう。

（　）

この「解答と解説」は取りはずして使えます。➡

わからないをわかるにかえる

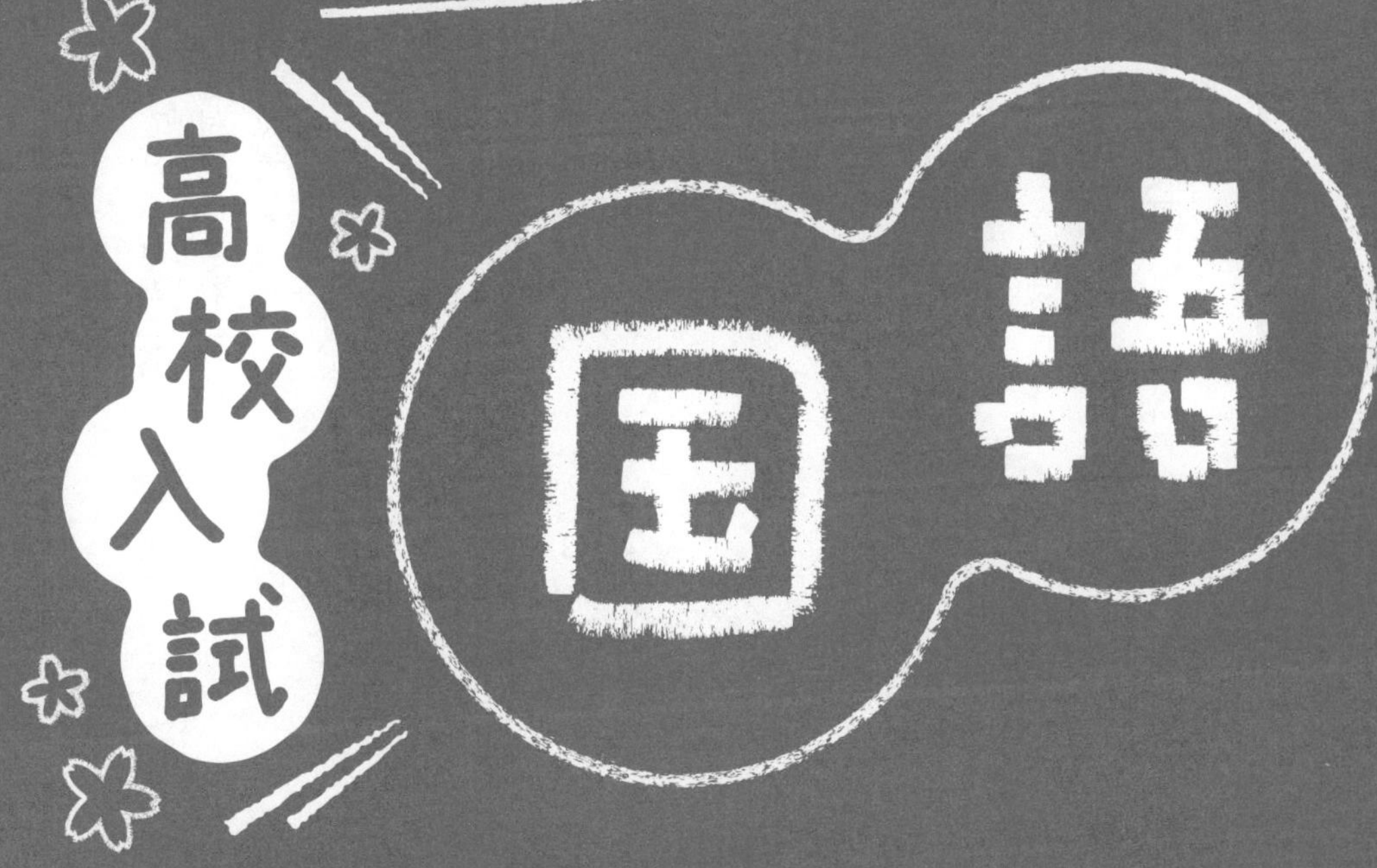

解答と解説

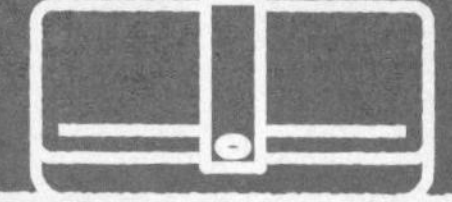

BUNRI

1 漢字の知識を押さえる！ 8〜9ページ

1
①イ
②エ
③ウ
④ア

2
①ウ　②カ
③キ　④オ
⑤ク　⑥ア

3
①三　②五
③二　④四

4
①十　②十二
③六　④十一

5
①イ
②エ

---

1 ①「氵」が意味、「可」が音を表す「形声（けいせい）」です。③「口」と「鳥」という漢字を組み合わせて、「鳴く」という新しい意味を表した漢字です。④基準となる線「一」の上に印を付けて、それより上であることを表した漢字です。

2 部首は、それぞれ①「⺗」、②「糹」、③「⻌」、④「阝」、⑤「⺳」、⑥「耳」です。

> **解き方のコツ**
> 漢字が上下・左右など二つの部分に分かれるか確かめます。⑥「聞」のように、「門」と「耳」のどちらが部首かわかりにくいものもあるので、注意しましょう。

3 ①「布」の部分の横画と左払い（ひだりはらい）は、短い左払いを先に書きます。

4 ①「廴」、②「阝」、③「及」、④「弓」の部分は、それぞれ三画で書きます。

5 楷書（かいしょ）で書くと、①ア「組」、イ「粗」、ウ「粗」、エ「祖」、②ア「新」、イ「折」、ウ「析」、エ「祈」となります。

2 同じ読み方の漢字を使い分ける！ 10〜11ページ

1
①イ
②ウ
③ア

2
①イ
②ア
③ウ

3
①エ
②エ
③ウ
④イ

---

1 ①それぞれ「危険」、ア「検討」、イ「冒険（ぼうけん）」、ウ「真剣」、エ「経験」と書きます。②それぞれ「観察」、ア「習慣」、イ「簡単」、ウ「観光」、エ「完成」と書きます。③それぞれ「軽視」、ア「軽快」、イ「警戒」、ウ「直径」、エ「模型」と書きます。

2 ①「実現するよう努める」という意味のときは、「図る」を使います。②「所定の成果をあげる」という意味のときは、「収める」を使います。③「座る」という意味のときは、「掛ける」を使います。

3 ①「二つのものの違いが明らかなこと」という意味のときは、「対照」を使います。②「既成」は、「既に成立していること」という意味です。③「開放」は「自由に出入りできるようにすること」、「解放」は「束縛を解いて自由にすること」という意味です。④「興味」という意味のときは、「関心」と書きます。

3 よく出る漢字を覚える！ 12〜13ページ

1
①こうけん
②けいだい
③ふんいき
④ひんぱん
⑤いちじる
⑥ひそ

---

1 ②「境」には「キョウ」、「内」には「ナイ」という音もあります。③「ふいんき」と読まないように注意しましょう。⑤「著」には「いちじる(しい)」の他に「あらわ(す)」という訓もあります。⑥「潜」には「ひそ(む)」の他に「もぐ(る)」と

⑦さえぎ　⑧かたよ

2

①操縦　②奮起

③簡潔　④散策

⑤群　⑥手編

⑦浴　⑧営

⑨勢　⑩拝

いう訓もあります。

2 ②「奮」と形の似ている漢字に「奪」があるので、気をつけましょう。⑤「群」は「郡」、⑦「浴」は「溶」と書き間違えないようにしましょう。⑧「営む」は、送り仮名にも注意しましょう。⑩「拝」の右側の部分の横画は四本です。

3

①オ　②ア

4

①体　②手

③関　④不

⑤必然　⑥縮小

⑦複雑　⑧現実

3 ②「完全無欠」は、「完全」も「無欠」も「足りないところがないこと」という意味の熟語です。

4 ③「感(心)」と書かないように注意しましょう。⑤「必然」は、「必ずそうなること」という意味です。⑥「拡」と「縮」、「大」と「小」がそれぞれ対立しています。

4 熟語の知識を押さえる！

14～15ページ

1

①イ

②ア

③エ

④ウ

⑤エ

2

エ

1 ①「大陸」は、上の字が下の字を修飾する構成です。②「売買」は、「売る」「買う」という反対の意味の漢字を組み合わせた熟語です。③「身体」は、似た意味の漢字を組み合わせた熟語です。④「市立」は、上の字が主語で下の字が述語の関係です。⑤「読書」は、「書を読む」というように、下の字が上の字の目的や対象を示す熟語です。

解き方のコツ

熟語を構成する一字一字の漢字の意味を考えます。④「市立」は、「市が立てる」というように、助詞を補ったり訓読みにしたりします。

2 「高齢者」は、二字＋一字に分けられます。

5 語句の知識を押さえる！

16～17ページ

1

①舌　②鼻　③頭

2

①イ　②エ

3

①エ　②ア　③ウ　④イ

4

①ウ　②エ

③イ

1 ①「舌を巻く」は「感心する」、②「鼻が高い」は「得意な気持ちである」、③「頭が下がる」は「心から感心する」という意味です。

2 ①「ぬかに釘」は「手応えがないこと」、②「他山の石」は「他人のよくない言行でも自分の人格を磨くのに役立つこと」という意味です。

3 ①「一日三秋」ともいいます。②「五里霧」(五里四方に立ち込める霧)の中にいるくらい見通しが悪いことからできた四字熟語です。④「東風」(＝春風)が耳元に吹いてきても、馬は何の感動もしないことからできた四字熟語です。

4 「体育館にコーチの声が響く。」という場合は、アの意味です。

1 漢字の読み 次の――線の漢字の読みを、平仮名で書きなさい。 3点×5(15点)

① 話の輪郭をつかむ。〈愛媛〉 (りんかく)
② 言葉に抑揚をつける。〈三重〉 (よくよう)
③ 頂上から遠くを眺める。〈岐阜〉 (なが)
④ 命の大切さを諭す。〈埼玉〉 (さと)
⑤ 幼い頃を顧みる。〈宮城〉 (かえり)

2 よく出る 漢字の書き 次の――線の片仮名を、漢字で書きなさい。 4点×5(20点)

① ヤクソクどおり、友人を訪ねる。〈静岡改〉 (約束)
② ボウエキが盛んになる。〈島根〉 (貿易)
③ 情報技術がイチジルしく進歩する。〈東京〉 (著)
④ 夕日がほおを赤くソめる。〈福井〉 (染)
⑤ 庭の畑をタガヤす。〈北海道〉 (耕)

3 書写・部首 次の行書で書かれた部首を含む漢字を、下から一つ選び、記号で答えなさい。〈栃木〉(8点)

礻 ア 稲 イ 旅 ウ 福 エ 極 (ウ)

4 書写・筆順 次の行書で書かれた漢字のうち、楷書で書いたときと筆順が変化しているものを一つ選び、記号で答えなさい。〈千葉〉(5点)

ア 光 イ 球 ウ 花 エ 染 (ウ)

5 よく出る 書写・画数 楷書で書いたとき、次の漢字と同じ総画数になるものを、それぞれ後から一つずつ選び、記号で答えなさい。 5点×2(10点)

① 登〈福岡〉 ア 税 イ 郵 ウ 路 エ 救 (ア)
② 割〈徳島〉 ア 紙 イ 閉 ウ 済 エ 照 (イ)

1 ②「揚」を「ジョウ」と読まないようにしましょう。⑤「顧みる」は、「振り返る」という意味です。同訓異字に「省みる」がありますが、「反省する」という意味なので、区別しておきましょう。

2 ②「易」を「昜」と書かないようにしましょう。③形の似ている「署」と区別しましょう。⑤「耕す」は、送り仮名にも注意しましょう。

3 問題は、しめすへん(または、ころもへん)を行書で書いたものです。アはのぎへん、イはほうへん、ウはしめすへん、エはきへんの漢字です。

4 ウ「花」のくさかんむりは、楷書で書くときは「一 十 艹」の順ですが、行書で書くときは「丷 䒑」の順になります。
行書で書くと筆順が変化する部首には、他にいとへんがあります。楷書では「幺 糸 糹」と書きますが、行書では「糹 糹 糹」と書きます。

解き方のコツ
行書の問題を解くためには、行書の部首の形を覚えておくことが大切です。
・てへん…扌
・さんずい…氵
・いとへん…糹
・しめすへん…礻
・ころもへん…衤
・くさかんむり…艹
・もんがまえ…门

6
①謝礼を「受け取らなかった」のですから、「固く辞退すること」という意味のエ「固辞」が正解です。
②「公私」は、「公的なことと私的なこと」という意味です。

7
①「黙読」は、上の字が下の字を修飾する構成です。アは上の字が主語で下の字が述語の関係、イは下の字が上の字の目的や対象を示す熟語、エは似た意味の漢字を組み合わせた熟語です。
②「把握」は、似た意味の漢字を組み合わせた熟語です。
③「注意」は、下の字が上の字の目的や対象を示す熟語です。

6 同音異義語　次の――線の片仮名を漢字に直したものを、それぞれ後から一つずつ選び、記号で答えなさい。〈青森〉 5点×2（10点）

① 彼は、謝礼をコジし、受け取らなかった。
ア 故事　イ 誇示　ウ 固持　エ 固辞　（エ）

② 二人は、コウシにわたって、親しい間柄だ。
ア 公私　イ 公使　ウ 行使　エ 講師　（ア）

7 よく出る　熟語の構成　次の熟語と同じ構成のものを、それぞれ後から一つずつ選び、記号で答えなさい。 5点×3（15点）

① 黙読
ア 人造　イ 決心　ウ 博愛　エ 永遠　（ウ）〈富山〉

② 把握
ア 思考　イ 強弱　ウ 机上　エ 着席　（ア）〈山口改〉

③ 注意
ア 温暖　イ 洗顔　ウ 熱心　エ 出納　（イ）〈京都改〉

8 慣用句　次の――線の慣用句のうち、使い方が適切なものを一つ選び、記号で答えなさい。〈福島〉（5点）

ア 彼女とは馬が合うので、つい話し込んでしまう。
イ 発表会の準備を二の足を踏むように着実に進める。
ウ 新人俳優は不慣れなので、演技が板につく。
エ ラジオから偶然流れてきた懐かしい曲に耳を貸す。
オ すぐに反論はしないで、周りの様子を見てひとまず息をのむ。
（ア）

9 四字熟語・ことわざ　次の文章を読んで、後の問いに答えなさい。〈岡山〉 6点×2（12点）

私は早朝に自主練習をすることを決めた。早起きの習慣が身につき、技術も向上するので一□二□だ。

① 一□二□が適切な四字熟語になるよう、□に当てはまる漢字を書きなさい。
一（石）二（鳥）

② 一□二□に対して、「二つのものを同時に手に入れようとして、結局どちらも得られないこと」という意味をもつことわざを次から一つ選び、記号で答えなさい。
ア 果報は寝て待て
イ えびで鯛を釣る
ウ 逃がした魚は大きい
エ 虻蜂取らず
（エ）

こまったときのヒント
④ 部首の筆順が変化しています。
⑦ ③「注意」は、「注ぐ←意を」という構成です。
⑨ ①「自主練習」という一つの行為で、二つの利益を得ています。

8
イ「二の足を踏む」は「気が進まずためらう」という意味なので不適切。ウ「板につく」は「仕事などが似合ったものになる」という意味なので不適切。エ「耳を貸す」は「人の話を聞く」という意味なので、音楽の場合に用いるのは不適切。オ「息をのむ」は「はっと驚く」という意味なので不適切。

5
①「登」は十二画、ア「税」は十二画、イ「郵」は十一画、ウ「路」は十三画、エ「救」は十一画。
②「割」は十二画、ア「紙」は十画、イ「開」は十二画、ウ「済」は十一画、エ「照」は十三画。

9
①一つの行為で二つの利益を得ることを表す四字熟語は、「一石二鳥」です。似た意味の四字熟語に「一挙両得」があります。
②エ「虻蜂取らず」は、虻と蜂を一度に退治しようとして、どちらにも逃げられるという意味です。欲を出しすぎることを戒めたことわざです。

7 場面・登場人物を読み取る！

24〜25ページ

1 いつ…放課後
どこで…保健室

2 先輩

3 志摩ちゃん・雑誌に載った

1 一文目に「放課後、私は保健室に行ってみた」とあります。

2 「私」に気づいた「志摩ちゃん」が、「先輩！」と言っています。

3 「私」の問いかけに答えた先生の言葉に注目します。先生は、「志摩さんの書いた文が、雑誌に載ったのよー」と言っています。「志摩さん」では字数に合わないので、「志摩ちゃん」を抜き出します。

8 心情を読み取る！

26〜27ページ

1 頭に焼き付け

2 例励ましたい
〈例なぐさめたい〉

3 エ

1 ——線①の後の部分に、「〜と思った」という心情を表す言葉があることに注目します。

2 保生は、「おれ」の父は帰ってくるから大丈夫だと、「おれ」を励ましたいのです。

3 「一緒に歩いてくれていることが心強かった」「頼りがいのある、……大人のように思えた」という部分に、「おれ」の孝俊と保生に対する気持ちが表れています。

9 まとめのテスト1

28〜29ページ

ざくっと文章の要点

「私」と「陽子ちゃん」は、パン屋の主人の丁寧なパン作りに圧倒された。

1 「つるつるした感想」は、「ありきたりでさしさわりのない感想」という意味です。「私」が戸惑ったのは、他の参加者たちとは異なる感想を抱いていたからです。

次の文章を読んで、問題に答えなさい。

〔「私」は、いつもパンを買っている近所のパン屋で開かれたパン教室に参加し、初めてパンを焼いた。〕

楽しかったです、おいしかったです、お店のパンが自分でも焼けるなんて感動しました——①参加者たちが順々につるつるした感想を述べていき、いよいよ私は戸惑った。楽しいというなら、のんびり映画でも観ているほうが楽しい。おいしかったけれど、窯から出したばかりで、しかも贔屓目が入って三割増にはなっている。だいたい、手取り足取り教えられてなんとか焼き上がったのだ。余裕のある感想などまるで出てこなかった。

「私は自分では決して焼かないことにしました。この店でずっと買い続けます」

②凛とした声でそう宣言した人がいた。まったく同じ気持ちだったから、私はうつむいていた目を上げて発言者の顔を見た。髪の長い、可愛い女の子だ。それが陽子ちゃんだった。

帰り道で一緒になった。

「びっくりしたなあ。いくら挽きたてがおいしいからって毎朝その日の分だけ小麦を製粉するなんて」

前を向いたまま陽子ちゃんがいった。私は隣で小さくうなずいた。

「それをぜんぶ手で漉すんだもの。篩にかけて、混じってるかどうかもわからない外皮をくまなく探す」

毎日そこから始める人がいるのだ。私たちは言葉少なに商店街の中を歩いた。

上等だと思っていた世の中を、実はなめていたのかもしれない。適当にやっていれば、適当にやっていける。社会人生活十年目にしてそんなふうに思いかけていたところだった。適当にやってちゃ、あのパンは焼けない。いつどんなときに食べてもしみじみとおいしいものが、適当につくられるわけがなかった。

世の中にはいろんなすごい人がいて、ぱっと思いつくアイデアのすごい人もいれば、地道な作業を淡々とこなすパン屋の主人みたいな人もいる。あたりまえといえばあたりまえなのに、ぱっとするほうに目を奪われて、パン屋の主人に気づかない。少なくとも私はパン教室に参加しなければずっと見過ごしたままだっただろう。

「今日は参加できてよかったよ」

陽子ちゃんが放心したようにつぶやいた。

語句のチェック

贔屓目▼ひいきをする立場からの、好意的な見方。

凛とした▼声がよく響く様子。

目を奪われる▼夢中になって見る。

放心▼他のことに心を奪われて、ぼんやりする様子。

「すごい人に会うと敬虔[1]な気持ちになるね」

私たちはふたたびうなずきあった。③

（宮下奈都「転がる小石」による）

＊1 敬虔…かしこまって、深くうやまう様子。

1 心情　参加者たちが順々につるつるした感想を述べていき、いよいよ私は戸惑った① とありますが、このときの「私」はどのような気持ちでいたと考えられますか。次から一つ選び、記号で答えなさい。（20点）

ア　参加者たちのその場にそぐわない感想にあきれていた。
イ　参加者たちのつまらない感想にいらだちを感じていた。
ウ　参加者たちのありきたりな感想に違和感を覚えていた。
エ　参加者たちの理路整然とした感想に圧倒されていた。

（ウ）

よく出る **2** 人物像　凜とした声でそう宣言した人がいた。② とありますが、この行動から、「陽子ちゃん」はどのような人物だと考えられますか。次から一つ選び、記号で答えなさい。（20点）

ア　人前で目立つことが嫌いな、おとなしい人。
イ　自分の考えを人に押しつける、わがままな人。
ウ　人から注目されるのが好きな、うぬぼれた人。
エ　自分の意見を人前ではっきりと言える率直な人。

（エ）

よく出る **3** 心情　私たちはふたたびうなずきあった。③ とありますが、このときの「私」はどのような気持ちだったと考えられますか。□A・Bに当てはまる言葉を、Aは文章中から十二字で抜き出し、Bは八字以内で考えて書きなさい。20点×2（40点）

パン屋の主人が［A］様子に心を動かされて、自分がこれまで適当に生きてきたことを［B］気持ち。

A　地道な作業を淡々とこなす
例　B　深く反省する

4 場面　この文章を二つのまとまりに分けるとすると、後半はどこからになりますか。後半の初めの五字を抜き出しなさい。（20点）

帰り道で一

こまったときのヒント
2 他の参加者と異なる意見を述べる「陽子ちゃん」を見て、「私」がどう思ったのかを考えます。
3 B…文章中に「敬虔な気持ちになる」とあります。
4 後半の場面は、前半とは場所が変わっています。

2　「陽子ちゃん」は、他の参加者たちが「つるつるした感想」を述べているのとは対照的に、自分の思ったことをはっきりと言っています。

3　A　直前の「すごい人」とは、パン屋の主人のことです。「私」と「陽子ちゃん」は、パン屋の主人が、「毎朝その日の分だけ小麦を製粉する」様子や製粉した小麦粉を「篩にかけて、……外皮をくまなく探す」様子を見て驚きました。パン屋の主人が「地道な作業を淡々とこなす」様子に心を動かされたのです。

3　B　直前の「敬虔な気持ちになる」という言葉に注目します。「私」は、パン屋の主人のひたむきな姿勢に触れて敬虔な気持ちになり、これまでの自分の生き方を反省する気持ちになっています。

4　文章の途中で、場所が変わっていることに注目します。前半は、パン屋でのパン教室の場面、後半は、パン屋を出て、「私たち」が二人で帰る場面です。

書き方のポイント
必要な言葉▼これまでの自分の生き方を反省する気持ちを表す言葉。
文末▼空欄の後の「気持ち」に自然につながるようにする。
別解　例恥ずかしく思う

10 心情の変化・理由をとらえる！ 30〜31ページ

1 ウ

2 例本心から信じている・例誇らしい〈例自分を誇りたい〉

1 「まさかと笑いそうになった。」「冗談としか思えなかった」（冗談だと思った）→「芳樹を驚かせた」（驚いた）というように、芳樹の心情が変化しています。

2 ――線③の後から、芳樹の気持ちをとらえます。健吾と久喜の言葉を聞いた芳樹は、「自分を誇らしい」と感じました。それは、「親友二人に本心から信じてもらえ」ていることがわかったからです。

11 表現の特徴・主題をとらえる！ 32〜33ページ

1 エ

2 例大野ともう少しいっしょにいられる

3 ウ

1 「少年」は、「なにかを大野に言ってやりたい」と思いましたが、「言葉が浮かばない」のです。このときの心情を、――線①の情景で暗示しているのです。

2 大野を励ましたかったので、「少年」は、遠回りしようと言ったのです。

3 大野を言葉で慰められなかった「少年」ですが、遠回りを提案することで、大野と心を通い合わせることができました。

12 まとめのテスト2 34〜35ページ

ざっくり 文章の要点

マユは、祖母の好きだったかき氷を買ってきて、母と祖母の三人で味わった。マユは、祖母の生の輝きを感じ取る。

次の文章を読んで、問題に答えなさい。〈佐賀改〉

〔マユの祖母は、認知症で家族の記憶をなくしている。マユは、以前に家族でいっしょに食べたかき氷を、祖母のために買ってきた。〕

「おいしいでしょう？」

ママの声が湿っている。二度、三度と、バーバ[*1]はスプーンの上のかき氷を吸い込んだ。①そのたびに、目を閉じてうっとりとした表情を浮かべる。

私は確信する。バーバは今、数年前の夏の日、家族で行ったかき氷店のあの庭に帰っている。ごくり、と喉が鳴って、富士山[*2]の一部が、バーバの体の奥に染み込んでいく。私は窓辺に移動して、カーテンをかきわけ外を見た。富士山が、オレンジ色に光っている。すると、マユ、とママが呼ぶ。

振り向くと、ほら、バーバがマユにも食べさせたいって、と、私を手招いている。驚いたことに、バーバは自分で木のスプーンを持っている。

近づくと、私の口にかき氷を含ませてくれた。同じように、ママの口にもかき氷を含ませてくれる。ママは明らかに、私よりも年下の少女の顔に戻っていた。

「おいしいねぇ」

舌の上のかき氷は、まるで冷たい綿のようだ。さーっと溶けて、消えてなくなる。体のすみずみにまで、爽やかな風が吹き抜ける。

「眠くなってきちゃった」

そのままバーバのそばにいたら、泣いてしまいそうだったのだ。簡易ソファへ移動した。ママの前で泣くなんて、かっこ悪い。

「軽い熱中症かもしれないから、そこで少し休みなさい」

ママが、威厳たっぷりに命令する。バーバとママ、二人の世界を邪魔しないよう、横になってそっとまぶたを閉じる。

再び目を開けた時、部屋の中があまりに静かで、胸がどきゅんと真っ二つに折れそうになった。天井が、虹色に輝いている。もしかして……。私は起き上がって一歩ずつベッドに近づいた。バーバの隣に、目をつぶったママがいる。私は、バーバの鼻先に手のひらを翳した。よかった。バーバは、生きている。

③くちびるの端が光っていたので、私はそこに自分の右手の人差指を当てた。そのまま口に含むと、甘い味がする。でも、さっきのかき氷のシロップの甘さじゃない。もっともっと、複雑に絡み合うような味だ。やっぱり、バーバは今この瞬間も、甘く発酵し続けているのだ。

（小川糸著「バーバのかき氷」〔『あつあつを召し上がれ』所収〕新潮文庫刊 による）

＊1 バーバ…マユの祖母のこと。 ＊2 富士山…かき氷のこと。

語句のチェック

認知症▼脳の老化などによって、知的能力が低下した状態。

威厳▼堂々としていて、厳かなこと。

発酵▼微生物が糖などを分解して、物質の性質が変化すること。味噌やチーズなどの製造に利用される。

1 心情 ①そのたびに、目を閉じてうっとりとした表情を浮かべる。とありますが、このときの祖母の様子を見たマユは、どのような気持ちになりましたか。次から一つ選び、記号で答えなさい。（25点）

ア うれしそうな祖母の様子から、悪化の一途をたどっていた祖母の病状もこれから快復に向かうはずだと思っている。

イ ぼんやりとした祖母の表情から、祖母は過去の思い出の世界にとらわれたまま生きていくのだろうと落胆（らくたん）している。

ウ 記憶を取り戻したような祖母の様子から、退院後にはかつて家族で行ったかき氷店へ皆で行こうと心を決めている。

エ 満ち足りた祖母の表情から、家族そろってかき氷を食べた幸福な場面を祖母が思い出していると固く信じている。

（エ）

2 表現 マユがかき氷の爽やかな舌触りを味わっている様子を、直喩を用いて表現している部分を、文章中から一文で抜き出し、初めの五字を書きなさい。（20点）

舌の上のか

3 よく出る 心情 ②胸がどきゅんと真っ二つに折れそうになった とありますが、このときのマユの気持ちを三十字以内で書きなさい。（30点）

例 祖母が死んでしまったのではないかという不安な気持ち。

4 よく出る 主題 ③そのまま口に含むと、甘い味がする。とありますが、この甘い味からマユはどのようなことを感じ取っていますか。次から一つ選び、記号で答えなさい。（25点）

ア 祖母の失われた記憶は一時的に回復したが、身体の衰えは進んでおり、祖母の死期も間近に迫っているということ。

イ かき氷を食べたことによって、祖母の心に幸せな家族の思い出と家族に対する愛情がよみがえったということ。

ウ 記憶を失い体が衰えている祖母は、今も確かに生きていて、生命の輝きを失っていないのだということ。

エ 人は周囲の人々の支えがあってこそ生きられるように、祖母も身近な家族の愛情によって快復しているということ。

（ウ）

こまったときのヒント

1 「私は確信する。」の後の部分に注目します。

3 ――線②の後のマユの行動と、「よかった。バーバは、生きている。」という部分から考えます。

4 「バーバは……甘く発酵し続けている」に注目します。

1 マユは、うっとりとかき氷を食べるバーバを見て、バーバは、「数年前の夏の日、家族で行ったかき氷店のあの庭に帰っている」と「確信」しています。

2 直喩は、「〜のようだ」などを使って直接たとえる表現技法です。「舌の上のかき氷は、まるで冷たい綿のようだ。」は、かき氷の爽（さわ）やかな舌触りをたとえています。

3 マユは、目を開けた時、「部屋の中があまりに静か」で、「天井が、虹色に輝いている」のを見ました。虹色は、天国を連想させます。この後、マユは、「バーバの鼻先に手のひらを翳（かざ）し」、バーバが息をしているかどうかを確認しています。この行動から、マユの気持ちを考えます。

書き方のポイント

必要な言葉▼「祖母が死んでしまったのではないか」・「不安」（「心配」「恐れ」）などにする。

文末▼「……気持ち。」

別解 例 バーバがなくなってしまったのではないかと恐れる気持ち。

4 マユは、「甘い味」を「かき氷のシロップの甘さ」ではなく、「もっともっと、複雑に絡（から）み合うような味だ」と感じています。そして、バーバが「今この瞬間も、甘く発酵（はっこう）し続けているのだ」と思っています。「発酵」は生命の営みであり、新しいものを生みだす活動です。「発酵」という言葉を使うことで、マユが、バーバは今確かに生きていると感じ取っていることがわかります。

13 随筆を読み取る！ 36〜37ページ

1 梅

2 妙にすましている

3 エ

1 第一段落で桜と梅の対比を述べた後、第二段落以降では梅について書いています。

2 「まだ固い蕾は、……妙にすましているようなところがある。」と表現しています。

3 筆者が伝えたいのは、近くから見たときの梅の美しさです。「感じ入る」「面白い」などの心情を表す言葉に注目します。

14 詩・短歌・俳句の知識を押さえる！ 38〜39ページ

1

1 地平線

2 一回転

3 イ

2

1 A ア・イ（順不同）

B エ

C イ・ウ（順不同）

2 D ひな（の家）・春

E 小春・冬

1

1 隠喩が使われています。

3 鉄棒で一回転して、高い所から景色を見た「僕」の気持ちを考えます。

2

1 A「光のごとき」が直喩、B「ふれたり」と「わが耳たぶに」が倒置、C「わんと」が擬態語です。

2 Dの「ひな」は、ひな人形のこと、Eの「小春」は、冬の初めの、春のように暖かい天気のことです。

15 まとめのテスト3 40〜41ページ

ざくっと 文章の要点

1 宇宙飛行士として宇宙に行った筆者は、地球が生きていることを感じた。

語句のチェック

たそがるる▼夕方になる。「たそがれる」。

十方▼あらゆる方向。

したたる▼美しさやみずみずしさがあふれるほど満ちている。

1 次の文章を読んで、問題に答えなさい。〈青森改〉

宇宙船のハッチ[*1]を開けて、初めて宇宙空間へ泳ぎ出た瞬間。僕を包んだのはそれまで感じたことのない静けさでした。

宇宙には空気がありません。空気がなければ、音もしません。音は空気の振動で伝わるものだからです。①そういうことは知識として知っているけれど、実際に宇宙に行き、本物の無音を経験してみると、想像以上の驚きが走りました。

「ここは命が存在しない場所だ」。そんなふうに、僕の体は感じました。本能が危険を察知し、シグナル[*2]を発しているのがわかります。宇宙服を着ているから大丈夫だとはわかっていても、本能は反応するんです。

「音がない」ということ、ただそれだけのことが、これほど鮮やかに感じられるとは！ 予測したり想像したりすることと、体感することとの間には、じつに大きな開きがあるものなのだと思い知らされました。

②知っているつもりでいたけれど、本当には知らないこと。世の中にはそういうことが山ほどあります。

僕は宇宙飛行士として長い間訓練を積んできました。宇宙で撮影された地球の写真も、もちろん何枚も見てきました。ですから地球が美しいということは、写真を通してよく知っていたはずでした。けれども宇宙に出て気がつきました。僕は知っている「つもり」だったのだと。

広い宇宙にぽつんと浮かんでいる、宇宙服を着た僕。その僕に向き合うように、地球はありました。

大きくて、丸い地球。ゆっくりと回転し、青く、白く、輝いている。ここに生命があるんだ！と主張しているような、力強さ。命の気配がしない宇宙空間のなかで、地球だけが大きく光り輝き、生きているよと訴えているのです。

（野口聡一「15歳の寺子屋 宇宙少年」による）

*1 ハッチ…航空機などの出入り口。
*2 シグナル…信号。合図。

1 指示語 ①そういうこと は、どのようなことを指していますか。□に当てはまる言葉を、十五字以内で書きなさい。（20点）

●音は空気の振動で伝わるので、□こと。

例 空気のない宇宙では音がしない

2 内容理解 ②知っているつもりでいたけれど、本当には知らないこと。とは、どういうことですか。□に当てはまる言葉を、文章中から十字で抜き出しなさい。（20点）

1 指示語の指示内容は、まず直前の部分から探します。「宇宙には空気がありません。……伝わるものだからです。」に注目します。

2 ――線②は、宇宙は無音だということと、地球が美しいということの二つを指します。宇宙は無音だという体験を述べた第二段落に、「知識として知っているけれど」、経験してみて驚いたとあります。

3 筆者が実感したのは、「地球が美しい」ということと、そこに「生命がある」ということです。命の気配がしない宇宙空間で地球だけが「生きているよ」と訴えていると筆者には感じられたのです。

物事について、［　　　］だけで、わかったつもりでいても、実際に経験しなければ、本当のことはわからないこと。

知識として知っている

よく出る **3** **主題** 宇宙に出た筆者は、どのようなことに気がつきましたか。次から一つ選び、記号で答えなさい。（20点）

ア 宇宙で撮影された地球の写真の美しさは、予想どおり本物だったこと。

イ 宇宙では、危険を察知する本能が働き、感情的になること。

ウ 地球に比べると、人間の想像や経験は価値がないこと。

エ 宇宙空間のなかで、地球だけが生命を主張し、輝いていること。

（エ）

2 **次の短歌のうち、人間を詠み込んだ歌はどれとどれですか。後から一つ選び、記号で答えなさい。**〈岩手改〉（20点）

A 森深く鳥鳴きやみてたそがるる木の間の水のほの明かりかも　島木赤彦

B 枯れ野踏みて帰り来たれる子を抱き何かわからぬものも抱きよす　今井恵子

C 開け放つ虫かごよりぞ十方にいきもののがれしたたるみどり　玉井清弘

D さくらさくあつき谷まに雨降りてしづかにのぼれわたくしのこゑ　大谷雅彦

〈「鑑賞　日本の名歌」による〉

ア AとC　イ AとD　ウ BとC　エ BとD

（エ）

よく出る **3** **次の俳句の説明として適切なものを、後から一つ選び、記号で答えなさい。**〈神奈川〉（20点）

胡桃割るこきんと故郷鍵あいて　林翔

ア 故郷への思いをあえて捨て去ろうとする強い決意が、「胡桃」「こきん」「故郷」「鍵」という固い語感のあるカ行の音を多用することによって印象的に描かれている。

イ 胡桃が割れてしまった音とともに作者の心の中の大切な思い出が壊れてしまったことが、「故郷」というなつかしい響きのある語によって感傷的に描かれている。

ウ 胡桃の固い殻が割れたことをきっかけに、心の中にしまわれていた故郷への思いが湧き上がってくる様子が、「こきん」という音によって効果的に描かれている。

エ 胡桃の固い殻が割れたときに、忘れてしまいたい故郷の記憶が呼び起こされた様子が、鍵を開ける音のもつ印象と重ねることによって象徴的に描かれている。

（ウ）

こまったときのヒント

❶ 3 宇宙に出て気づいたことは後半に書かれています。

❷ 人間を表す言葉に注目します。

❸ "故郷の鍵があく"から、故郷への思いが閉じられていたことがわかります。

2 Bの短歌の「枯れ野踏みて帰り来たれる子を抱き」、Dの短歌の「しづかにのぼれわたくしのこゑ」の部分に、人間が詠み込まれています。

Aの短歌には深い森の中で鳥が鳴きやんだ後の情景、Cの短歌には虫かごから放たれた虫があちらこちらに飛び去っていく情景が詠まれています。

3 胡桃を割って、「こきん」という音がしたとき、故郷への鍵もあいたことが詠まれています。胡桃が割れたことがきっかけとなり、心の中にしまわれていた故郷への思いが湧き上がってきたのです。子供の頃に胡桃を割って食べたことを思い出しているのかもしれません。故郷を否定するような思いは表現されていないので、ア・イ・エは不適切。

書き方のポイント

必要な言葉▼「宇宙には空気がない」「宇宙では音がしない」という二点をまとめる。

文末▼空欄の後の「こと。」につながるようにする。

16 指示語を読み取る！

46～47ページ

1 いきなり本題から入るというやり方

2 イ

3 例本題に入る前に挨拶を長々と行う

1 直前から、「コミュニケーションの一つの技」に相当するものを探します。

2 直前の「相手の関心が……望んでいない場合」を指しています。イ以外は全て相手が「人格的な交流」も望んでいる場合なので、不適切です。

3 直前の一文を指しています。「礼儀」に当たるものとして「挨拶」を挙げています。

17 接続語を読み取る！

48～49ページ

1 イ

2 A ア

B イ

1 「しかし」の前では、インターネットによる検索の利点を、後では、それだけではできないことを述べています。つまり、反対の内容になっています。

2 Aの後では、「一連の知的活動の過程」の中から発見されたことの例が書かれています。Bは直前の文を理由として、後で「過程を大事にするという態度が大事」だという意見を述べています。

18 まとめのテスト1

50～51ページ

ざくっと文章の要点

日本タンポポは自然が豊かなところで有利さを発揮する。日本タンポポが少なくなっているのは、日本の自然が減っているからだ。

1

直前の一文を指しています。「これ」に当てはまるように、「……こと。」という形でまとめましょう。

次の文章を読んで、問題に答えなさい。

タンポポを指標[*1]とした「タンポポ調査」と呼ばれるものが、よく行われている。西洋タンポポは都市化したところに多く分布する。①これに対して、日本タンポポは、自然の残った田園地帯や郊外によく見られる。そのため、西洋タンポポと日本タンポポの分布を見ると、環境が都市化しているかどうかがわかるのである。

じつは、②日本タンポポは自然が豊かで、他の植物が生えているところでは有利さを発揮する。たとえば、日本タンポポは西洋タンポポよりも種子が大きい。確かに遠くまで飛ばすという点では大きくて重い種子は不利である。 A 、大きくて重い種子からは、大きな芽を出すことができる。これは他の植物の芽生えと競って伸びるためには、必要なことだ。さらに、他の花の花粉と交配することで、バラエティに富んださまざまな子孫を残すことができる。多様な子孫を残すということも、多様な環境があり、さまざまな病害虫に対処しなければならない自然の中で生き残るには大切なことである。

B 、重要な戦略は「春にしか咲かない」ということである。日本タンポポは春に咲いて、さっさと種子を飛ばすと、根だけ残して地面から上は自ら枯れてしまう。これは、冬眠の逆で夏に地面の下で眠っているので、「夏眠」と呼ばれている。

夏が近づくと、他の植物が枝葉を伸ばし、生い茂る。そんなところで、小さなタンポポが頑張っても、光は当たらず生きていくことができない。③そこで、強い植物との無駄な争いを避けて、地面の下でやり過ごすのである。

ライバルが多い夏にナンバー1になることは難しいから、ライバルたちが芽を出す前に、花を咲かせて種を残すという戦略なのである。

一方、西洋タンポポは日本の四季を知らないから、他の植物が生い茂る夏の間も、葉を広げ花を咲かせようとする。そのため、西洋タンポポは枯れてしまい、生きていくことができないのだ。同じように枯れているように見えても、自ら葉を枯らして眠っている日本タンポポはまったくダメージがない。一年中咲いている西洋タンポポに比べて、春しか咲かない日本タンポポは劣っているようにも思えるが、じつは戦略的だったのだ。

④このように、西洋タンポポは他の植物が生えるような場所には生えることができない。だから、その代わりに他の植物が生えないような都会の道ばたで花を咲かせて、分布を広げているのであ

語句のチェック

バラエティ▼多様性。

戦略▼戦いに勝つための長期的、総合的な計略。

ダメージ▼痛手。損害。

現象▼目に見えるような、何かの形をとって現れた物事。

2

——線②の直後に「たとえば」とあるので、この後に日本タンポポが有利な点が述べられているとわかります。また、「さらに」とあるので、この前後で二つの事柄が述べられているとわかります。

書き方のポイント

必要な言葉▼「大きな芽を出せる」・「さまざまな子孫が残せる」

文末▼「……点。」などにする。

る。西洋タンポポが広がり、日本タンポポが少なくなっているという現象は、単に他の植物が生えるような元々の日本の自然が減っているからだったのである。

（稲垣栄洋（いながきひでひろ）「植物はなぜ動かないのか」による）

＊1 指標…物事を推測したり判断したりする基準となるもの。

よく出る **1** 指示語 ——線①「これ」は何を指していますか。（　）に当てはまる言葉を書きなさい。（15点）

西洋タンポポが

（例）都市化したところに多く分布すること。）

2 内容理解 ——線②「日本タンポポは……有利さを発揮する」とありますが、日本タンポポはどんな点が有利なのですか。（　）に当てはまる言葉を書き、二つにまとめなさい。 15点×2（30点）

・他の植物の芽生えと競って伸びるために、

（例）大きくて重い種子から、大きな芽を出すことができる点。）

・さまざまな病害虫のいる多様な自然の中で生き残るために、

（例）他の花の花粉と交配して、バラエティに富んださまざまな子孫を残すことができる点。）

よく出る **3** 接続語 □A・Bに当てはまる接続語を、次から一つずつ選び、記号で答えなさい。 10点×2（20点）

ア しかし　イ なぜなら　ウ そして　エ さて

A（ア）　B（ウ）

4 接続語 ——線③「そこで」は、どのような働きをしていますか。次から一つ選び、記号で答えなさい。（15点）

ア 前の内容に対して、後で順当な結果を述べている。
イ 前の内容に対して、後で逆の内容を述べている。
ウ 前の内容を、後でまとめている。
エ 前の内容に、後で付け加えている。

（ア）

5 指示語 ——線④「このように」は、どのような内容を指していますか。次から一つ選び、記号で答えなさい。（20点）

ア 夏になると、自ら葉を枯らして眠ること。
イ 春しか咲かない日本タンポポに戦略的に対抗すること。
ウ ライバルが多い夏に、あえてナンバー1になろうとすること。
エ 夏の間も葉を広げ花を咲かせようとして、枯れてしまうこと。

（エ）

こまったときのヒント

2 直後の「たとえば」の後から探します。「さらに」の後に、二つ目の利点が書かれているとわかります。

5 直後に「西洋タンポポは……」とあるので、西洋タンポポについて書かれた内容を前の部分からとらえましょう。

4

「そこで」の前後の内容を押さえます。

・前…光が当たらず生きていけない。

・後…地面の下でやり過ごす。

「生きていけないからやり過ごす」という順接の関係になっています。

5

——線④は段落の最初にあるので、前の段落からとらえます。西洋タンポポが「他の植物が生えるような場所には生えることができない」理由を指しています。

3

A 空欄（くうらん）の直前には、「大きくて重い種子は不利である」、直後には「大きな芽を出すことができる」とあり、反対の内容になっています。よって、逆接の接続語の「しかし」が当てはまります。

B 空欄の前の段落では、日本タンポポが自然の豊かなところでは有利さを発揮することが述べられています。空欄の後では、日本タンポポには自分たちが有利になるための「戦略」があることが述べられています。前の内容に付け加えているので、並列（へいれつ）・累加（るいか）の接続語の「そして」が当てはまります。

19 対比・言い換えをとらえる！

52～53ページ

1 均一に流れゆく直線的な時間

2 暮らしとともに等身大で存在している

1 「ゆらぎゆく時間」が流れているのは「村」で、これと対比されているのは「都市」の時間です。直前に「均一に流れゆく直線的な時間が都市を支配している」とあります。

2 ――線②は、「村の時間」が「村人」とどのような関係で存在しているかを述べた部分です。「営み」に当たるのが、最後の一文の「暮らし」です。

20 意見と根拠をとらえる！

54～55ページ

1 ある単語を

2 例 それぞれの単語の境界はその領域に属する他の単語との関係によって決まるということ（の例）。

3 似ている単 ～ を知ること

1 直後の文の文末が「……からである」となっており、根拠を述べています。

2 ②段落は「例えば」で始まっているので、前の段落の具体例だとわかります。キーワードを押さえて、「……こと。」という形でまとめましょう。

3 設問にも注意しましょう。「単語同士の関係を学び、システムをつくっていく」ときに、「とくに大事」なことです。

21 まとめのテスト2

56～57ページ

ざっくと 文章の要点

今の自分に納得がいかないときは、自分を否定するのではなく、自分に向上心があるからだと肯定的に受け止めよう。

次の文章を読んで、問題に答えなさい。　〈島根改〉

理想自己の形成には、青年期になると抽象的思考ができるようになることが関係している。そのため、具体的な行動と結びついた理想自己だけでなく、①抽象的な価値観と結びついた理想自己ももつようになる。

たとえば、「日曜日は野球をして遊びたい」「サッカーがもっと上手になりたい」「テストでもっと良い成績が取れるようになりたい」というような②具体的な目標をもつだけでなく、「もっと自分に自信がもてるようになりたい」「こんな退屈な日々から脱出したい」「自分が生きてるっていう実感がほしい」などといった抽象的な目標を意識するようになる。

具体的な目標と違って、このような抽象的な目標③になると、その達成のためにどうしたらよいのかがわからない。

日曜日に野球をして遊びたいというのであれば、ふだん野球を一緒にしている仲間に声をかければいい。サッカーがもっと上手になりたいのなら、時間をつくって練習に励めばいい。いきなり上手になるわけではないけれど、練習をすればするほど少しずつでも上達していくはずだ。テストでもっと良い成績を取りたいなら、試験勉強をしっかりやればよい。すぐに報われるとは限らないが、地道に勉強することができれば、着実に成績は向上していくだろう。このように、具体的目標の場合は、そのために頑張るべき方向性は明確だ。

抽象的な目標の場合はどうだろう。もっと自分に自信がもてるようになるためには、いったいどうすべきなのか。退屈な日々から脱するために、できることって何だろう。生きているっていう実感を得るために、果たして何をすべきなのか。いくら考えても、なかなか答えは見つからない。

今の自分にどこか納得がいかない。でも、どうすればよいのかがわからない。ここに産みの苦しみがある。第二の誕生[*1]という課題を前にして、④どんな自分になったら納得できるのかが見えてこない。そこで、ますます自分が気になってくる。

そんな不全感[*2]を抱えた状態は、けっして気分の良いものではない。方向性を見つけて、こんな苦しい状態から何とか脱したい、早くスッキリしたいと思うかもしれない。でも、⑤今の自分に納得がいかないからといって、自分を否定する必要はない。自己の二重性を思い出してみよう。「見られている自分」に対して納得のいかない「見ている自分」がいるわけだ。その「見ている

1 「そのため」の直前の一文が根拠です。「……から。」などという形でまとめましょう。

語句のチェック

抽象的▼いくつかの物事に共通する性質を引き出して、一般化する様子。対義語 具体的

報われる▼努力などに見合った成果が得られる。

向上心▼より優れた状態を目ざす心。

自分」は、適当に流されている自分にも不満をもたなかった以前の自分と比べて、はるかに向上心に満ちた自分と言えるだろう。そんな自分は、けっして否定すべきものではない。むしろ肯定し、応援すべきなのではないだろうか。 5

（榎本博明「〈自分らしさ〉って何だろう？」による）

＊1 第二の誕生という課題…「自分とは何か」について自分なりの考えを見出すという課題。

＊2 不全感を抱えた状態…今の自分に納得がいかないが、どんな自分になれば納得がいくのかもわからない状態。

1 内容理解 ①抽象的な価値観と結びついた理想自己ももつようになる とありますが、それはなぜですか。書きなさい。（20点）

（例 青年期になると抽象的思考ができるようになるから。）

2 内容理解 ②具体的な目標 に当てはまらないものを次から一つ選び、記号で答えなさい。（15点）

ア 第一志望の高校に合格したい。
イ 生徒会長になりたい。
ウ 充実した毎日を送りたい。
エ テニスの試合で勝ちたい。

（ウ）

3 よく出る 対比 ③抽象的な目標になると、……わからない とありますが、これとは対照的な内容を表す部分を、文章中から三十字以内で抜き出し、初めと終わりの三字を書きなさい。（20点）

具体的 〜 明確だ

4 言い換え ④どんな自分になったら納得できるのか とありますが、〝納得できる自分〟を一語で表している言葉を、文章中から抜き出しなさい。（20点）

（理想自己）

5 よく出る 意見 ⑤今の自分に納得がいかないからといって、自分を否定する必要はない とありますが、それでは、筆者はどうすればよいと言っていますか。三十字以上四十字以内で書きなさい。（25点）

（句読点も一字として数えます。）

例 今の自分は以前の自分に比べて向上心に満ちた自分であるととらえ、肯定すればよい。

こまったときのヒント

3 「抽象的な目標」と比べられているのは、「具体的な目標」です。

5 筆者が最も述べたいことは、文章の最後に書かれています。文末表現にも注目しましょう。

2 「具体的な目標」に「当てはまらない」＝「抽象的な目標」です。――線②の直後に述べられている、他の「抽象的な目標」も参考になります。

3 「抽象的な目標」「わからない」というキーワードを押さえ、それと対照的な内容が書かれた部分を探します。

・抽象的な目標になると、その達成のためにどうしたらよいのかがわからない

↕

・具体的目標の場合は、そのために頑張るべき方向性は明確だ

5 ――線⑤を含む段落の最後で、筆者は「自己の二重性」に触れながら意見を述べています。「……ではないだろうか」という文末表現があるので、ここに筆者の意見が書かれていることがわかります。なぜ「肯定」すべきなのかという理由を踏まえてまとめましょう。

書き方のポイント

必要な言葉▼「向上心に満ちた自分」・「肯定」

文末▼「……すればよい。」などにする。

別解 例今の自分は以前に比べて向上心に満ちていると言えるので、肯定し、応援すればよい。

4 「自分」というキーワードに注目して言い換えの表現を探すと、最初の段落に「自己」という言葉が見つかります。〝納得できる自分〟＝「理想自己」です。

22 要点・段落関係をとらえる！

58～59ページ

1 例デフォルト・モード・ネットワークによって、感情や記憶の整理がついたり、創造的になれたりする。

2 ウ

1 3段落の中心文は、「デフォルト・モード・ネットワーク」の利点が述べられた三文目です。そのまま抜き出すのではなく、少し言葉を変えたり文末を整えたりして、まとめましょう。

2 2～4段落の「デフォルト・モード・ネットワーク」の内容を踏まえて、1段落で述べたことの根拠を5段落で述べています。

23 要旨をとらえる！

60～61ページ

1 生命論的世界観

2 3

3 エ

1 筆者は、自然と人間の関係についての考え方を述べています。その考え方を「生命論的世界観」と表現しています。

2 話題になっている「生命論的世界観」について意見を述べているところが結論です。「……重要です」という文末表現も手がかりになります。

3 結論である3段落に書かれている、筆者の考えをとらえます。

24 まとめのテスト3

62～63ページ

ざくっと文章の要点

人間は、コンピューターにはない、新しい考えを生み出す力を身につけなければならない。

1 最後の一文が、5段落の中心文なので、この文中の言葉を使ってまとめます。

次の文章を読んで、問題に答えなさい。

1 人間がコンピューターに勝つためにはどうしたらよいか。

2 その方法は「考える」こと。コンピューターは「記憶する」ことにかけては敵なしだが、「考える」ことを知らない。よく、プロの棋士と碁を打ってコンピューターが勝ったなんていうニュースを耳にする。コンピューターが考えているわけじゃない。知識として大量のデータを記憶しているのである。

3 本当の意味で「考える」ということは、日本人だけでなく、現代を生きる人間にとっても極めて難しい。なぜなら、われわれは「知識」をもっているからだ。

4 知識がある程度まで増えると、自分の頭で考えるまでもなくなる。知識を利用して、問題を処理できるようになる。借り物の知識でなんとか問題を解決してしまう。

5 もちろん知識は必要である。何も知らなければただの無為[*1]で終わってしまう。ただ、知識は多ければ多いほどいいと喜ぶのがいけない。良い知識を適量、しっかり頭の中に入れて、それを基にしながら自分の頭でひとが考えないことを考える力を身につける。

6 ところが、である。ふり廻されないためには、よけいな知識はほどよく忘れなければならない。しかし、この「忘れる」ことが意外に難しい。

7 学校の生徒で、勉強において「忘れてもいい」と言われたことはあるだろうか？　もちろん、今の学校教育ではそんなことは言わない。ともすれば「忘れてはいけない」と教え込む。すくなくとも、「どうしたらうまく忘れるか」などという学校はないはずだ。

8 しかし実は、「覚える」のと同じくらいに、「忘れる」ことが大事で、しかも難しい。この「忘れる」ことによって、人間がコンピューターに勝っているのである。コンピューターは「覚える」のが得意な反面、「忘れる」のはたいへん苦手。人間のように、うまく忘れるということができない。

9 そもそも未知なものに対しては、借り物の知識などでは役に立たないのが当たり前だ。それまでの知識から外れた、わけのわからないモノゴトを処理、解決するには、ありきたりの知識では役に立たない。いったん捨てて、新しい考えをしぼり出す力が必要となる。そういう思考力を身につけられれば、コンピューターがどんなに発達しようと、人間が存在価値を見失うことはないだろう。

〈外山滋比古「知ることと、考えること」による〉

※1 無為…何もしないでぶらぶらする様子。

1　2　3・4

語句のチェック

敵なし▼かなう相手がいない。

極めて▼非常に。この上なく。

ともすれば▼場合によっては。どうかすると。

ありきたり▼ありふれていること。

1 要点 5段落の要点を、「……ことが大事だ。」につながるように、三十字以内で書きなさい。（20点）

例 良い知識を基にして、ひとが考えないことを考える力を身につけることが大事だ。

2 段落の働き 8段落は、この文章の中でどのような働きをしていますか。次から一つ選び、記号で答えなさい。（20点）

ア 6・7段落の内容を受け、本題に戻って論を展開している。
イ 6・7段落の内容とは反対の内容を述べている。
ウ 6・7段落の内容から離れ、新たな話題を提示している。
エ 6・7段落の内容を受け、具体的に説明している。（ア）

3 内容理解 文章全体の内容を踏まえて、1段落の問いに対する答えを、四十字以内で書きなさい。（20点）

例 ありきたりの知識をいったん捨て、新しい考えをしぼり出す思考力を身につければよい。

4 要旨 この文章の要旨として適切なものを、次から一つ選び、記号で答えなさい。（20点）

ア 人間は、大量のデータを記憶できるコンピューターに勝つことはできないので、自分たちの生活を改めるべきだ。
イ コンピューターにはない、未知なものに対する新しい考えを生み出す思考力こそ、人間の存在価値を確かなものにする。
ウ あらゆる知識を利用して問題を処理する能力を高めることで、人間はコンピューターにふり廻されないですむ。
エ 「忘れる」ことは人間にとって難しいが、この技術を磨くことこそ、人間が将来コンピューターに勝つ秘訣である。（イ）

5 段落関係 この文章の構成として適切なものを、次から一つ選び、記号で答えなさい。（20点）

ア （1）—（2・3・4）—（5・6・7）—（8・9）
イ （1・2）—（3・4）—（5・6）—（7・8・9）
ウ （1）—（2・3・4・5）—（6・7・8）—（9）
エ （1・2・3）—（4・5・6）—（7・8）—（9）（ウ）

こまったときのヒント
3 コンピューターにできない「忘れる」という能力を使って、どうすればよいかを考えます。
5 「考える」「忘れる」といったキーワードを手がかりに、まとまりを考えます。

書き方のポイント
必要な言葉▼「良い知識」（「適量の知識」）・「ひとが考えないことを考える力」。
文末▼「……ことが大事だ。」につながるようにする。
別解 例適量の知識を基に、自分の頭で新しいことを考える力を身につける

2 6・7段落では「忘れる」ことについて述べています。8段落ではそれを受けて、1段落で提示した問いの答えにつながる、「忘れる」ことによって、人間はコンピューターに勝っているという考えを述べています。

3 2段落で「その方法は『考える』こと」と一応の答えがありますが、「文章全体の内容を踏まえて」とあるので、全体から読み取ります。3～8段落で「考える」ためには「忘れる」ことが大事だと述べた後、9段落で「新しい考えをしぼり出す力」が必要だとまとめています。

書き方のポイント
必要な言葉▼「ありきたりの知識を捨てる」（「よけいな知識をほどよく忘れる」）・「新しい考えをしぼり出す力（思考力）」
文末▼「……すればよい。」にする。
別解 例よけいな知識はほどよく忘れて、新しい考えをしぼり出す力を身につければよい。

4 結論である9段落の中心文から要旨をとらえます。「そういう思考力を身につけられれば、……人間が存在価値を見失うことはない」に合うのは、イです。

5 この文章は四つに分かれます。
・1段落…話題の提示
・2～5段落…「考える」ことについて
・6～8段落…「忘れる」ことについて
・9段落…結論
1段落で提示した問いについて、2～8段落で考察し、9段落でまとめています。

25 歴史的仮名遣い・古語の意味を押さえる！

68～69ページ

1 ①いわく ②つえ ③たずさえ

2 ①ウ ②イ

1 ①語頭と助詞以外の「は・ひ・ふ・へ・ほ」は「わ・い・う・え・お」に直します。「は」→「わ」です。②「ゑ」を「え」に直します。③「づ」を「ず」に、「へ」を「え」に直します。

2 ②「をかし」は、現代語の「おかしい」とは異なる意味で、「趣がある・風情がある」という意味で使われます。「枕草子」でよく使われている言葉です。

26 主語・古文の文法を押さえる！

70～71ページ

1 エ

2 ①イ ②ウ

1 アは、主語を示す「の」があるので、「ちと仮名をもよむ人」が主語。イ「あそぶ」のは、話している「ちと仮名をもよむ人」。ウ「思うて」の主語は、会話の相手である「ちと仮名をもよむ人」。エの、つれづれ草のあえ物も食べ過ぎると毒だと聞いたのは、「その座にゐたる者」です。

2 ①「べし」は推量、②「り」は完了の助動詞です。

27 まとめのテスト1

72～73ページ

1 次の文章を読んで、問題に答えなさい。

＊1昭乗は能書の聞こえ有りける（達筆という評判）。関東へ下りて将軍家の御前にて物書きけるが、関東は水悪しくて、筆の勢ひ伸びがたき由を①いひければ、「都にてはいかなる水をもて書くにや」と問はせ給ふ時（お尋ねになったとき）、「京の＊2柳の水こそ軽くて宜しき」と申す。将軍怪しと思し召して、密かに都へ人を上せ、柳の水を瓶に入れて取り下らしめ、重ねて昭乗を召し、試みられけるに、筆を把りて硯にさし浸し、いささか（少し）文字を書きけるが、②やがて筆を止め、傍（そばにいる人）に向かひて「これは軽くてよき水なり。京にて用ゐる柳の水に変はらず」と申しけるにぞ、皆人大いに驚きけるとなん（ということだ）。〈「落栗物語」による〉

＊1 昭乗…松花堂昭乗。書家、茶人。　＊2 柳…現在の京都市中京区柳水町に当たる地名。

〈千葉改〉

1 歴史的仮名遣い　用ゐる　を現代仮名遣いに直し、全て平仮名で書きなさい。（10点）

（もちいる）

2 主語　①いひければ　の主語に当たるものを次から一つ選び、記号で答えなさい。（10点）

ア 昭乗　イ 将軍　ウ 傍　エ 皆人

（ア）

3 古語の意味　②やがて　の意味を次から一つ選び、記号で答えなさい。（10点）

ア ずっと　イ ようやく　ウ すぐに　エ しぶしぶ

（ウ）

4 内容理解　この文章で述べようとしている事柄として適切なものを、次から一つ選び、記号で答えなさい。（20点）

ア 昭乗は真の書家で、水のよしあしもわきまえていたこと。
イ 京都柳の水が、書を書くのに最適であると証明されたこと。
ウ 昭乗は才知により、将軍から受けていた誤解を解いたこと。
エ 昭乗は、水のよしあしにこだわる風変わりな人物だったこと。

（ア）

1 「ゐ」を「い」に直します。

2 ――線①は、（筆の勢いが伸びにくいという事情を）「言ったので」という意味。筆で書を書いていた昭乗の言葉です。

3 少し文字を書いて、「すぐに」筆を止めた場面です。水の違いに気がついたのです。

4 昭乗は、文字を少し書いただけで水のよさに気づきました。その確かな力に、人々は驚いたのです。

② 次の文章を読んで、問題に答えなさい。（島根改）

前の大和の守時賢[＊1]が墓所は、長谷といふ所にあり。そこの留守する男（墓守をする）、くくり（わな）をかけて鹿を取りけるほどに、或る日、大鹿かかりたりける。この男が①思ふやう、「くくりにかけてとりたらん、念なし（捕まえるのはたやすいことだ）。②射殺したりといひて、③弓の上手のよし人に聞かせん」と思ひて、くくりにかけたる鹿に向ひて大雁股[＊2]をはげて（つがえて）射たりけるほどに、その矢、鹿にはあたらずして、くくりにかけたりけるかづら（綱）にあたりたりければ、かづら射切られて、④鹿はことゆゑなく（なんなく）走りにげてゆきにけり。この男、かしらがきをすれども、さらにえきなし（頭をかいて悔しがったが、どうにもならなかった）。（「古今著聞集」による）

＊1 時賢…源時賢（人名）。 ＊2 大雁股…矢の種類の一つ。

よく出る

1 歴史的仮名遣い ①思ふやう を現代仮名遣いに直し、全て平仮名で書きなさい。（10点）

（ おもうよう ）

> 1 「ふ」を「う」に、「やう」を「よう」に直します。

2 古文の文法 ②射殺したり の意味を次から一つ選び、記号で答えなさい。（10点）

ア 射殺そう　イ 射殺したい
ウ 射殺した　エ 射殺せない

（ ウ ）

> 2 「たり」は、完了の意味を表す助動詞です。「射殺した」と訳します。

3 内容理解 ③弓の上手のよし人に聞かせん は、ここではどういう意味ですか。次から一つ選び、記号で答えなさい。（10点）

ア 弓が上手であることを人に言いふらそう。
イ 弓が上手であることは内緒にしておこう。
ウ 弓の上手な人に言って助けてもらおう。
エ 弓の上手な人にはこの腕前を秘密にしよう。

（ ア ）

> 3 「ん（む）」は、推量・意志の助動詞で、ここでは意志の意味。鹿を弓で射殺したことにして、弓が上手であると自慢しようとしたのです。

4 内容理解 ④鹿はことゆゑなく走りにげてゆきにけり とありますが、なぜ鹿は逃げることができたのですか。二十字以上三十字以内で書きなさい。（20点）

例 男の射た矢がそれて、わなをつないでいた綱を切ったから。

> 4 「その矢、……かづら射切られて」が、鹿に逃げられた理由。「その矢」は男が射たことも説明します。

こまったときのヒント

❶ 4 最後の一文に「皆人大いに驚きける」とあります。人々は、昭乗のどんなところに驚いたのでしょうか。

❷ 4 直前の「かづら射切られて」が理由です。その前にさかのぼって、綱が射切られた事情も答えましょう。

❶の現代語訳

昭乗は達筆という評判であった。京から関東へ行って、将軍の御前で書を書いたが、関東は水が悪くて、筆の勢いが伸びにくいという事情を言ったので、（将軍が）「都ではどんな水で書くのか。」とお尋ねになったとき、（昭乗は）「京の柳の水が軽くてよい。」と申しあげた。将軍は不審にお思いになり、ひそかに都へ使者を遣わして、柳の水を瓶に入れて取って戻らせ、再び昭乗をお呼びになり、試されたところ、（昭乗は）筆をとって硯に浸し、少し文字を書いたが、すぐに筆を止め、そばにいる人に向かって、「これは軽くてよい水だ。京で使う柳の水と変わらない。」と申しあげたのには、皆大いに驚いたということだ。

❷の現代語訳

前の大和の国司である源時賢の墓所は、長谷という所にある。そこの墓守をする男が、わなをかけて鹿を捕まえていたところ、ある日、大きな鹿がかかっていた。この男が思うには、「わなにかけて捕まえるのはたやすいことだ。射殺したと言って、弓が上手であることを人に言いふらそう」と思って、わなにかけた鹿に向かって大雁股の矢をつがえて射たところ、その矢は、鹿には当たらずに、わなにつないでいた綱に当たったので、綱が射切られて、鹿はなんなく走って逃げていってしまった。この男は、頭をかいて悔しがったが、どうにもならなかった。

書き方のポイント

必要な言葉▼「矢がそれて」・「わなの綱を切った」
文末▼理由を表す「〜から」「〜ので」にする。
別解 例男の射た矢が鹿に当たらず、わなにかけた綱を切ったから。

28 係り結び・和歌の表現を押さえる！ 74〜75ページ

1 ①ぞ ②エ

2 イ・エ〔順不同〕

1 ①係りの助詞「ぞ」があるので、結びは、「けり」が連体形「ける」となっています。②係りの助詞「ぞ」は、強調の意味を表します。ここでは、「うつくしげに」（美しい様子で）を強調しています。

2 掛詞は、普通、平仮名で書かれ、二つ以上の意味をもたせます。「よき」の部分は「よいものである斧をとられて」のように二つの意味を入れて解釈します。

29 話の流れや主題をとらえる！ 76〜77ページ

＊**1** 四・三

2 ウ

＊**1** 直前の「二つ取らせて、三文取らせつ」に注目します。歯を一本抜くのは二文なので、二本で四文かかるところを、三文で済んで得をしたと思っています。

2 三文で二本の歯を抜きましたが、虫歯は一本だけで、健康な歯まで抜いてしまったのです。得をしたようで、本当は大きな損をしています。

30 まとめのテスト2 78〜79ページ

1 次の文章を読んで、問題に答えなさい。〈徳島改〉

能をつかんとする人（一芸を身につけようとする人は）、よくせざらんほどは（上手にできないうちは）、なまじひに人に知られじ（うっかり人に知られないようにしよう）。うちうちよく（こっそりと十分に）習ひ得てさし出でたらん（人前に出るほうが）［　］、いと心にくからめ（たいそう奥ゆかしいだろう）と常に言ふめれど（言うようだが）、かくいふ（このように）人、一芸も習ひ得ることなし。いまだ堅固かたほなるより（まだ全く未熟なうちから）、上手の中に交りて、毀り（けなされ）笑はるるにも恥ぢず、つれなく（平気で）過ぎて嗜む（励む）人、天性その骨（生まれつきの才能）なけれども、道になづまず（停滞せず）、妄りに（自分勝手に）せずして（しないで）年を送れば、堪能の嗜まざる（才能があっても励まない人）よりは、終に上手の位にいたり、徳たけ（人徳が十分備わり）、人に許されて（人に認められて）、双なき名を得る事なり。

天下の物の上手といへども、始めは不堪の聞え（未熟だといううわさ）もあり、無下の瑕瑾（ひどい欠点）もありき。されども、その人、道の掟正しく（芸の道の規範を正しく守り）、これを重くして放埒せざれば（勝手にふるまわなければ）、世のはかせ（模範）にて、万人の師となる事、諸道かはるべからず（変わるはずはない）。

〈「徒然草」による〉

1 歴史的仮名遣い　〰〰線ア〜エのうち、現代仮名遣いで書いた場合と異なる書き表し方を含んでいるものを全て選び、記号で答えなさい。完答（10点）

（ア・ウ〔順不同〕）

2 係り結び　［　］に当てはまる係りの助詞を次から一つ選び、記号で答えなさい。（10点）

ア ぞ　イ なむ　ウ や　エ か　オ こそ

（オ）

3 内容理解　かくいふ人　について答えなさい。

(1) 「かく」が指す部分の初めを「よくせざらん」からとすると、終わりはどこまでですか。古文中から終わりに当たる三字を抜き出しなさい。（10点）

からめ

1 ア「ぢ→じ」、ウ「へ→え」に直します。

2 文末が「心にくからめ」と、エ段の音の活用形で結ばれています。エ段の音で終わる活用形は已然形なので、「こそ」が入ります。

3 (1) 引用を示す「と」に注目します。その前までを指します。

(2) 「かくいふ人」の考えは、(1)でとらえた言葉から読み取れます。上手にできないうちは人に知られないようにして、十分に習得してから人前に出ることが、奥ゆかしいと考えています。

4 アは、「始めは不堪の聞えもあり」とあるので「絶えず」が誤り。イは、熱心さについては書かれていません。ウは、「放埒せざれば」（勝手にふるまわなければ）と、選択肢の「自己流に走らず」が一致します。エは、「芸の道の規則は……模範」が誤り。芸の道の規則を正しく守る人を「模範」と言っているのです。

よく出る (2) 次の文は、「かくいふ人」がどのような考えをもっているかについて、ある生徒がまとめたものです。□に当てはまる言葉を、十字以上十五字以内の現代語で書きなさい。ただし、「努力」という言葉を必ず使うこと。（20点）

□ことを奥ゆかしく立派な態度であるとする考えをもっている。

例 上手になるまでの努力を見せない

よく出る 4 主題 本文の内容に合うものを次から一つ選び、記号で答えなさい。（20点）

ア 天下の名人になろうとも、絶えず欠点や人のうわさはあるものだ。

イ 才能がある人は才能のない人に比べ、熱心さに欠ける傾向がある。

ウ 自己流に走らずひたすら励んでこそ、名人として認められるのである。

エ 芸の道の規則は全てに通じる模範として、世間に受け入れられている。

（ウ）

❷ 次の文章を読んで、問題に答えなさい。

五月ついたちごろ、つま（軒先）近き花橘*1の、いと白く散りたるをながめて、

時ならず（季節外れに）ふる雪かとぞながめまし（眺めたことだろうに）花たちばなの薫らざりせば（薫っていなかったら）

（『更級日記』による）〈富山改〉

*1 花橘…香り高い白い花をつける木。ここではその花のこと。

1 内容理解 花橘の、いと白く散りたる とありますが、それを見て作者が連想したものは何ですか。古文中から抜き出しなさい。（15点）

（雪）

2 内容理解 古文中の和歌の季節を、漢字一字で書きなさい。（15点）

夏

こまったときのヒント

❶ 3 (1) 「かくいふ」とあるので、「かく」は、「能をつかんとする人」が言っている内容を指します。

4 筆者の考えは、最後の段落で述べられています。

❷ 2 最初に「五月ついたちごろ」とあります。

書き方のポイント

必要な言葉▼「上手になるまで」・「努力を見せない」

文末▼「こと」につながる形にする。

別解 例上達するまで人に隠れて努力する

1 散っている橘の白い花を見て、「雪」が降っているのかと思いそうになったのです。

2 和歌の前にある一文の最初に、「五月ついたちごろ」とあるので、夏です。古文の文章では、四月～六月が夏に当たります。

❶の現代語訳

一芸を身につけようとする人は、「上手にできないうちは、うっかり人に知られないようにしよう。こっそりと十分に習得して人前に出るほうが、たいそう奥ゆかしいだろう」と常に言うようだが、このように言う人は、一芸も習得することがない。まだ全く未熟なうちから、上手な人の中に交じって、けなされ笑われるのにも恥じず、平気で過ごして励む人は、生まれつきの才能はなくても、芸の道で停滞せず、自分勝手にしないで年を送れば、才能があっても励まない人よりは、結局は名人の位に至り、人徳が十分備わり、人に認められて、比類なき名声を得ることとなるのだ。世に聞こえるその道の名人であっても、初めは未熟だというそうわさもあり、ひどい欠点もあった。けれども、その人が、芸の道の規則を正しく守り、これを重んじて勝手にふるまわなければ、世の模範として、万人の師となることは、どんな道でも変わるはずはない。

❷の現代語訳

五月一日ごろ、軒先に近い橘の花が、たいへん白く散っていたのを眺めて、

季節外れに降る雪かと眺めたことだろうに。橘の花が薫っていなかったら。（と歌を詠んだ。）

31 漢文の決まりを押さえる！

80～81ページ

1 ①イ ②ウ

2 ①イ ②エ

1 ①「雑→不」と読むには、下から上に返って読む「レ点」が必要です。
②「諸小児→与(と)」の順に読むには、「一・二点」が必要です。

2 ①「論語(ろんご)」は「子曰(しい)はく」で始まります。
②「如(し)く」は「及ぶ」という意味、「ざる」は、否定(打ち消し)の「ず」が活用した形です。「～には及ばない」、つまり「～ほうがよい」という意味。

32 漢詩の決まりを押さえる！

82～83ページ

1 ア

2 雁群を送る

3 孤客

4 エ

1 一句(一行)が五字で、四句(四行)であることから考えます。

2 「送ル二雁群ヲ一」を読みます。「二」の付いた「送」は最後に読みます。

3 「群れ」で飛ぶ雁(がん)と、「孤客(こかく)(一人ぼっちの旅人)」が対応しています。

4 転句と結句から、木を揺(ゆ)らす秋風の音を一人で聞いている、孤独な作者の姿が読み取れます。

33 まとめのテスト3

84～85ページ

1 「貪心(たんしん)」は「欲張る心」、「勝(まさ)る」は、「程度が強い」という意味です。

2 「弓影を見て」と読むには、「弓影→見」となるように、一・二点を付けます。

3 「市上の虎(とら)」は、ありえない話なので、ア「虚言」が合います。

4 獣を追うことに夢中で、危険な獣が多くいる山が前にあると気づかないなど、一つのことにとらわれた人の例を挙げています。

❶ 次の文章を読んで、問題に答えなさい。

【書き下し文】

貪心(たんしん)の勝(まさ)る者は、獣を逐(お)ひて泰山(たいざん)*1の前に在るを見ず。雀(すずめ)を弾(う)ちて深井(しんせい)の後に在るを知らず。疑心の勝る者は、弓影を見て杯中(はいちゅう)の蛇(へび)に驚き、人の言を聴きて市上(市街)の虎(とら)を信ず。

【漢文】

①貪心ノ勝ル者ハ、逐ヒテレ獣ヲ而不レ見ニ泰山ノ在ルヲ一レ前ニ。弾チテレ雀ヲ而不レ知ラ二深井ノ在ルヲ一レ後ニ。疑心ノ勝ル者ハ、②見テ二弓影ヲ一而驚キ二杯中之蛇ニ一、聴キテ二人ノ③言ヲ一而信ズ二市上之虎ヲ一。

〈『菜根譚(さいこんたん)』による〉

＊1 泰山…虎などの獣が多くいた山。

1 内容理解 ①貪心ノ勝ル者ハ の意味を次から一つ選び、記号で答えなさい。(10点)

ア 勝つことにこだわる者は　イ 欲張る気持ちが強い者は
ウ 心がひどく貧しい者は　エ 思いつきで行動する者は

（イ）

2 返り点 ②見テ弓影ヲ が書き下し文の読み方になるように、返り点を付けなさい。(10点)

（見テ二弓影ヲ一）

3 内容理解 ③言 の意味を次から一つ選び、記号で答えなさい。(10点)

ア 虚言　イ 甘言
ウ 雑言　エ 格言

（ア）

4 内容理解 この漢文の内容に合うものを次から一つ選び、記号で答えなさい。(20点)

ア 人を落とし入れようとすれば、必ず自分にも悪いことが起こる。
イ 豊かさに満足しないでいると、身を滅ぼす原因を作ってしまう。
ウ 一つのことにとらわれると、物事を正しく把握できなくなる。
エ 他人はもともと信用できないものだから、用心したほうがよい。

（ウ）

1 一句（一行）が七字で、四句（四行）から成ります。

3 書き下し文に合わせ、「発→臨」、「封→開」と読めるように、二箇所にレ点を付けます。

❷ 次の漢詩を読んで、問題に答えなさい。

秋思（しうし）　張籍（ちやうせき）

洛陽城裏（らくやうじやうり）＊1秋風（しうふう）を見る
家書を作らんと欲して意（おも）ひ万重（ばんちよう）
復（ま）た恐る怱怱（おそ＊2そうそう）として説き＊3て尽くさざるを
行人（かうじん）発するに臨（のぞ）みて又（また）封を開く

秋思　張籍

洛陽城裏見ル二秋風ヲ一
欲シテレ作ラント二家書ヲ一意ヒ万重
復タ恐ル怱怱トシテ説キテ不ルヲレ尽クサ
行人臨ミテ発スルニ又開ク封ヲ

〈青森改〉

＊1 洛陽城裏…洛陽の町中。洛陽は河南（かなん）省の都。筆者は故郷を離れて洛陽にいる。
＊2 怱怱…慌ただしい様子。　＊3 説…言う。

1 **漢詩の種類**　この漢詩の種類を、漢字四字で書きなさい。（10点）

七言絶句

2 **内容理解**　ある生徒が、漢詩の内容について次のようにまとめました。［　］に当てはまる言葉を、十五字以内で書きなさい。（20点）

洛陽の町中に、秋風が吹く頃になった。家族に宛てた手紙を書こうとするが、さまざまな思いが重なる。慌ただしく書いたので、［　］のではないかとまた心配になり、手紙を託（たく）す旅人が出発するとき、もう一度手紙の封を開いてしまう。

例 思いを言い尽くせていない

3 よく出る **返り点**　行人臨ミテ発スルニ又開ク封ヲ に、書き下し文を参考にして、返り点を付けなさい。（10点）

（行人臨ミテレ発スルニ又開クレ封ヲ）

4 **鑑賞**　漢詩に込められた思いとして最も適切なものを、次から一つ選び、記号で答えなさい。（10点）

ア 惜別　イ 博愛　ウ 悔恨（かいこん）　エ 望郷　（エ）

こまったときのヒント

❶ 4 獣を追うことに夢中で、危険な虎がいる山の存在に気づかない、という内容に合うものを選びます。

❷ 4 四句目に「又封を開く」とあります。家族に宛てた手紙を何度も見直していることから考えます。

2 「恐（おそ）る」（心配になる）気持ちになった理由は、手紙が説明不足（「説きて尽くさざる」）ではないかと感じたからです。

書き方のポイント

必要な言葉▼「思いを十分に言えていない」

文末▼「のではないか」につながる形にする。

別解 例 言い残している思いがある

4 ＊1に、筆者が故郷を離れて洛陽（らくよう）にいるとあります。故郷の家族への手紙に言い残したことがないかを心配していることから、故郷の家族に対する思いの強さが読み取れます。

❶の現代語訳

欲張る気持ちが強い者は、（狩りで）獣を追いかけて泰山（たいざん）（虎（とら）などの獣が多くいる山）が（自分）の前にあるのに気づかない。雀（すずめ）を撃って深い井戸が（自分の）後ろにあることがわからない。疑う心の強い者は、杯（さかずき）の中に映った弓の影を見て（実際はそこにいない）蛇（へび）に驚き、他人の虚言を聞いて市街に虎がいると信じる。

❷の現代語訳

洛陽（らくよう）の町中に秋風が吹くのを見る（頃になった）。（故郷にいる）家族に宛てた手紙を書こうとするが、さまざまな思いが重なる。

また心配になる、慌ただしく書いたので（自分の思いを）十分に言い尽くせていないのではないかと。

（手紙を託（たく）す）旅人が出発するとき、もう一度手紙の封を開いてしまう。

34 文節の働きをとらえる！

1 ①イ ②イ

2 ①エ ②イ

3 ①エ ②キ

4 ①エ ②ウ

92〜93ページ

1 ①一つの文節には、自立語が一つだけあります。自立語は、「上」「下」「あり（ある）」の三語です。②付属語は、「打ち上がった」→「笑った」のようにして、他の語にも同じ形で付くかを確かめます。

2 ①「参加する」のは「誰」かを探します。②「異なる」のは「茶の湯のもてなし」です。そのうち、直接「何」に当たる、「もてなし（は）」を選びます。

3 ②「かつて→行われた」「かつて→ありました」か迷ったら、「……時代がかつてありました」のように、下へずらし、全体でつながりを確かめます。

4 ①上の文節が「〜て」の形になっていて、「しまう」は本来の「片づける」の意味ではありません。②「バスと地下鉄を」と言い換えられます。

35 品詞を分類する！

1 ①オ ②ア ③ウ ④エ ⑤イ ⑥ク ⑦カ ⑧コ ⑨ケ ⑩キ

94〜95ページ

1 ①感動詞は呼びかけや応答を表します。②「富士が」と「が」を付けて主語にできるので、名詞です。⑥「穏やかだ」、⑦「近づく」、⑩「美しい」が言い切りの形です。

---

2 イ・ウ・キ（順不同）

3 ①イ ②ウ

4 ア

5 ①イ ②ア

2 イ「思いがこもる」、キ「五冊がある」、ウ「それらが運ばれる」と、「が」を直接付けて主語にできます。

3 活用せず、用言を修飾している語を選びます。①アは体言を修飾する連体詞、ウは形容詞「すばやい」です。②アは形容詞、イは形容動詞「むだだ」です。

4 後に仮定の表現「別れても」があることに注目します。

5 活用せず、体言を修飾している語を選びます。①連体詞の「ある」は、「特定のものではなく、どれかの」の意味を表します。②どちらも体言を修飾していますが、活用しないのは、ア「小さな」です。

36 動詞・形容詞・形容動詞の活用をとらえる！

1 ①イ ②オ ③ア ④エ ⑤ウ

2 ①エ ②イ ③ウ ④ア

96〜97ページ

1 ②「接し」の終止形は「接する」で、「―する」の形のサ行変格活用の動詞です。

解き方のコツ

「ない」を付けて、すぐ上の音で活用の種類を見分けます。①は、「起きれない」ではなく「起きない」なので注意。「起きる」と終止形にしてから、「ない」を付けます。

2 ①「こと」に続くのは連体形、②「た」に続くのは連用形です。③終止形は、言

⑤オ

3 イ

4 ①イ・連用形　②ア・未然形　③ア・連用形　④イ・連体形

い切る他に、「と」が続く場合があります。連体形と間違えないようにしましょう。

3 「呼ぶ」の音便は「呼んだ」です。ア「乗った」、イ「積んだ」、ウ「頂いた」、エ「預けた」で、イが同じ音便です。

4 ①「、」で文をいったん区切るときは、連用形が使われます。③「ない」が下に続くのは、形容詞・形容動詞の場合は連用形です。未然形と間違えないように。

37 助詞の意味を見分ける！

98～99ページ

1 イ

2 ①ア　②ウ　③エ　④イ

3 ①ウ　②ア

4 イ

1 「新しいものと」と言い換えられるので、体言の代用の「の」です。イも「作ることが」と言い換えられます。エは、「のに」という接続助詞の一部です。

2 「に」が付いている語に注目して見分けます。①「電線」は場所を表す語、④「姉」は相手を表す語です。

3 ①Aは相手を示す格助詞、B・Cは接続助詞、Dは副詞の一部です。②A・Bは手段を示す格助詞、Cは接続助詞「ので」の一部、Dは例を示す副助詞「でも」の一部です。

4 「……でありながら〈しかし〉同じではない」と補えるので、逆接の「ながら」。同様に「しかし」を補えるのは、イです。

38 助動詞の意味を見分ける！

100～101ページ

1 ①ウ　②ア　③イ　④エ

2 エ

3 ①ウ　②エ　③イ

1 ①「ご出発になる」と言い換えられます。②「両親から褒められる」と、「他から」を表す「両親に」があります。③「始めることができる」と言い換えられます。

解き方のコツ

「自発」は、気持ちが「自然とそうなる」という意味を示すので、④の「思い出す」のように、心の動きを表す動詞に付くことが多いです。

例思う・案じる・しのぶ・感じる

2 「入らぬつもり」と言い換えられるので、否定(打ち消し)の助動詞です。動詞に接続していることもポイントです。エも「せぬ」(「し」は「せ」となる)と言い換えられます。アは、「遠く(は)ない」と「は」を補えるので補助(形式)形容詞、イは形容詞「少ない」の一部、ウは形容詞です。

3 ①活用する語の終止形に付く、伝聞の助動詞「そうだ」を選びます。②「〈どうやら〉断念したらしい」と補えるので、推定の助動詞「らしい」です。ア・ウは接尾語、イは形容詞「かわいらしい」の一部です。③「×とても材料だ」、イ「×とても競技場だ」と、直前に「とても」を補えないものが、断定の助動詞「だ」です。

❶ 自立語の上に、文節の区切り目を入れます。
①「いう」は上の言葉の内容を説明する意味を表す動詞、「もの」は「ものだ・ものです」の形で使われる形式名詞です。
②「見立てる」は複合語なので、分けません。「いる」は、上の文節に「その状態が続く」の意味を補う補助(形式)動詞です。

❹ 「その」は活用せず、体言を含む文節「日は」を修飾しているので、連体詞です。エは、「それがある」のように「が」を直接付けて主語にできるので、名詞(代名詞)です。アは形容動詞「静かだ」、ウは助動詞「ようだ」です。

❺ 自立語の上で文節に区切った後、文節の頭にある自立語に、付属語が付いているかを確かめていきます。
「最適な」は、言い切りの形が「最適だ」なので、形容動詞です。「な」は活用語尾です。「に」「て」は活用しないので助詞、「た」は「変わっていったら」のように活用するので助動詞です。

❶ 文節　次の――線は、幾つの文節からできていますか。算用数字で答えなさい。　5点×2(10点)

① これくらいやってこそ、おもしろい勝負ができるというものです。〈山口〉　(5)

② 壁のしみや石の模様を見て、さまざまなイメージを見立てる訓練をすすめている。〈長野〉　(11)

❷ 文節の関係　次の――線と＝線の文節の関係のうち、補助の関係にあるものを一つ選び、記号で答えなさい。　(6点)

● 青い空を　高く速く　飛んでいるのは　新型の飛行機だ。
　　ア　イ　ウ　エ
〈埼玉・平成29年度〉　(ウ)

❸ よく出る　修飾語　次の――線の語が修飾している文節を、それぞれ一文節で抜き出しなさい。　6点×2(12点)

① 手紙にはしばしば時候の挨拶が用いられる。〈秋田〉　(用いられる)

② こんなことがあって梅の花に関心をもつようになったのか、今年はあちこちの梅をじっと眺めることが多かった。〈大阪〉　(多かった)

❹ 品詞　次の――線の語と同じ品詞のものを、後から全て選び、記号で答えなさい。〈岡山〉　完答(6点)

● 何だかその日は志摩ちゃんと話したくなって、放課後、私は保健室に行ってみた。

ア 静かな海を見つめる。　イ あの人の話を聞きたい。
ウ 安心したような顔つきだ。　エ それは何ですか。
オ 大きな声で話す。

(イ・オ)

❺ 単語・品詞　次の――線を組み立てている単語の品詞の並び順を、後から一つ選び、記号で答えなさい。〈三重〉　(6点)

● 前足・後ろ足に分かれた骨の構造は変わらないが、足のかたちは泳ぐ際に最適なものに変わっていった。

ア 形容詞／名詞／助詞／動詞／助詞／動詞／助詞
イ 形容詞／名詞／助詞／動詞／助詞／動詞／助動詞
ウ 形容動詞／名詞／助詞／動詞／助詞／動詞／助詞
エ 形容動詞／名詞／助詞／動詞／助詞／動詞／助動詞

(エ)

❻ 動詞の活用　次の――線の動詞の、Ⓐ…活用の種類と、Ⓑ…活用形を答えなさい。　6点×4(24点)

❷ 上の文節が「～で」の形になっていて、「いる」が「その状態が続く」の意味を補っているので、ウが補助の関係です。ア・エは、下の文節を詳しく説明している修飾・被修飾の関係、イは、「速く高く」と言い換えられる並立の関係です。

3
修飾語を下へずらし、つなげてみて意味がつながる文節を探します。
①「しばしば→用いられる」と、意味がつながります。
②「今年は→多かった」と、意味がつながります。「今年は」は主語ではなく、「いつ」を表している修飾語です。

① 毎日何もしないが非常に疲れた。〈熊本〉
Ⓐ（ サ行変格活用 ）Ⓑ（ 未然形 ）
② かつては生きることは仕事をすることなりと割り切ることができた。〈長野〉
Ⓐ（ 上一段活用 ）Ⓑ（ 連体形 ）

7 よく出る **助詞・助動詞** 次の――線の語と同じ意味・用法のものを、それぞれ後から一つずつ選び、記号で答えなさい。 6点×6（36点）

① 久樹さんに追い付いたのは、昇降口の手前だった。〈兵庫〉
ア 鳥の鳴く声が聞こえる。 イ 桜のつぼみがほころんだ。
ウ 彼は走るのが速い。 エ どんな本が好きなの。
（ ウ ）

② この問は、古代ギリシアから現代まで、約二六〇〇年の哲学史に名をとどめる多くの哲学者の注意を惹きつけ、……〈山口〉
ア 彼は急に走りだした。 イ 皆で体育館に整列する。
ウ 夜空の星のように輝く。 エ 友達と遊びに行く。
（ イ ）

③ それらの写真には名前すらすぐに思い出せないような遠い昔に出会った人々の顔などがある。〈新潟〉
ア こんなに大きな魚は見たことがない。
イ 楽器の演奏はまだそれほどうまくない。
ウ 彼は約束の時間になっても来ない。
エ 妹の寝顔はまだあどけない。
（ ウ ）

④「動物に食べられる」という宿命にある植物たちも、食べられるだけでは滅びてしまいます。〈三重〉
ア 校長先生が、駐車場から歩いて来られる。
イ 学校の図書室では、五冊まで借りられる。
ウ この言葉は、若者たちによく用いられる。
エ 彼女の言動からは、優しさが感じられる。
（ ウ ）

⑤ ……新しい発見を論文報告すること――、だけに価値が見いだされることになるからだ。〈宮崎〉
ア 釣った魚を食べたのは、あの猫だ。
イ あの地域は、自然がとても豊かだ。
ウ 明日の体育大会は、延期になったそうだ。
エ 父を乗せた飛行機が、さきほど飛んだ。
（ ア ）

⑥ 兄は連日の試合で疲れているようだ。〈栃木〉
ア この夜景はちりばめた星のようだ。
イ おじは昨日から外出中のようだ。
ウ 冬の山はまるで眠っているようだ。
エ 彼女の笑顔はひまわりのようだ。
（ イ ）

こまったときのヒント
❸ ②「今年は」は、「いつ」を表しています。
❹「そのが」と、直接「が」を付けて主語にできません。指示語の品詞は数種類あるので、注意しましょう。
❼ ③「ぬ」と言い換えられるか確かめましょう。

6
①「し」の言い切りの形は「する」で、サ行変格活用です。「ない」が続くので、活用形は未然形です。
②「ない」を付けて活用させると、「生きない」とイ段の音になるので、上一段活用です。「こと」が続くので、活用形は連体形です。

7
①「追い付いたときは」、ウ「走ることが」と体言に言い換えられるので、体言の代用の格助詞です。文末に付いているエは、終助詞です。
②場所を表す語に付き、場所を示す働きをしている格助詞を選びます。エは「遊ぶために」の意味で、目的を示す格助詞です。
③「思い出せぬ」と同様に、否定(打ち消し)の助動詞「ぬ」に言い換えられるのは、ウ「来ぬ」です。イは、「うまくはない」と「は」を補える、補助(形式)形容詞です。
④例文とウは、「他からされる」という受け身の意味です。エは、「優しさが自然と感じられる」の意味で、自発です。
⑤例文とアは、体言、または助詞に付く断定の助動詞「だ」です。エは、動詞の音便「飛ん」に付いているので、過去の助動詞「た」が濁音化したものです。
⑥前に「どうやら」を補える推定の助動詞か、「まるで」を補える比喩の助動詞かを見分けます。

解き方のコツ
助詞・助動詞の意味・用法を問う問題では、形容動詞の活用語尾が選択肢に含まれていることが多いので、形容動詞を見分けることがポイントです。
・形容動詞は「『〜な』＋体言」の形にできる。
例 急な道。
・形容動詞は「とても」を補える。
例 とても急だ。

40 敬語の使い方を知る！

1 ①イ ②ウ ③ア ④イ

2 エ

3 ウ

4 エ

108～109ページ

1 ①「拝見する」は「見る」の謙譲語です。②「です」「ます」「ございます」は、丁寧語です。③「おっしゃる」のは「先生」なので、尊敬語を使います。④「お(ご)～する」は、謙譲語の表現です。

2 「申しあげた」のは「母」です。身内の動作には、謙譲語を使います。また、動作の対象が「先生に」となっていることに注目します。

3 電話で話すときは、話す相手に敬意を表すため、自分の動作には謙譲語を使います。「行く」の謙譲語は「伺う」です。イ「いらっしゃったら」の「いらっしゃる」は、「行く」の尊敬語です。

4 ①客の動作には、尊敬語を使います。②客に敬意を表すために、自分の動作は謙譲語で表現します。「持つ」という動詞に敬意を表す特別な動詞はないので、「お(ご)～する」の形にします。

41 敬語を使いこなす！

1 ①いらっしゃい〈おいでになり〉
②伺って〈承って・お聞きして〉
③ください
④いただいた
⑤お待ちして

2 ①例いただいた
②例なさい
③例おいでになった
④例申して
⑤例おかけになって

3 ご覧（になって）

110～111ページ

1 ①校長先生の動作なので、尊敬語に直します。②「聞く」の謙譲語の「伺う」「承る」を使います。③「くれ」は、補助(形式)動詞「くれる」です。補助(形式)動詞も、敬意を表す相手の動作に関わるときは尊敬語の表現になります。④「もらった」の「もらう」は、補助(形式)動詞です。「送ってもらう」のは自分なので、謙譲語に直します。⑤「皆様」に敬意を表すために、謙譲語「お～する」を使います。

2 ①自分の動作には、尊敬語の「召しあがる」は使いません。②客の動作は、尊敬語で表現します。「いたす」は「する」の謙譲語なので、尊敬語の「なさる」を使います。③尊敬語は重ねて使いません。「おいでになる」が正しい言い方です。④謙譲語の「申す」に尊敬の意味を表す「れる」が付いてしまっています。⑤「お(ご)～する」は謙譲語です。尊敬語の「お(ご)～になる」に直します。

3 手紙を書くときは、相手に敬意を表すために、相手の動作には尊敬語を使います。「拝見する」は謙譲語なので、尊敬語の「ご覧になる」に直します。

解き方のコツ

敬語を正しく直すときは、誰の動作なのかを確認します。目上の人の動作であれば、尊敬語に直します。自分や身内の動作であれば、謙譲語に直します。

42 作文ー図やグラフを読み取って書く！

112〜113ページ

✻ 例

　Aのポスターには、各学年の競技種目や開始時刻、駐車場の場所など、詳しい情報が文字で書かれています。Bには、球技大会の様子が大きなイラストで描かれていて、大会のスローガンも目立つように書かれています。

　私はAのポスターを採用するほうがよいと考えます。各種目の開始時刻が書かれているため、いつ会場へ行けばよいかを判断しやすいからです。また、駐車場の案内もあるので、自家用車を利用する人も安心して会場へ行くことができると思います。

✻ 作文の問題では、設問文の条件を守って書いていないと減点の対象になります。設問文にある⑴〜⑷の条件を守って書いているか、チェックしましょう。

書き方のコツ

　作文で大切なことは、説得力がある文章を書くことです。この問題では、どちらのポスターを採用するかの理由を、読み手が納得できるように述べることが大切です。

43 作文ー文章を読んで書く！

114〜115ページ

✻ 例 校外のボランティア活動を通じて、人々と触れ合う

例

（その理由は、）学校の中で過ごしていると、会話を交わす相手は生徒や先生に限られますが、校外でボランティア活動をすると、さまざまな年齢や立場の人と触れ合えて、場面に応じた言葉遣いを学ぶことができると思うからです。また、活動の際は、周りの人の言葉遣いにも注意を向けて学び取り、自分の言葉遣いを磨いていきたいと思います。

✻ 作文の書きだしが「その理由は、」となっているので、書きだしに続く文の終わりは「〜から」の形にします。

書き方のコツ

　この問題では、筆者の主張に賛成か反対かを書く必要はありません。「他人の言葉遣いを意識する」「書物やメディアの表現を意識する」「人とやりとりをする中から学ぶ」といった筆者の主張に関わる内容を盛り込むと、問題の意図に沿った作文になります。

44 コミュニケーション系の問題に強くなる！

116〜117ページ

✻

1 例 自分では気づかなかったことに気づくことがある

2 例 将来、どこか行ってみたい国や、何かやってみたいことはありますか。

✻

1 Ⅱは、Ⅰのインタビューの流れに沿ってまとめてあります。Ⅰの最後にある花子さんと太郎さんの対話に注目して考えます。

2 Ⅰに含まれていない情報は、Ⅱの「また、将来は、……語ってくれました。」の部分です。「将来はヨーロッパやアジアの国々に行きたい」「現地の言葉で小説を読んでみたい」という事柄が回答となる質問を考えます。

45 まとめのテスト

118～119ページ

1 父が言いました

2 ア

3 例

私は海外留学を勧めます。たしかに留学を希望しない高校生は言葉の壁を感じており、外国生活に不安があると回答しています。しかし、実際に海外留学をした人は、語学力がつき異文化理解も深まったと考えています。このように、海外留学は、グローバル化する社会で役立つものが得られるので、貴重な経験になると思います。

1 自分の身内の動作に尊敬語は使いません。

2 イ…【資料B】のグラフから読み取れることを話しています。ウ…「どのようなイメージをもっていますか」など、問いかけの言葉を入れています。エ…父親とのやりとりは、「日常の場面」です。

3 海外留学を勧める立場で作文を書くので、海外留学に否定的な意見が出ている【資料D】には触れる必要がありますが、【資料D】の回答に賛成するようなことは書きません。海外留学の良さが読み取れる【資料C】を根拠にして、留学を勧める意見をまとめます。(3)の条件に注意して、一マス目から書き始めます。

4 チャレンジテスト① 融合問題

128～129ページ

1 例雪で反射する朝の光

2 ア

3 (1) 句点
(2) しづまり
(3) ウ

1 「キララ子」が自分の額にも映っていることから、「まぶしい光りのはねっかえし」が「キララ子」だとわかります。

解き方のコツ

「考えて書きなさい」という問題の場合、文章などの言葉をそのまま書いただけでは意味が通らないことが多いので、言葉を補う必要があります。ここでは、何の光であるのかがわかるように言葉を補います。

2 「グーンと」が擬態語です。また、「空は……まえに乗りだし。」という部分が擬人法です。

3 (1) 直前の「行の終わりの記号」を手がかりにします。

(2) 目に見えない様子を表現した部分を探します。聴覚でとらえた「しづまり」が当てはまります。

(3) 「歯切れのいい印象がした」「音と内容が深く関わっている気がする」など、自分の感覚を通して得たことを基に考察しています。

4 例「ため息」という表現からわかるように、雪に対してうんざりしている

4 直前にある、Xの短歌に関する記述を参考にします。Xについては、「弾み」「ジャンプ」という表現からわかる気持ちが述べられているので、Yの俳句についても、気持ちが読み取れる言葉(「ため息」)を挙げ、雪に対して「うんざりする」「がっかりする」などの気持ちを書きます。

5 チャレンジテスト② 総合問題 130〜133ページ

1
①おお　②つの
③演奏　④届
⑤預

2
1 花壇ができあがっても無反応の生徒
2 ア

1 ②「募る」は、広く呼びかけて集めるという意味の言葉です。③「奏」の上の部分の横画が三画である点に注意します。④「届」は、下の部分を「田」と書かないようにします。⑤「預」は、左側を「矛」と書かないようにします。

2
1 直前に「あの花壇ひとつで、入り口の感じがすごくよくなったのにわかんねえのかな。」とあるので、花壇ができた良さがわからない人物のことを言い換えている表現を探します。
2 直後の表現を手がかりにして考えます。「おれもその無風流なやつらの一人だった」とあるので、共感や受容する内容の言葉が入ります。

3 例「おれ」が、花の存在に気がつく
4 エ
5 (1) ウ
(2) 例 水をかけられずにしおれかけた花を、のどが渇いて水を求める人間

3
1 Aア　Bエ
Cア

3 実際に花が増えたのではなく、「おれ」が関心をもつようになったために、増えたように感じたのです。
4 直後に「そう、いいたかった。でも、いえなかった。」とあることから、言いたいことがあるのに言えないでいる「おれ」の気持ちをとらえます。
5 (1)・(2) 擬人法は、人間以外のものを人間のようにたとえる表現技法です。ここでは、花を人間にたとえて、水をかけてくれるように訴える文面になっています。

3
1 Aは、蔡順が、母のために桑の実を拾っていることをとらえます。Bは、「人を殺し、剝ぎ取りなどする者ども」の動作に注目し、「来つて」→「去りけり」という流れをとらえます。Cは、「みづからも(自分でも)」とあるので、蔡順の動作だとわかります。

解き方のコツ
古文では、主語が省略されることが多いので、注意が必要です。まずは全体を通して読み、大まかに誰がどんなことをしたのかをつかみます。それから、問題になっている動作の前後を読み、誰の動

2 とうようは

3 例母に熟したほうの実

4 心強き不道

作かをとらえるようにします。

2 語頭と助詞以外の「は・ひ・ふ・へ・ほ」は、「わ・い・う・え・お」に直すので、「とふ」→「とう」となります。ア段の音＋「う」は、オ段の音＋「う」に直すので、「やう」→「よう」となります。

3 蔡順は、桑の実を二種類に分けた理由を、熟したほうの実は母に与えて、まだ熟していないほうの実は自分で食べるためだと説明しています。

4 「赤眉孝順を知つて」と「心強き不道の者なれども、かれが孝を感じて」が対応しています。

6 チャレンジテスト③ 総合問題 134～136ページ

1 エ

2 1 ア

2 食物を囲んで仲良く食事をする

3 例これまで食事によって育ててきた私たちの共感能力や連帯能力が低下し、サルの社会に似た個人主義の閉鎖的な社会になってしまう。

4 ウ

5 エ

1 「ない」の前に「は」を入れられれば、補助(形式)形容詞です。設問文は、「ない」の前に「は」があるので、補助形容詞です。ア～エの中で「ない」の前に「は」を入れられるのは、**エ**だけです。

2 1 指示語が指す内容を探すときは、それよりも前の文章に注目します。

2 「正反対」とは、人間は他者といっしょに食事をすることを大切にするのに対し、サルはなるべく仲間から離れて食べようとすることを表現したものです。設問文に「人間のように」と書かれているので、人間の食事のしかたを十四字で表しているところを探すと、次の段落の最後の文が見つかります。

3 ――線③の結果として予想されることは、「でも、……」で始まる次の段落に述べられています。「私たち」や「社会」がどのようになるかが問われているので、「私たち」について書かれた部分「私たちがこれまで……連帯能力を低下させる」と、社会について書かれた部分「サルの社会に似た……閉鎖的な社会を作ろうとしている」をつなげて文にまとめます。

4 文章構成の問題では、段落ごとにどんな内容が書いてあるかをおおまかにとらえ、流れをつかむようにします。

5 筆者は、人間が一人で食事をするようになり、共感能力や連帯能力が低下することに危機感をもっています。ですから、文章の最後でも、こうしたことに対する解決法を示していると予想できます。ア～エのうち、食事を通じた人との関わりについて述べているのは、**エ**です。

2 1 0 9 8 7 6 5 4 3
＊ ＊ D C B A

入試によく出る！

わからないを
わかるにかえる
高校入試

合格ミニBOOK

直前まで
使える！

●「合格ミニ BOOK」は取りはずして使用できます。
●スマートフォンやタブレットで学習できるデジタル版には，
こちらからアクセスできます。 →

デジタル版は無料ですが，別途各通信会社の通信料がかかります。
対応 OS ……… Microsoft Windows 10 以降，iPad OS，Android
推奨ブラウザ… Edge，Google Chrome，Firefox，Safari

入試によく出る！

漢字の読み トップ100

	←読んでみよう	←答え	←これも覚えよう
❶	灰色の雲が空を覆う。	おお	
❷	大会の参加者を募る。（呼びかけて集める）	つの	
❸	山頂から眼下を眺める。	なが	
❹	直射日光を遮る。（途中でじゃまをする）	さえぎ	
❺	暗闇で目を凝らす。（一箇所に集中させる）	こ	凝視（ぎょうし）
❻	命の大切さについて諭す。（よくわかるように言い聞かせる）	さと	
❼	栄養が偏るのはよくない。	かたよ	
❽	道をきかれて慌てる。	あわ	
❾	医学の進歩が著しい。（はっきりとわかる）	いちじる	著す（あらわす）
❿	投手として勝利に貢献する。（役に立つように力を尽くすこと）	こうけん	
⓫	雰囲気がよい店。	ふんいき	
⓬	学校生活を顧みる。（過去のことを思う）	かえり	
⓭	祖父が穏やかに話す。	おだ	穏健（おんけん）
⓮	現在の状況を把握する。	はあく	
⓯	鮮やかな色のワンピース。	あざ	鮮烈（せんれつ）
⓰	忙（いそが）しさで気が紛れる。（他のことに心が移って、あることを忘れる）	まぎ	紛糾（ふんきゅう）
⓱	準備に時間を費やす。	つい	
⓲	抑揚をつけて朗読する。	よくよう	抑える（おさえる）
⓳	急いで会場に赴く。（出かけていく）	おもむ	赴任（ふにん）
⓴	専ら映画を見ている。（そのことばかりしている様子）	もっぱ	
㉑	顔の輪郭から描く。	りんかく	
㉒	神社の境内を散策する。	けいだい	
㉓	観光客が頻繁に訪れる。	ひんぱん	繁茂（はんも）
㉔	旧友との会話が弾む。	はず	糾弾（きゅうだん）
㉕	岩陰に魚が潜む。	ひそ	潜る（もぐる）
㉖	平家（へいけ）が栄華（えいが）を極める。	きわ	極意（ごくい）
㉗	緩やかな坂道が続く。	ゆる	緩和（かんわ）
㉘	収入と支出の均衡。（バランス）	きんこう	平衡（へいこう）
㉙	川の水が澄んでいる。	す	
㉚	世界記録に挑む。	いど	
㉛	開会式が厳かに始まる。（立派で重々しい様子）	おごそ	厳密（げんみつ）
㉜	ものづくりに携わる。（関係する）	たずさ	
㉝	シャツの綻（ほころ）びを繕う。	つくろ	
㉞	自然の恩恵（めぐみ）を受ける。	おんけい	

入試によく出る！

漢字の書き トップ100

←漢字（と送り仮名）を書こう ／ ←答え ／ ←これも覚えよう

	問題	答え	これも覚えよう
1	太陽の光を全身にアビル。	浴びる	浴(よく)する
2	親友からメールがトドク。	届く	
3	ロッカーに荷物をアズケル。	預ける	
4	西の空が赤くソマル。	染まる	
5	白鳥のムレがやって来る。	群れ	
6	クリーニング店をイトナム。（職業としてする）	営む	
7	バイオリンをエンソウする。	演奏	演劇(えんげき)
8	父が庭の畑をタガヤス。	耕す	
9	毛糸でマフラーをアム。	編む	編曲(へんきょく)
10	山頂から日の出をオガム。	拝む	拝借(はいしゃく)
11	海に釣(つ)り糸をタラス。	垂らす	
12	川沿いの道をサンサクする。	散策	画策(かくさく)
13	勝利を目ざしてフンキする。（やる気をおこすこと）	奮起	奮(ふる)う
14	友人に漫画(まんが)をカリル。	借りる	
15	飛行機のソウジュウ。	操縦	縦横(じゅうおう)
16	虫たちが花にオトズレル。	訪れる	探訪(たんぼう)
17	要点をカンケツにまとめる。	簡潔	清潔(せいけつ)
18	雨のイキオイが弱まる。	勢い	
19	こまめに水分をオギナウ。	補う	
20	信頼関係をキズク。	築く	建築(けんちく)
21	友人の話に耳をカス。	貸す	賃貸(ちんたい)
22	ボウエキで栄えた地域。	貿易	容易(ようい)
23	ヒタイの汗を拭う。	額	
24	長年のコウセキをたたえる。（優れた働き）	功績	
25	木の上でクラス生き物。	暮らす	
26	先頭との差をチヂメル。	縮める	
27	友人を自宅にマネク。	招く	
28	オサナイ頃の思い出。	幼い	
29	早寝の習慣をヤシナウ。	養う	
30	ウチュウ旅行を夢見る。	宇宙	
31	面会のヤクソクをする。	約束	束(たば)ねる
32	議題をモウケル。	設ける	
33	先生に褒(ほ)められてテレル。	照れる	対照(たいしょう)
34	贈(おく)り物をホウソウする。	包装	装置(そうち)

□ ㉟ メンミツな調査をする。（詳しくて細かい様子）
□ ㊱ カンダンの差が大きい。（さむいこととあたたかいこと）
□ ㊲ センモン家の話を聞く。
□ ㊳ 夏休みの宿題がスム。
□ ㊴ 一面に雪がツモル。
□ ㊵ 思い出を心にキザム。
□ ㊶ 原因をスイソクする。
□ ㊷ ついに決勝戦にノゾム。（その場に出る）
□ ㊸ 柱で屋根をササエル。
□ ㊹ 小さな水滴（すいてき）がチル。
□ ㊺ キケンな場所を避ける。
□ ㊻ 海岸のごみをヒロウ。
□ ㊼ フクザツな感情を抱く。
□ ㊽ 日本代表のコウホになる。
□ ㊾ 新鮮な空気をスウ。
□ ㊿ さつまいもをムス。
□ 51 チームを勝利にミチビク。
□ 52 父が新聞社にツトメル。

綿密　寒暖　専門　済む　積もる　刻む　推測　臨む　支える　散る　危険　拾う　複雑　候補　吸う　蒸す　導く　勤める

連綿（れんめん）　温暖（おんだん）　専念（せんねん）　推移（すいい）　支持（しじ）　険しい（けわしい）　収拾（しゅうしゅう）　混雑（こんざつ）　吸収（きゅうしゅう）　先導（せんどう）　勤務（きんむ）

□ 53 作品をヒヒョウする。
□ 54 先生をウヤマウ。
□ 55 将来をテンボウする。（将来などを見渡すこと）
□ 56 舞台のマクが開く。
□ 57 交通費をフタンする。
□ 58 物事のコンカンに関わる。（物事の重要な部分）
□ 59 アツイ氷に覆われた湖。
□ 60 世界キボで活動する画家。
□ 61 事件のハイケイを調べる。
□ 62 ユウビン局に出かける。
□ 63 飼い犬の名前をヨブ。
□ 64 実力をハッキする。
□ 65 車のハンドルをアヤツル。
□ 66 身をコにして働く。
□ 67 来賓（らいひん）がシュクジを述べる。（いわいの言葉）

批評　敬う　展望　幕　負担　根幹　厚い　規模　背景　郵便　呼ぶ　発揮　操る　粉　祝辞

評価（ひょうか）　敬服（けいふく）　展開（てんかい）　幹（みき）　温厚（おんこう）　模型（もけい）　背負う（せおう）　郵送（ゆうそう）　呼吸（こきゅう）　祝う（いわう）

番号	問題	答え	関連語
68	ムズカシイ本を読む。	難しい	困難(こんなん)
69	ひまわりがメを出す。	芽	発芽(はつが)
70	空が赤みをオビル。	帯びる	帯(おび)
71	テンケイ(特徴を最もよく表しているもの)的な日本建築。	典型	
72	他人のリョウイキを侵(おか)す。	領域	地域(ちいき)
73	道路をカクチョウ(広げて大きくすること)する。	拡張	
74	彼はキンベンな生徒だ。	勤勉	
75	彼女の演奏はアッカン(最も優れているもの)だ。	圧巻	巻(ま)く
76	社長のセキニンを問う。	責任	責務(せきむ)
77	ツウカイ(むねがすっとするほどゆかいなこと)な小説を読む。	痛快	快(こころよ)い
78	ほっとムネをなで下ろす。	胸	
79	大通りに店をカマエル。	構える	構築(こうちく)
80	木の周りを柵(さく)でカコム。	囲む	周囲(しゅうい)
81	相手の才能をミトメル。	認める	
82	見本と実物がコトなる。	異	
83	世界記録をヤブル。	破る	
84	夕食にショウタイする。	招待	
85	学校までオウフクする。	往復	復旧(ふっきゅう)
86	学級委員をツトメル。	務める	
87	今年の暑さはキビシイ。	厳しい	尊厳(そんげん)
88	海底のシゲンを活用する。	資源	源(みなもと)
89	矢で的の中心をイル。	射る	
90	油絵のテンラン会。	展覧	博覧(はくらん)
91	詳しい説明はハブク(簡単にする)。	省く	
92	機械で布をオル。	織る	
93	ボールを遠くにナゲル。	投げる	
94	彼との連絡(れんらく)がタエル(途切れる)。	絶える	絶景(ぜっけい)
95	地図のシュクシャク(実際よりちぢめて描くこと)率。	縮尺	短縮(たんしゅく)
96	意見に反論をトナエル。	唱える	提唱(ていしょう)
97	ケイケンを生かした仕事。	経験	経(へ)る
98	彼のテイアンを退ける。	提案	前提(ぜんてい)
99	富士山(ふじさん)のイタダキに立つ。	頂	登頂(とうちょう)
100	トマトが赤くウレル。	熟れる	熟練(じゅくれん)

入試によく出る！

覚えておきたい 同音異義語

←漢字で書こう　←答え

番号	問題	意味	答え
1	イギのある仕事をする。	→物事の値打ち	意義
2	同音イギ語を調べる。	→違う意味	異義
3	提案にイギを唱える。	→違う意見	異議
4	彼女のイシは固い。	→こうしたいという気持ち	意志
5	反対のイシを表示する。	→おもいや考え	意思
6	祖父のイシを継ぐ。	→故人の生前のこころざし	遺志
7	校庭をカイホウする。	→出入りの自由を許すこと	開放
8	人質をカイホウする。	→束縛をといて自由にすること	解放
9	病状がカイホウに向かう。	→病気やけががよくなること	快方
10	彼の無実をカクシンする。	→たしかにそうだとしんじること	確信
11	事件のカクシンに迫る。	→物事の大切な部分	核心
12	映画をカンショウする。	→芸術作品を理解して味わうこと	鑑賞
13	桜をカンショウする。	→動植物などを見て楽しむこと	観賞
14	カンショウに浸る。	→すぐに悲しくなったりすること	感傷
15	他国にカンショウする。	→他人のことに口出しすること	干渉

番号	問題	意味	答え
16	見事な技(わざ)にカンシンする。	→こころに深くかんじること	感心
17	政治にカンシンがある。	→興味をもつこと	関心
18	カンセイが豊かだ。	→物事を深くかんじ取る心の働き	感性
19	作品がカンセイする。	→すっかりできあがること	完成
20	カンセイが湧き起こる。	→喜んで出すこえ	歓声
21	工場をキカイ化する。	→動力で動き、作業を行う装置	機械
22	キカイ体操の選手。	→動力を使わずに動く装置	器械
23	絶好のキカイに恵まれる。	→何かをするのにちょうどよいとき	機会
24	キセイを緩和(かんわ)する。	→決まりによる限度	規制
25	それはキセイの事実だ。	→すでにできあがっていること	既成
26	キセイ服で間に合わせる。	→すでに作ってあること	既製
27	ケイショウ地を旅する。	→けしきがすばらしいこと	景勝
28	伝統をケイショウする。	→受けつぐこと	継承

番号	問題	意味	答え
29	対策をケントウする。	→詳しく調べて考えること	検討
30	全くケントウがつかない。	→予測	見当
31	作家のコウエンを聞く。	→大勢の前で話をすること	講演
32	劇団のコウエンを見る。	→観客の前で歌や踊りや劇をすること	公演
33	県がコウエンする大会。	→陰で活動を助けること	後援
34	大学でコウギを受ける。	→知識や学問を教え聞かせること	講義
35	コウギに解釈(かいしゃく)する。	→ひろいほうの意味	広義
36	判定にコウギする。	→反対の考えを強く言うこと	抗議
37	試合をサイカイする。	→中断していたことを始めること	再開
38	幼なじみとサイカイする。	→ふたたびあうこと	再会
39	彼の主張をシジする。	→賛同して応えんすること	支持
40	先生のシジに従う。	→さしずすること	指示
41	切手をシュウシュウする。	→物をあつめること	収集
42	シュウシュウがつかない。	→混乱した状態をおさめること	収拾

- □ ㊸ シンチョウに言葉を選ぶ。 →注意深く行動する様子 ｜ 慎重
- □ ㊹ 意味シンチョウな態度。 →ふかい意味が含まれている様子 ｜ 深長
- □ ㊺ 将来をソウゾウする。 →未知のことを思い浮かべること ｜ 想像
- □ ㊻ 天地のソウゾウ。 →新しくつくりだすこと ｜ 創造
- □ ㊼ タイショウ的な性格。 →違いがはっきりしていること ｜ 対照
- □ ㊽ 小学生がタイショウの本。 →働きかける目標とするもの ｜ 対象
- □ ㊾ 左右タイショウの図形。 →つり合っていること ｜ 対称
- □ ㊿ 経営タイセイを見直す。 →社会や集団の仕組み ｜ 体制
- □ 51 タイセイが崩れる。 →からだの構え ｜ 体勢
- □ 52 厳戒タイセイで警備する。 →物事に対する構え ｜ 態勢
- □ 53 試合のタイセイが決まる。 →おおよそのなりゆき ｜ 大勢
- □ 54 利益をツイキュウする。 →どこまでもおいもとめること ｜ 追求
- □ 55 真理をツイキュウする。 →明らかにしようとすること ｜ 追究
- □ 56 責任をツイキュウする。 →責任などをおいつめること ｜ 追及

- □ 57 トクチョウのある声。 →他と比べてとくに目立つ点 ｜ 特徴
- □ 58 商品のトクチョウ。 →他と比べてとくに優れている点 ｜ 特長
- □ 59 ヒッシに追いかける。 →全力を尽くす様子 ｜ 必死
- □ 60 支持率低下はヒッシだ。 →かならずそうなること ｜ 必至
- □ 61 世間からヒナンされる。 →欠点などを責めること ｜ 非難（批難）
- □ 62 全員無事にヒナンする。 →安全な所に逃げること ｜ 避難
- □ 63 フキュウの名作を読む。 →後世まで残ること ｜ 不朽
- □ 64 LEDがフキュウする。 →広く行き渡ること ｜ 普及
- □ 65 フヘンの価値がある。 →かわらないこと ｜ 不変
- □ 66 フヘン的な事実。 →全てのものに当てはまること ｜ 普遍
- □ 67 ヘイコウ線をたどる。 →二つのものが交わらないこと ｜ 平行
- □ 68 ヘイコウして走る電車。 →ならんでいくこと ｜ 並行
- □ 69 体のヘイコウを失う。 →つりあい ｜ 平衡

- □ 70 在庫がホウフにある。 →たくさんあること ｜ 豊富
- □ 71 卒業後のホウフを述べる。 →決意や計画 ｜ 抱負
- □ 72 学校のホケン室に行く。 →けんこうをたもつこと ｜ 保健
- □ 73 生命ホケンに加入する。 →事故による損害に備える仕組み ｜ 保険
- □ 74 品質をホショウする。 →確かだとうけ合うこと ｜ 保証
- □ 75 安全をホショウする。 →危害がないように守ること ｜ 保障
- □ 76 損害をホショウする。 →損害をお金などでつぐなうこと ｜ 補償
- □ 77 人生はムジョウだ。 →はかないこと ｜ 無常
- □ 78 ムジョウにも断られた。 →思いやりがないこと ｜ 無情
- □ 79 ヤセイのきつねが現れる。 →動植物が自然のまま育つこと ｜ 野生
- □ 80 ヤセイ的な人物。 →自然のままのせいしつ ｜ 野性
- □ 81 成績がユウシュウだ。 →特にすぐれている様子 ｜ 優秀
- □ 82 ユウシュウの美を飾（かざ）る。 →おわりをまっとうすること ｜ 有終
- □ 83 旅行のヨウイをする。 →前もって準備すること ｜ 用意
- □ 84 クイズがヨウイに解ける。 →簡単である様子 ｜ 容易
- □ 85 地震をヨチする研究。 →前もってしること ｜ 予知
- □ 86 議論のヨチはない。 →ゆとり ｜ 余地

入試によく出る！

覚えておきたい 対義語

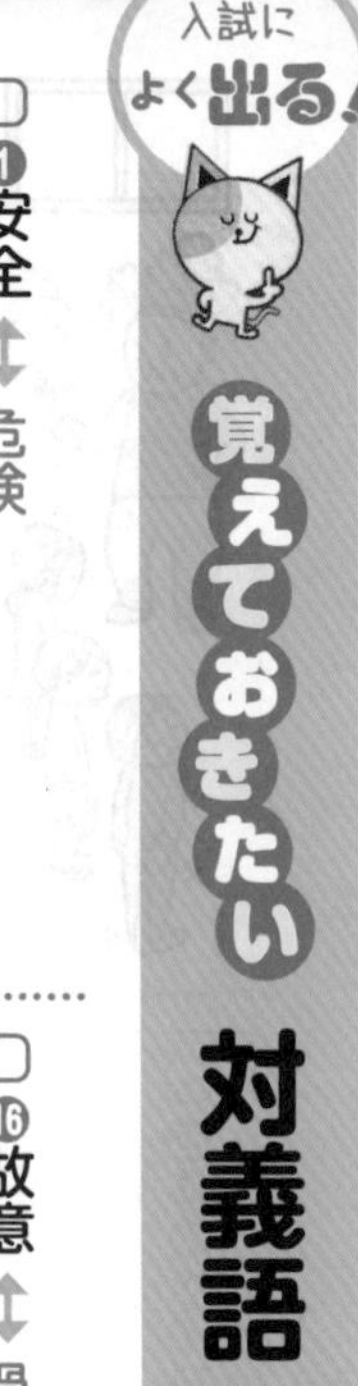
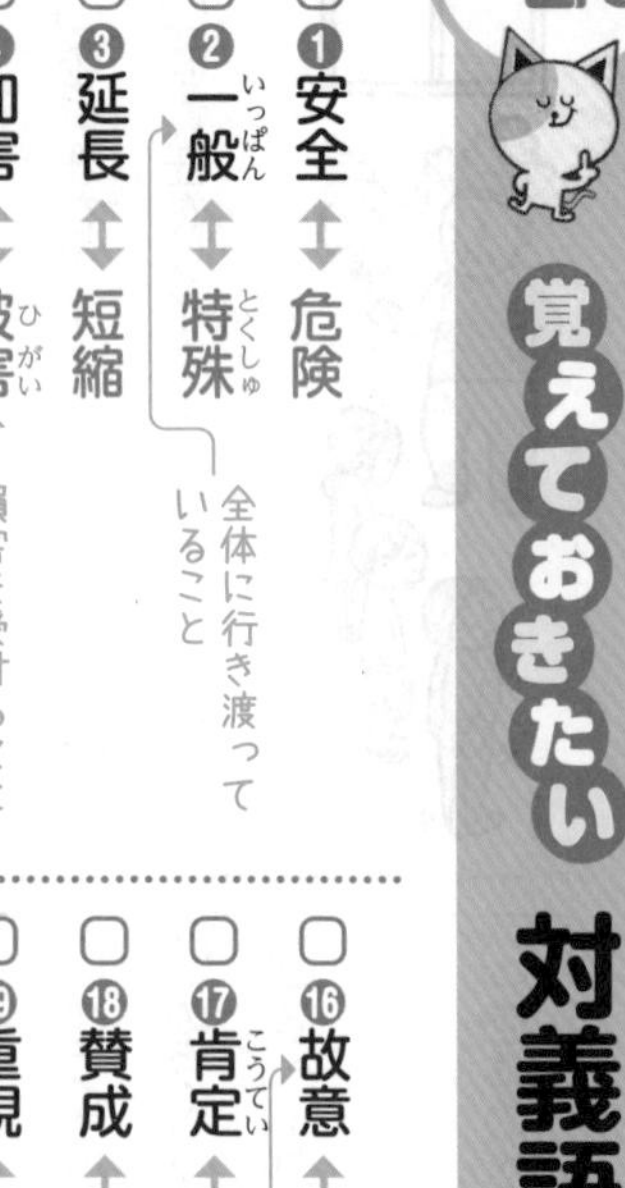

- ☐ ❶ 安全 ↔ 危険
- ☐ ❷ 一般（いっぱん） ↔ 特殊（とくしゅ） ← 全体に行き渡っていること
- ☐ ❸ 延長 ↔ 短縮
- ☐ ❹ 加害 ↔ 被害（ひがい） ← 損害を受けること
- ☐ ❺ 拡大 ↔ 縮小
- ☐ ❻ 許可 ↔ 禁止
- ☐ ❼ 偶然（ぐうぜん） ↔ 必然 ← そうなると決まっていること
- ☐ ❽ 具体 ↔ 抽象（ちゅうしょう） ← いろいろな物事から共通する性質をとらえ直したもの
- ☐ ❾ 形式 ↔ 内容
- ☐ ❿ 軽薄（けいはく） ↔ 重厚（じゅうこう）
- ☐ ⓫ 原因 ↔ 結果
- ☐ ⓬ 建設 ↔ 破壊（はかい）
- ☐ ⓭ 原則 ↔ 例外
- ☐ ⓮ 倹約（けんやく） ↔ 浪費（ろうひ）
- ☐ ⓯ 権利 ↔ 義務

- ☐ ⓰ 故意 ↔ 過失 ← わざとすること
- ☐ ⓱ 肯定（こうてい） ↔ 否定
- ☐ ⓲ 賛成 ↔ 反対
- ☐ ⓳ 重視 ↔ 軽視
- ☐ ⓴ 収入 ↔ 支出
- ☐ ㉑ 主観 ↔ 客観 ← 物事をありのままに見ること
- ☐ ㉒ 需要（じゅよう） ↔ 供給 ← 市場に商品を出すこと
- ☐ ㉓ 上昇（じょうしょう） ↔ 下降（低下）
- ☐ ㉔ 進化 ↔ 退化
- ☐ ㉕ 慎重（しんちょう） ↔ 軽率（けいそつ） ← 軽はずみな様子
- ☐ ㉖ 成功 ↔ 失敗
- ☐ ㉗ 生産 ↔ 消費
- ☐ ㉘ 積極 ↔ 消極
- ☐ ㉙ 増加 ↔ 減少
- ☐ ㉚ 創造 ↔ 模倣（もほう） ← すでにあるものをまねること

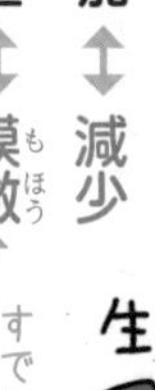

- ☐ ㉛ 相対 ↔ 絶対 ← 他のものとの関係によって成り立つこと
- ☐ ㉜ 単純 ↔ 複雑
- ☐ ㉝ 直接 ↔ 間接
- ☐ ㉞ 能動 ↔ 受動 ← 自分から他に働きかけること
- ☐ ㉟ 反抗（はんこう） ↔ 服従
- ☐ ㊱ 敏感（びんかん） ↔ 鈍感（どんかん）
- ☐ ㊲ 部分 ↔ 全体
- ☐ ㊳ 分析（ぶんせき） ↔ 総合
- ☐ ㊴ 平凡（へいぼん） ↔ 非凡（ひぼん）
- ☐ ㊵ 保守 ↔ 革新 ← 古いやり方をやめて新しくすること
- ☐ ㊶ 容易 ↔ 困難
- ☐ ㊷ 陽気 ↔ 陰気（いんき）
- ☐ ㊸ 楽観 ↔ 悲観 ← 物事はうまくいくと思って気楽にかまえること
- ☐ ㊹ 利益 ↔ 損失
- ☐ ㊺ 理性 ↔ 感情
- ☐ ㊻ 理想 ↔ 現実
- ☐ ㊼ 理論 ↔ 実践（じっせん） ← 理論などを自分で実際に行うこと

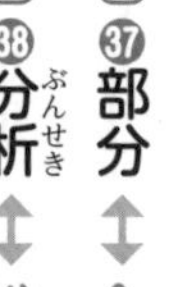

入試によく出る！

覚えておきたい慣用句

体に関係のある慣用句

□❶〔揚げ足を取る〕▼人の言葉の一部をとらえ、からかったり悪口を言ったりする。

□❷〔足が出る〕▼出費が予算を超える。

□❸〔足が棒になる〕▼足がひどく疲れる。

□❹〔足を引っ張る〕▼他の人のじゃまをする。

□❺〔二の足を踏む〕▼気が進まずためらう。

□❻〔頭が下がる〕▼心から感心する。

□❼〔頭を冷やす〕▼冷静になる。

□❽〔腕が上がる〕▼技術が上達する。

□❾〔腕を振るう〕▼十分に力を発揮する。

□❿〔顔が広い〕▼知り合いが多い。

□⓫〔顔から火が出る〕▼とても恥ずかしい。

□⓬〔顔に泥を塗る〕▼恥をかかせる。

□⓭〔肩を落とす〕▼がっかりする。

□⓮〔肩を並べる〕▼対等の関係にある。

□⓯〔肩をもつ〕▼味方する。

□⓰〔肝に銘じる〕▼深く心に留める。

□⓱〔肝を冷やす〕▼危ない目に遭って、ぞっとする。

□⓲〔口が重い〕▼あまりものを言わない。

□⓳〔口がかたい〕▼言ってはならないことを決して言わない。

□⓴〔口が軽い〕▼言ってはいけないこともすぐに言ってしまう。

□㉑〔口が滑る〕▼言ってはいけないことをうっかり言ってしまう。

□㉒〔口車に乗る〕▼うまい言葉にだまされる。

□㉓〔口を挟む〕▼人が話している最中に割り込んで話す。

□㉔〔首をかしげる〕▼疑問に思う。

□㉕〔首を長くする〕▼待ちこがれる。

□㉖〔心に刻む〕▼忘れないように、しっかり覚える。

□㉗〔舌を巻く〕▼感心する。

□㉘〔手塩にかける〕▼自分で育て上げる。

□㉙〔手に汗を握る〕▼どうなることかとはらはらする。

□㉚〔手に余る〕▼自分の力ではできない。

□㉛〔手に負えない〕▼自分の力では対処できない。

□㉜〔手をこまぬ(ね)く〕▼何もしないで見ている。

□㉝〔手を抜く〕▼いいかげんにする。

□㉞〔手を焼く〕▼取り扱いに困る。

35【歯が立たない】▼かなわない。
36【歯に衣着せぬ】
▼遠慮せずに思ったままを言う。
37【鼻が高い】▼得意な気持ちである。
38【鼻にかける】▼得意げにふるまう。
39【腹をくくる】
▼覚悟を決める。
40【腹を割る】
▼本心を明かす。
41【骨が折れる】
▼非常に面倒で苦労する。
42【眉をひそめる】▼顔をしかめる。
43【耳が痛い】
▼弱点などを言われてつらい。
44【耳にたこができる】▼何度も同じことを聞かされて、うんざりする。
45【耳を疑う】
▼聞き違いではないかと思う。
46【耳を貸す】▼人の話を聞く。
47【小耳に挟む】▼ちらっと聞く。

48【寝耳に水】▼突然の出来事に驚くこと。
49【胸を打つ】▼強く感動させる。
50【胸をなで下ろす】▼ほっとする。
51【胸を張る】▼自信がある様子をする。
52【目が高い】
▼見分ける能力が優れている。
53【目が届く】▼注意が行き届く。
54【目がない】▼とても好きだ。
55【目と鼻の先】▼とても近いこと。
56【目をつぶる】▼見て見ぬふりをする。
57【目を細める】▼うれしそうにほほ笑む。
58【目を丸くする】▼びっくりする。

動物・植物に関係のある慣用句

59【うのみにする】
▼そのまま受け入れる。
60【馬が合う】
▼気が合う。
61【瓜二つ】
▼顔かたちがよく似ている様子。

62【きつねにつままれる】
▼わけがわからず、ぼんやりする。
63【犬猿の仲】▼仲がとても悪いこと。
64【さばを読む】
▼自分に都合がよいように数をごまかす。
65【しっぽを出す】
▼隠しごとがばれる。
66【しっぽをつかむ】
▼悪事などの証拠を握る。
67【すずめの涙】▼ごくわずかなこと。
68【たぬき寝入り】
▼眠っているふりをすること。
69【鶴の一声】
▼権力者の、衆人を従わせる一言。
70【猫の手も借りたい】▼とても忙しい。
71【猫の額】▼とても狭いこと。
72【猫をかぶる】▼本性を隠す。
73【根掘り葉掘り】
▼細かなことまで尋ねる様子。

□74【根も葉もない】▼何の根拠もない。

□75【花を持たせる】▼手柄を人に譲る。

□76【袋のねずみ】▼追い詰められて、逃げられないこと。

□77【虫がいい】▼自分勝手だ。

□78【虫が知らせる】▼なんとなく予感がする。

人間の生活に関係のある慣用句

□79【青菜に塩】▼元気をなくして、しょんぼりしている様子。

□80【後の祭り】▼手遅れでむだなこと。

□81【油を売る】▼仕事などの途中で、むだ話をしたりして怠ける。

□82【油を絞る】▼厳しく注意する。

□83【泡を食う】▼驚いて慌てる。

□84【暗礁に乗り上げる】▼思わぬ問題によって、物事の進行が止まる。

□85【息をのむ】▼はっと驚く。

□86【板に付く】▼仕事などが似合ったものになる。

□87【一目置く】▼優れた相手に敬意を払う。

□88【襟を正す】▼気を引き締める。

□89【お茶を濁す】▼その場をごまかす。

□90【折り紙をつける】▼確かだと保証する。

□91【音頭を取る】▼人を導いて物事をする。

□92【かたずをのむ】▼事の成り行きを心配してじっと見守る。

□93【かぶとを脱ぐ】▼降参する。

□94【気が置けない】▼気を遣わず付き合える。

□95【くぎを刺す】▼念を押す。

□96【けりが付く】▼決着がつく。

□97【さじを投げる】▼諦める。

□98【しのぎを削る】▼激しく争う。

□99【図に乗る】▼調子に乗ってつけあがる。

□100【高をくくる】▼物事を軽く見る。

□101【立て板に水】▼すらすらと話す様子。

□102【棚に上げる】▼問題にしないで放っておく。

□103【取り付く島もない】▼冷淡で、話しかけるきっかけもない。

□104【二の舞を演じる】▼他の人と同じ失敗を繰り返す。

□105【拍車をかける】▼物事の進行を早める。

□106【火に油を注ぐ】▼勢いのあるものにさらに勢いを加える。

□107【的を射る】▼要点を的確につかむ。

□108【水に流す】▼もめごとをなかったことにする。

□109【水を差す】▼じゃまをして、物事がうまく進まないようにする。

□110【横車を押す】▼無理を押し通す。

覚えておきたい四字熟語

数字を含む四字熟語

❶【一期一会（いちごいちえ）】▼人との出会いは一生に一度だと思い、大切にするということ。

❷【一日千秋（いちじつせんしゅう）】▼とても待ち遠しいこと。

❸【一喜一憂（いっきいちゆう）】▼状況が変わるたびに喜んだり心配したりすること。

❹【一進一退（いっしんいったい）】▼進んだり戻ったりすること。

❺【一心不乱（いっしんふらん）】▼一つのことに集中して、他のことで心が乱されないこと。

❻【一石二鳥（いっせきにちょう）】▼一つのことで二つの得をすること。

❼【一朝一夕（いっちょういっせき）】▼とても短い期間。

❽【一長一短（いっちょういったん）】▼長所も短所もあるということ。

❾【一刀両断（いっとうりょうだん）】▼思いきった処置をすること。

❿【危機一髪（ききいっぱつ）】▼非常に危ない状態。

⓫【五里霧中（ごりむちゅう）】▼どうしたらよいかわからないこと。

⓬【四苦八苦（しくはっく）】▼とても苦しむこと。

⓭【七転八倒（しちてんばっとう）】▼苦しくてのたうち回ること。

⓮【心機一転（しんきいってん）】▼あることをきっかけに、気持ちがすっかり変わること。

⓯【千載一遇（せんざいいちぐう）】▼非常にまれなこと。

⓰【千差万別（せんさばんべつ）】▼たくさんのものがそれぞれ違うこと。

⓱【千変万化（せんぺんばんか）】▼さまざまに変化すること。

⓲【朝三暮四（ちょうさんぼし）】▼目先の違いにとらわれて、結局同じであると気がつかないこと。

その他の四字熟語

⓳【悪戦苦闘（あくせんくとう）】▼困難な状況で懸命に努力すること。

⓴【暗中模索（あんちゅうもさく）】▼手がかりのない中、手探り（てさぐ）りでいろいろやってみること。

㉑【意気投合（いきとうごう）】▼互いの気持ちがぴったり合うこと。

㉒【異口同音（いくどうおん）】▼大勢が口をそろえて同じことを言うこと。

㉓【以心伝心（いしんでんしん）】▼言葉に出さなくても、心が通じ合うこと。

㉔【意味深長（いみしんちょう）】▼深い意味を含んでいること。

㉕【右往左往（うおうさおう）】▼慌てたり混乱したりすること。

㉖【温故知新（おんこちしん）】▼昔のことを研究して、新しい考え方を引き出すこと。

㉗【我田引水（がでんいんすい）】▼自分に都合がいいように物事を進めること。

□ 28【喜怒哀楽（きどあいらく）】▼喜び・怒り・悲しみ・楽しみ。

□ 29【玉石混交（ぎょくせきこんこう）】▼優れたものとつまらないものが入り混じること。

□ 30【空前絶後（くうぜんぜつご）】▼とても珍しいこと。

□ 31【公明正大（こうめいせいだい）】▼公平で隠し立てがなく、正しく堂々としていること。

□ 32【言語道断（ごんごどうだん）】▼言葉に表せないほどひどいこと。

□ 33【自画自賛（じがじさん）】▼自分で自分を褒（ほ）めること。

□ 34【試行錯誤（しこうさくご）】▼失敗を重ね、成功に近づくこと。

□ 35【自業自得（じごうじとく）】▼悪い行為（こうい）の報いを自分で受けること。

□ 36【順風満帆（じゅんぷうまんぱん）】▼物事が順調に運ぶこと。

□ 37【枝葉末節（しようまっせつ）】▼物事の重要でないところ。

□ 38【支離滅裂（しりめつれつ）】▼ばらばらでまとまりがない様子。

□ 39【針小棒大（しんしょうぼうだい）】▼小さなことを大げさに言うこと。

□ 40【晴耕雨読（せいこううどく）】▼晴れた日は田畑を耕し、雨の日は家で読書すること。

□ 41【絶体絶命（ぜったいぜつめい）】▼切羽詰（つ）まった状態。

□ 42【前代未聞（ぜんだいみもん）】▼一度も聞いたことがないような珍しいこと。

□ 43【大器晩成（たいきばんせい）】▼大人物は年をとってから大成するということ。

□ 44【泰然自若（たいぜんじじゃく）】▼何があっても慌てず、落ち着いている様子。

□ 45【大同小異（だいどうしょうい）】▼大きな違いはないこと。

□ 46【単刀直入（たんとうちょくにゅう）】▼いきなり話の本題に入ること。

□ 47【適材適所（てきざいてきしょ）】▼その人の能力にふさわしい仕事や地位につけること。

□ 48【東奔西走（とうほんせいそう）】▼仕事や目的のために、あちこち忙（いそが）しく走り回ること。

□ 49【日進月歩（にっしんげっぽ）】▼どんどん進歩すること。

□ 50【馬耳東風（ばじとうふう）】▼意見や忠告を聞き流すこと。

□ 51【半信半疑（はんしんはんぎ）】▼半分信じて、半分疑うこと。

□ 52【付和雷同（ふわらいどう）】▼自分の主張がなく、他人の意見などにすぐ同調すること。

□ 53【茫然自失（ぼうぜんじしつ）】▼驚きや悲しみで、どうしてよいかわからなくなること。

□ 54【優柔不断（ゆうじゅうふだん）】▼ぐずぐずしていて、物事を決められないこと。

□ 55【有名無実（ゆうめいむじつ）】▼名前だけで実質が伴わないこと。

□ 56【用意周到（よういしゅうとう）】▼準備が十分にできていること。

□ 57【臨機応変（りんきおうへん）】▼時と場合に応じて適切な手段をとること。

入試によく出る！

覚えておきたい ことわざ・故事成語

ことわざ

□❶虻蜂〔取らず〕
▼欲張って両方とも失う。類二兎を追う者は一兎をも得ず

□❷〔石〕の上にも〔三年〕
▼辛抱すれば報われること。

□❸〔石橋〕をたたいて渡る
▼用心の上に用心を重ねて物事を行う。

□❹急がば〔回れ〕▼急ぐときこそ着実な方法をとったほうがよい。
類急いては事を仕損ずる

□❺一寸の〔虫〕にも五分の〔魂〕▼弱いものにも、それ相応の意地があること。

□❻井の中の〔蛙〕〔大海〕を知らず
▼広い世界を知らず、考え方が狭いこと。

□❼〔馬〕の耳に〔念仏〕
▼効き目がないこと。

□❽絵に描いた〔餅〕▼役に立たないこと。

□❾〔帯〕に短し〔たすき〕に長し
▼中途半端で役に立たないこと。

□❿〔河童〕の川流れ
▼どんなに上手な人でも、失敗することがあること。
類弘法にも筆の誤り・猿も木から落ちる

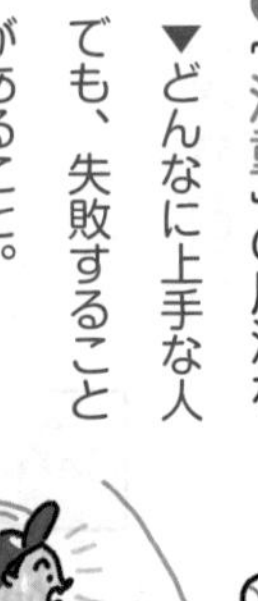

□⓫〔枯れ木〕も山のにぎわい▼つまらないものでも、ないよりはましであること。

□⓬〔転ばぬ〕先の〔つえ〕
▼前もって用心すること。

□⓭〔三人〕寄れば〔文殊〕の知恵
▼平凡な人間でも三人集まって話し合えば、よい考えが出ること。

□⓮〔朱〕に交われば赤くなる▼人は、付き合う人の影響でよくも悪くもなる。

□⓯〔船頭〕多くして船〔山〕に上る
▼指図する人が多いと、混乱して仕事がうまく進まない。

□⓰〔千里〕の道も〔一歩〕から▼どんな大事業も、手近なところから始まる。

□⓱〔立つ鳥〕跡を濁さず▼その場を去るときは、後始末をきちんとして去るべきだ。

□⓲〔棚〕から〔ぼた餅〕
▼思いがけない幸運に巡りあうこと。

□⓳〔月〕と〔すっぽん〕▼二つのものの違いが大きいこと。類ちょうちんに釣り鐘

□⓴〔灯台〕下暗し
▼身近なことはかえってわかりにくいこと。

□㉑〔泣き面〕に〔蜂〕▼悪いことに、さらに悪いことが重なること。
類弱り目にたたり目

□㉒〔情け〕は人のためならず▼人に親切にしておけば、いつか自分に返ってくる。

□㉓ぬかに〔釘〕▼手応えがないこと。
類のれんに腕押し・豆腐にかすがい

□㉔濡れ手で〔粟〕
▼苦労せずに利益を得ること。

□㉕〔猫〕に小判
▼貴重な物も、価値がわからない人には役に立たないこと。
類豚に真珠

□㉖能ある〔鷹〕は〔爪〕を隠す▼実力のある人は、その力を見せびらかさない。

□㉗〔百聞〕は〔一見〕にしかず
▼人から何度も聞くより、自分の目で見るほうが確かだ。

□㉘〔身〕から出た〔さび〕▼自分の悪い行いが原因で、自分が苦しむこと。

□㉙〔焼け石〕に水
▼少しばかりで効果がないこと。

□㉚禍を転じて〔福〕となす▼災難を逆に利用して、幸せになるようにする。

故事成語

□❶〔杞憂〕▼取り越し苦労。
〈由来〉杞の国に、天が崩れ落ちてこないかと心配して、食べ物が喉を通らない人がいた。

□❷〔漁夫の利〕▼第三者が利益を得ること。
〈由来〉鳥が貝をつつき、貝が鳥のくちばしを挟んで争う間に、漁師が両方とも捕らえた。

□❸〔蛍雪の功〕▼苦労して勉強し、成果を上げること。
〈由来〉貧しかった二人が、一人は蛍の光で、もう一人は雪明かりで勉強に励み、出世した。

□❹〔呉越同舟〕▼仲の悪い者どうしが同じ場所に居合わせること。
〈由来〉敵対していた呉と越の国の人が同じ舟に乗り合わせたが、暴風で舟が転覆しそうになると、協力して助け合った。

□❺〔五十歩百歩〕▼大きな違いはないこと。
〈由来〉「戦場で五十歩逃げた兵士が百歩逃げた兵士を笑っても、どちらも逃げたことに変わりない」というたとえ話から。

□❻〔塞翁が馬〕▼人生の幸・不幸は予測できないこと。
〈由来〉塞翁の飼っていた馬が逃げたが、名馬を連れて戻った。息子が落馬してけがをしたが、おかげで戦争に行かずに済んだ。

□❼〔四面楚歌〕▼周りが敵ばかりの状況。
〈由来〉漢軍に囲まれた楚の大将項羽は、周囲から聞こえる楚の歌を聞き、楚の人々が漢に降伏したと思って嘆いた。

□❽〔他山の石〕▼他人のよくない言行でも、自分の人格を磨くのに役立つこと。
〈由来〉よその山から出た粗悪な石でも、自分の玉を磨くのに役立つという言葉から。

□❾〔蛇足〕▼よけいなもの。
〈由来〉蛇の絵を描く競争をしたところ、早く描いた者が得意になって蛇にはない足を描き加えてしまい、そのために負けになった。

□❿〔背水の陣〕▼決死の覚悟で取り組むこと。
〈由来〉漢の名将韓信は、川を背にした場所に陣を敷き、逃げ場のない状況で兵たちを戦わせることで、見事に勝利した。

入試によく出る!

覚えておきたい古語

←古語 （　）は現代仮名遣い　←意味

古語	意味
□❶あはれなり（あわれなり）	〔しみじみとした〕趣がある。
□❷あまた	〔たくさん〕。
□❸あやし	❶〔不思議〕だ。❷身分が低い。
□❹あらまほし	あって〔ほしい〕。
□❺ありがたし	❶〔珍しい〕。❷優れている。
□❻いかで	❶〔なんとかして〕。❷どうやって。
□❼いと	〔とても〕。たいそう。
□❽いとほし（いとおし）	〔かわいそう〕だ。
□❾いみじ	程度が〔甚だしい〕。
□❿うし	〔つらい〕。
□⓫うつくし	〔かわいらしい〕。
□⓬え……ず	……〔できない〕。〈不可能〉
□⓭おどろく	❶はっと〔気づく〕。❷目覚める。
□⓮おはす（おわす）	〔いらっしゃる〕。
□⓯おほかた（おおかた）	〔全く〕……（ない）。
□⓰おぼゆ	❶〔思われる〕。❷思い出される。
□⓱おもしろし	❶〔趣深い〕。❷愉快だ。
□⓲かなし	❶〔かわいい〕。❷心ひかれる。
□⓳がり	……の〔もとへ〕。
□⓴きこゆ	〔申しあげる〕。
□㉑けしき	❶〔様子〕。態度。❷気分。
□㉒げに	〔本当に〕。
□㉓さうざうし（そうぞうし）	〔もの足りない〕。
□㉔さやかなり	〔はっきり〕している。
□㉕さらなり	〔言うまでもない〕。当然だ。
□㉖すさまじ	❶〔興ざめ〕だ。❷ひどい。
□㉗すなはち（すなわち）	〔すぐに〕。そのとき。
□㉘たてまつる	❶〔差しあげる〕。❷召しあがる。

□ ㉙つきづきし　〔似つかわしい〕。ふさわしい。

□ ㉚つとめて　❶〔早朝〕。❷その翌朝。

□ ㉛つゆ　〔少しも〕……(ない)。

□ ㉜つれづれなり　〔退屈〕だ。

□ ㉝つれなし　〔冷淡〕だ。

□ ㉞とく　〔早く〕。

□ ㉟なさけなし　❶〔思いやりがない〕。❷風流でない。

□ ㊱な……そ　……する〔な〕。〈禁止〉

□ ㊲なほ(なお)　❶〔やはり〕。❷いっそう。

□ ㊳にほふ(におう)　❶〔美しく〕染まる。❷照り輝く。

□ ㊴のたまふ(のたま(も)う)　〔おっしゃる〕。

□ ㊵はた　❶〔やはり〕。❷あるいは。

□ ㊶はづかし(はずかし)　こちらが恥ずかしくなるほど〔立派だ〕。

□ ㊷はべり　❶〔ございます〕。❷そばに控(ひか)える。

□ ㊸ふと　〔簡単に〕。

□ ㊹ふみ(文)　〔手紙〕。書物。

□ ㊺まかる　〔退出する〕。

□ ㊻むげなり　〔ひどい〕。

□ ㊼めづらし(めずらし)　〔すばらしい〕。好ましい。

□ ㊽めでたし　〔すばらしい〕。立派だ。

□ ㊾やうやう(ようよう)　〔だんだん〕。しだいに。

□ ㊿やがて　❶〔すぐに〕。❷そのまま。

□ 51やさし　❶〔つらい〕。❷優美だ。

□ 52ゆかし　知り〔たい〕。見たい。聞きたい。

□ 53よも……じ　〔まさか〕……ないだろう。

□ 54よろづ(よろず)　❶〔いろいろ〕なこと。❷全て。

□ 55わろし　〔よくない〕。好ましくない。

□ 56居(ゐ)る(いる)　〔座る〕。

□ 57をかし(おかし)　❶〔趣(おもむき)〕がある。❷見事だ。

□ 58をりふし(おりふし)　❶その時々。❷〔季節〕。

入試によく出る！

覚えておきたい 古文の基本

歴史的仮名遣(づか)いの直し方

歴史的仮名遣い	現代仮名遣い	例
(語頭と助詞以外の)は・ひ・ふ・へ・ほ	□わ・い・う・え・お	あはれ→あわれ かほ→かお
ぢ・づ	□じ・ず	はぢ→はじ
ゐ・ゑ・を	□い・え・お	まゐる→まいる
ア段＋う(ふ)	□オ段＋う	あうむ→おうむ
イ段＋う(ふ)	□イ段＋ゅう・ゆう	うつくしう→うつくしゅう
エ段＋う(ふ)	□イ段＋ょう・よう	けふ→きょう
くわ・ぐわ	□か・が	くわじ→かじ

助詞の省略

□ある人弓［を］射ることを習ふに……

□比叡(ひえ)の山に児(ちご)［が］ありけり。

古文特有の助詞・助動詞

	助詞・助動詞	意味	例
助詞	□の	主語を示す	白雪のかかれる枝に…… →白雪［が］積もった枝に……
助詞	□が	連体修飾(しゅうしょく)語を作る	竹取(たけとり)が家に…… →竹取［の］家に……
助動詞	□ず	否定(打ち消し)	知らず→知ら［ない］
助動詞	□き・けり	過去	なかりき→なかっ［た］ 使ひけり→使っ［た］
助動詞	□つ・ぬ	完了(かんりょう)	抜きつ→抜い［た］ 滅びぬ→滅び［てしまった］
助動詞	□たり・り	完了	入れたり→入れ［た］
		存続	立てり→立っ［ている］
助動詞	□む	推量	何人(なにびと)ならむ →どういう人［だろう］
		意志	求め行かむ→求めて行こ［う］
助動詞	□べし	推量	風吹きぬべし →風が吹く［だろう］

入試によく出る!

動詞・形容詞・形容動詞の活用

動詞

活用の種類	基本形	語幹（変化しない部分）	未然形	連用形	終止形	連体形	仮定形	命令形
続き方			―ない ―う ―よう	―ます ―た ―て	―。	―とき ―こと ―ので	―ば	―。
□五段活用	読む	よ	―ま ―も	―み ―ん（音便）	―む	―む	―め	―め
□上一段（かみいちだん）活用	生きる	い	―き	―き	―きる	―きる	―きれ	―きろ ―きよ
□下一段（しもいちだん）活用	食べる	た	―べ	―べ	―べる	―べる	―べれ	―べろ ―べよ
□カ行変格活用(カ変)	来る	○	こ	き	くる	くる	くれ	こい
□サ行変格活用(サ変)	する	○	し(ない) せ(ぬ) さ(せる)	し	する	する	すれ	しろ せよ

活用語尾（変化する部分）

用言に続く形（未然形・連用形）／言い切りの形（終止形）／体言に続く形（連体形）／命令して言い切る（命令形）

形容詞

活用のしかたは一種類

基本形	語幹	未然形	連用形	終止形	連体形	仮定形	命令形
続き方		―う	―た ―ない ―なる	―。 ―と	―とき ―こと ―ので	―ば	―。
□細い	ほそ	―かろ	―かっ ―く ―う（音便）	―い	―い	―けれ	○
□楽しい	たのし						

形容動詞

基本形	語幹	未然形	連用形	終止形	連体形	仮定形	命令形
□確かだ	たしか	―だろ	―だっ ―で ―に	―だ	―な	―なら	○
□急です	きゅう	―でしょ	―でし	―です	(―です)	○	○

動詞の活用の種類の見分け方

動詞の活用の種類は、「ない」を付けて、すぐ上の音で見分けます。

□読む→読ま(ma)ない
ア段の音＝〔五段〕活用

□生きる→生き(ki)ない
イ段の音＝〔上一段〕活用

□食べる→食べ(be)ない
エ段の音＝〔下一段〕活用

動詞の音便

五段活用の動詞の連用形が「た(だ)」や「て(で)」に続く場合、語尾が発音しやすく変化することを、音便といいます。

□イ音便…咲（さ）きた→咲〔い〕た

□促（そく）音便…拾いた→拾〔っ〕た

□撥（はつ）音便…読みた→読〔ん〕だ

まぎらわしい語の見分け方

語	用例	品詞・意味	見分け方
□の	カーブの多い道だ。	格助詞 意 主語	「が」に言い換えられる。＝カーブが多い
	上着のボタンを外す。	格助詞 意 連体修飾語（しゅうしょく）	「体言＋の＋体言」の形になっている。
	赤いかばんが私のだ。	格助詞 意 体言の代用	「〜(の)こと・もの」に言い換えられる。＝私のもの
	誰を待っているの。	終助詞	文末に付いている。
	急ぐので先に帰る。	接続助詞の一部(のに・ので)	「のに・ので」で前後をつないでいる。
	そのバスに乗る。	連体詞の一部	直前にある「こ・そ・あ・ど」と切り離せない。
□ない	何も事件は起きない。	助動詞〈否定(打ち消し)〉	「ぬ」に言い換えられる。＝事件は起きぬ
	近くに公園がない。	形容詞	「ぬ」に言い換えられない。「存在しない」の意味。
	問題は難しくない。	補助形容詞(形式形容詞)	「ぬ」に言い換えられない。直前に「は・も」を補える。
	気配りがさりげない。	形容詞の一部	「ぬ」に言い換えられない。直前に「は・も」を補えない。

語	用例	品詞・意味	見分け方
□れる・られる	仕事を任される。	助動詞 意 受け身	前に「他から」を表す語があるか、補える。
	長さを縮められる。	助動詞 意 可能	「〜ことができる」の意味。＝縮めることができる
	先生が席を立たれる。	助動詞 意 尊敬	「お(ご)〜になる」と言い換えられる。＝お立ちになる
	昔のことがしのばれる。	助動詞 意 自発	文節の前に「自然と」を補える。＝自然としのばれる
	音楽が流れる。	動詞の一部	「れる・られる」を「ない」に言い換えられない。
□に	庭に木を植える。	格助詞 意 場所・相手	付いている語に注目する。庭に←場所を表す語
	本を返しに行く。	格助詞 意 目的	「〜するために」と言い換えられる。＝返すために
	既に結論は出ている。	副詞の一部	「『〜な』＋体言」の形にできない。×既な結論
	言われたようにやる。	助動詞の一部(そうに・ように)	直前に「そう・よう」がある。
	簡単に問題を解く。	形容動詞の連用形の語尾	「『〜な』＋体言」の形にできる。＝簡単な問題
□そうだ	祭りが中止になりそうだ。	助動詞 意 様態(推定)	活用する語の連用形・語幹に付いている。
	祭りが中止になるそうだ。	助動詞 意 伝聞	活用する語の終止形に付いている。

語	用例	品詞・意味	見分け方
□らしい	新商品が出るらしい。	助動詞 意 推定	前に「どうやら」を補える。＝どうやら出るらしい
	高原らしい風が吹く。	形容詞を作る接尾語	「〜にふさわしい」と言い換えられる。＝高原にふさわしい
	誇らしい顔をする。	形容詞の一部	「らしい」を除くと意味をなさない。
□ながら	リズムをとりながら歌う。	接続助詞 意 同時	活用する語に付き、直後に「同時に」を補える。
	幼いながらたのもしい。	接続助詞 意 逆接	活用する語に付き、直後に「しかし」を補える。
	我ながらよくできた。	体言に付く接尾語	体言に付き、「〜のまま」「〜でも」の意味を表す。
□と	両親と旅行する。	格助詞 意 相手	付いている語に着目する。両親と←相手を表す語
	さようならと手を振る。	格助詞 意 引用	前の部分を「　」でくくれる。＝「さようなら」と
	日が暮れると寒い。	接続助詞	活用する語に付いている。
	そっとドアを開ける。	副詞の一部	前の部分と合わせて一語。用言を修飾する。
□から	駅から歩く。	格助詞	体言に付き、起点、原料、原因・理由などを表す。
	疲れたから休もう。	接続助詞	活用する語に付き、原因・理由を表す。

語	用例	品詞・意味	見分け方
□ようだ	映画が始まるようだ。	助動詞 意 推定	前に「どうやら」を補える。＝どうやら始まるようだ
	大きな目が猫のようだ。	助動詞 意 比喩	文節の前に「まるで」を補える。＝まるで猫のようだ
	彼のように強くなりたい。	助動詞 意 例示	文節の前に「例えば」を補える。＝例えば彼のように
□だ	きれいな花だ。	助動詞 意 断定	文節の前に「とても」を補えない。×とても花だ
	プールで泳いだ。	助動詞「た」の濁音化	動詞の撥音便「ん」・イ音便「い」に付いている。
	友情は大切だ。	形容動詞の終止形の語尾	文節の前に「とても」を補える。＝とても大切だ
	パンが焼けそうだ。	助動詞(そうだ・ようだ)の一部	直前に「そう・よう」がある。
□で	新幹線で移動する。	格助詞 意 場所・手段	付いている語に着目する。新幹線で←手段を表す語
	雨で校庭がぬかるむ。	格助詞 意 原因・理由	「〜のせいで」と言い換えられる。＝雨のせいで
	先生が呼んでいる。	接続助詞「て」の濁音化	動詞の撥音便「ん」・イ音便「い」に付いている。
	この机は頑丈である。	形容動詞の連用形の語尾	「『〜な』＋体言」の形にできる。＝頑丈な机
	これが町の地図である。	助動詞「だ」の連用形	体言に付き、「で」を「な」に言い換えられない。

入試によく出る！

覚えておきたい 敬語

敬語の種類

① 尊敬語…相手や話題の中の人物の動作などを高めて、相手への敬意を表す。

A 特別な動詞を使う。 例おっしゃる

B 「れる」「られる」を使う。

□例先生が話さ〔れる〕・来〔られる〕

C 「お〜になる」「ご〜になる」を使う。

□例先生が〔お〕帰り〔になる〕・〔ご〕出発〔になる〕

D 接頭語・接尾語を付ける。

□例先生の〔お〕宅・来賓（らいひん）の山田（やまだ）〔様〕

② 謙譲語（けんじょうご）…自分や身内の動作などをへりくだって表現することで、相手への敬意を表す。

A 特別な動詞を使う。 例申しあげる

B 「お〜する」「ご〜する」を使う。

□例〔お〕借り〔する〕・〔ご〕案内〔する〕

C 接頭語・接尾語を付ける。

□例〔粗（そ）〕品（しな）・私〔ども〕

③ 丁寧語（ていねいご）…丁寧な言い方で敬意を表す。

□例〔です〕・〔ます〕・ございます

敬意を表す特別な動詞

基本の語	尊敬語	謙譲語
行く	□いらっしゃる □おいでになる	□参る・伺（うかが）う
来る	□いらっしゃる □おいでになる	□参る
いる	□いらっしゃる □おいでになる	□おる
言う・話す	□おっしゃる	□申す・申しあげる
見る	□ご覧になる	□拝見する
食べる・飲む	□召しあがる	□いただく
する	□なさる	□いたす
聞く	―	□伺う・承（うけたまわ）る
くれる	□くださる	―
与える・やる	―	□差しあげる
もらう	―	□いただく
知る・思う	―	□存じる